HTML5 y CSS 3

Domine los estándares de creación de sitios web

3ª edición

Christophe Aubry

ISBN: 978-2-409-05030-5
Edición original: 978-2-409-04450-2

Ediciones ENI es una marca comercial registrada de Ediciones Software.

Ediciones ENI

P° Ferrocarriles Catalanes, 97-117, 2a pl. of. 18
08940 - Cornellà de Llobregat (Barcelona)

Tel: 934 246 401
Fax: 934 231 576

e-mail: info@ediciones-eni.com
http://www.ediciones-eni.com

Autor: Christophe AUBRY
Colección **Recursos Informáticos** dirigida por Émilie VILLETORTE

Para poder acceder durante un año
a la versión online de este libro,
envíenos su justificante de compra a

librodigital@ediciones-eni.com

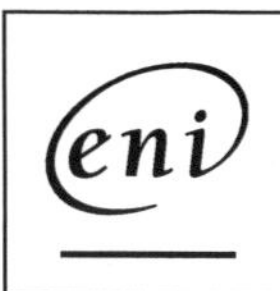

Prólogo

Hace algunos años, la Web empezó su gran revolución con la llegada del HTML5. Observe que no hay espacio entre HTML y 5. El W3C proporcionó el 28 de octubre de 2014 la recomendación oficial de la nueva norma para diseñar sitios web.

Hay que entender bien que HTML5 es un conjunto de tres entidades que permite diseñar sitios web y aplicaciones web modernas. Tenemos el HTML, que permite estructurar las páginas, las CSS, que se ocupan del formato y de la paginación de los sitios web, y los API JavaScript, que permiten agregar interacción con los usuarios.

El HTML5, como cualquier lenguaje, evoluciona. La versión 5.1 salió el 3 de octubre de 2017 y la versión 5.2, la más reciente desarrollada por el W3C, el 14 de diciembre del mismo año. La norma CSS ha evolucionado en otra dirección. El W3C no ofrece una norma, una recomendación monobloque, sino que ha dividido las CSS en módulos independientes. Cada módulo avanza a su propio ritmo. Esto implica que el diseñador regularmente debe estar al corriente de los avances de los módulos que desea aplicar. El W3C también ofrece numerosas Web API JavaScript. Hasta octubre de 2023 (fecha en que se escribe este libro), hay 126 especificaciones en desarrollo o finalizadas. Puede consultar la lista completa en: https://www.w3.org/TR/. Para filtrarlas, despliegue las opciones avanzadas (**Advanced filter options**), acceda a la sección **Filter by Tags** y seleccione **Web API**.

HTML5 y CSS 3

Domine los estándares de la creación de los sitios web

Este libro está destinado a todos los desarrolladores que tengan que trabajar en el diseño de un sitio web evolucionado o una aplicación web. Los trabajos de diseño, de la interfaz, usabilidad, experiencia de usuario e integración se hacen por personas competentes y expertas en su área. Por lo tanto, el desarrollador deberá entender el código HTML y CSS utilizado en este proyecto, sin que por ello tenga que convertirse en un experto. Este libro será para los desarrolladores una excelente referencia para entender la estructura HTML/CSS de los sitios web. Los desarrolladores podrán implementar su código con todo conocimiento de causa en los archivos que forman el sitio web.

Este libro está formado por tres partes. En la primera parte, vamos a aprender los fundamentos del diseño de los sitios web, abordando la evolución de las normas HTML y CSS, las herramientas de depuración en los navegadores, y a estudiar las buenas prácticas de desarrollo. La segunda parte estará dedicada al estudio del HTML, el lenguaje de etiquetas que permite estructurar las páginas web. Estudiaremos la sintaxis y los contenedores semánticos, que le permitirán componer las páginas web. Después, abordaremos los principales contenedores para insertar texto, enlaces, tablas, imágenes, formularios y elementos multimedia. En la tercera y última parte, estudiaremos el CSS que permitirá formatear y paginar todos los elementos HTML vistos anteriormente. Estudiaremos la sintaxis de los CSS y descubriremos los estilos que se pueden utilizar para los elementos HTML vistos en la segunda parte: texto, formulario, imagen, etc. Por supuesto, abordaremos los conceptos fundamentales de los paneles y de su paginación, con el posicionamiento, el flotamiento y la paginación flexible y en rejilla. Se dedicará un capítulo entero al Responsive Web Design y otro a los estilos CSS para la impresión. Para terminar, finalizaremos estudiando los módulos CSS más dedicados a los diseñadores gráficos, para entender su utilización.

Parte 2: HTML5

Capítulo 2.1
Los elementos HTML

Capítulo 2-2
La estructura de las páginas

Capítulo 2-3
Los contenedores semánticos

Capítulo 2-4
Los contenedores de texto

Capítulo 2-5
El formateo semántico del texto

Capítulo 2-6
Los elementos de interacción

Capítulo 2-7
Los enlaces

Capítulo 2-8
Las tablas

Capítulo 2-9
Las imágenes

Capítulo 2-10
Los formularios

Capítulo 2-11
Los recursos multimedia

Capítulo 2-12
La Web semántica con Microdata

Parte 3: Las CSS 3

Capítulo 3-1
Integrar los estilos CSS

Capítulo 3-2
Definir los estilos CSS

Capítulo 3-3
Los estilos para las fuentes de caracteres

Capítulo 3-4
Los estilos para el texto

Capítulo 3-5
Los estilos para los contenedores de texto

Capítulo 3-6
Los estilos para los paneles

Capítulo 3-7
La estructuración de la página con paneles

Capítulo 3-8
El Responsive Web Design

Capítulo 3-9
Crear paginaciones modernas

Capítulo 3-10
Los módulos de animación

Capítulo 3-11
Los módulos CSS para los diseñadores gráficos

Capítulo 3-12
Las hojas de estilo para la impresión

Parte 1: Abordar el diseño de sitios web

Capítulo 1-1 La evolución de las especificaciones

1. Una breve historia de la Web

No es necesario hacer un histórico exhaustivo de Internet; sencillamente vamos a indicar algunas fechas clave. Puede encontrar estas etapas en esta URL: https://www.w3.org/History.html

Como sabe, Internet, tal y como lo conocemos actualmente, es un avance tecnológico no demasiado antiguo. En efecto, en **marzo de 1989**, en el CERN (Centro Europeo de Investigación Nuclear), Tim Berners-Lee escribe el artículo «fundador» de Internet. En su artículo titulado *Information Management: a proposal*, Tim Berners-Lee recordaba en su introducción la gestión de la información a través de un sistema de hipertexto distribuido: « *It discusses the problems of loss of information about complex evolving systems and derives a solution based on a distributed hypertext system.* ».

En **octubre de 1990**, Tim Bernes-Lee trabajaba en el hipertexto con un editor y un navegador, en una estación NeXT. Da el nombre de World Wide Web a este programa. En este mismo mes de **octubre de 1990**, el belga Robert Cailliau reúne al equipo de Tim Berners-Lee y codirige la segunda proposición, llamada: *WorldWideWeb: Proposal for a HyperText Project*.

A finales del año 1990, se hacen las demostraciones del primer servidor, del primer editor de hipertexto y del primer navegador. En **diciembre de 1992**, el primer servidor externo al CERN se instala en la universidad de Stanford, en los Estados Unidos. En **1993**, el CERN convierte en libres los protocolos web.

El **1 de octubre de 1994**, el Word Wide Web Consortium (**W3C**) se crea en el MIT (Massachusetts Institute of Technology). En abril de 1995, el INRIA (Instituto Nacional de investigación en Informática y Automática) acoge al W3C en Europa, y en septiembre de 1996 llega a la universidad de Keio en Japón.

Si desea tener más información sobre la historia de Internet y de la Web, en 2004, durante el segundo aniversario del W3C, este último publicó una infografía que retrata esta evolución:
https://www.w3.org/2005/01/timelines/timeline-2500x998.png

2. Los trabajos de elaboración de las especificaciones

Como sabe, el W3C (https://www.w3.org/) se encarga de dictaminar las normas, las especificaciones de los lenguajes que permiten diseñar los sitios web y las aplicaciones web. Los fabricantes de software son libres de cumplir estas especificaciones.

Para elaborar estas normas, el W3C se organiza en torno a grupos de trabajo, que diseñan estas normas a través de un proceso perfectamente normalizado. El grupo de trabajo publica varias etapas de sus avances:

- **FPWD**: First Public Working Draft.
- **WD**: Working Draft.
- **CR**: Candidate Recommendation.
- **PR**: Proposed Recommendation.
- **REC**: Recommendation.
- **SPSD**: Superseded Recommendation.

La etapa final es la publicación en una **Recommendation** en inglés. En ese momento, la especificación es totalmente utilizable por todo el mundo. Pero los desarrolladores pueden empezar a probar las normas desde la etapa **CR** (**Candidate Recommendation**).

3. La evolución del HTML

Una vez que se asumió los principios de una navegación por enlaces de hipertexto, Tim Berners-Lee se pone manos a la obra con el lenguaje que se debería utilizar para crear y relacionar los documentos.

En 1991, redacta los primeros borradores (*draft* en inglés) del HTML y, en junio de 1993, un primer documento técnico especifica el lenguaje HTML: *Hypertext Markup Language (HTML) A Representation of Textual Information and MetaInformation for Retrieval and Interchange*. Este documento histórico está disponible en esta URL:
http://www.w3.org/MarkUp/draft-ietf-iiir-html-01.txt

El 8 noviembre de 1993, el HTML+ aparece: http://www.w3.org/MarkUp/HTMLPlus/htmlplus_1.html. La versión 2 del HTML salió el 22 de septiembre de 1995 (http://www.w3.org/MarkUp/html-spec/html-spec_toc.html) y se específica como una aplicación SGML.

En marzo de 1995, el HTML 3 se publicó (http://www.w3.org/MarkUp/html3/) como una «extensión» del HTML 2. Pero esta versión rápidamente se cambia por la recomendación del HTML 3.2 el 14 de enero de 1997 (http://www.w3.org/TR/REC-html32.html).

La recomendación del HTML 4.01 se publicó el 24 de diciembre de 1999. Para el W3C, esta versión es la última relativa a HTML. El W3C ya no prevé el futuro de las páginas web con HTML, sino con XML. HTML está «muerto» para el W3C. La historia le dará la razón.

Para paliar los límites del HTML, el W3C propone el XHTML, que se basa en el XML y «corrige» las ambigüedades del HTML. La primera recomendación del XHTML salió el 26 de enero de 2000 (http://www.w3.org/TR/2000/REC-xhtml1-20000126/) y su evolución más estricta desde un punto de vista sintáctico, el XHTML 1.1, se publicó el 31 de mayo de 2001 (http://www.w3.org/TR/2001/REC-xhtml11-20010531/). El W3C propone el XHTML 2 como draft (*working draft*) en agosto de 2002 (http://www.w3.org/TR/2002/WD-xhtml2-20020805/). Esta debería ser una versión «pura» XML, pero era incompatible con los contenidos web existentes. De esta manera, el XHTML 2 nunca saldrá como recomendación y el 17 de diciembre de 2010 el W3C cierra oficialmente el grupo de trabajo del XHTML 2.

Como hemos mencionado en la introducción, la recomendación actual de HTML es la versión 5.2 (https://www.w3.org/TR/html52/), publicada el 14 de diciembre de 2017. Para concluir, el W3C se centra ya en la versión 5.3 y se publicó un primer draft el 9 de agosto de 2018 (https://www.w3.org/TR/html53/).

4. La llegada del WHATWG

Ante la lentitud en la implementación de las normas del W3C, en 2004 surgió un grupo de trabajo alternativo llamado **WHATWG** (*Web HyperText Application Technology Working Group*). En 2007, empresas clave en la desarrollo web, como la fundación Mozilla, Apple y Opera Software, propusieron al W3C adoptar la metodología de trabajo del WHATWG.

Este grupo promovió un enfoque innovador: convertir HTML en un estándar "vivo" : **HTML Living Standard**. En lugar de seguir el proceso tradicional de especificaciones rígidas y prolongadas (desde *First Public Working Draft hasta Recommendation*), el objetivo era hacer evolucionar el estándar HTML de manera continua. Más tarde, Google y Microsoft se unieron al grupo. En 2017, el W3C y el WHATWG firmaron un acuerdo para colaborar en la evolución del HTML. Después, en 2019, el W3C cedió oficialmente al WHATWG el control exclusivo sobre el desarrollo del estándar.

Aquí está la URL de este acuerdo: https://www.w3.org/news/2019/w3c-and-the-whatwg-have-just-signed-an-agreement-to-collaborate-on-the-development-of-a-single-version-of-the-html-and-dom-specifications/. Actualmente, el WHATWG está respaldado por Apple, Google, Mozilla y Microsoft.

A partir de ahora el WHATWG será el único que desarrolle la norma HTML.

Dado que el WHATWG ya no trabaja con versiones numeradas, el estándar ha pasado a llamarse simplemente **HTML**, eliminando la denominación **HTML5**. Sin embargo, debido a la popularidad del término *HTML5*, el grupo permite su uso de manera indistinta.

Para seguir la evolución de HTML, puede visitar el sitio web del WHATWG: https://html.spec.whatwg.org/multipage/, aquí vemos parte de la página de inicio en enero de 2025:

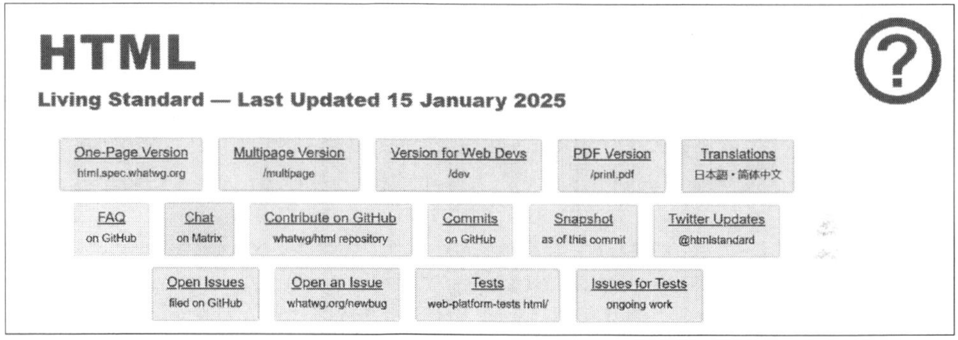

Si quiere estar al día de las actualizaciones, lo mejor es seguir la cuenta oficial de X (antes Twitter) del grupo: @htmlstandard.
También puede consultar los cambios recientes en su repositorio de GitHub: https://github.com/whatwg/html/

5. La evolución de las CSS

En los principios de Internet, las páginas solo contenían texto y permitían algún formateo con elementos HTML específicos. En ese momento es cuando la Web se hizo accesible a los universitarios, las empresas y al gran público. Estos nuevos usuarios necesitaban mostrar los contenidos textuales con formato y paginación. Por lo tanto, el W3C tuvo que hacer evolucionar el HTML para que permitiera tener páginas web más atractivas. Hasta el HTML 3.2, no había distinción clara entre el contenido y el formato, lo que era muy molesto.

Con la llegada del HTML 4 es cuando aparecieron las hojas de estilo en cascada, las **Cascading Style Sheets** en inglés, las **CSS**. La recomendación **Cascading Style Sheets, level 1** se publicó el 17 de diciembre de 1996 (https://www.w3.org/TR/REC-CSS1-961217.html). Por primera vez, teníamos una separación entre el contenido y el formato y la paginación. La versión 2 de las CSS se publicó el 12 de mayo de 1998 (https://www.w3.org/TR/2008/REC-CSS2-20080411/), y la 2.1, el 7 de junio de 2011 (https://www.w3.org/TR/2011/REC-CSS2-20110607/).

Como el HTML, las recomendaciones de las CSS se publicaron de manera conjunta, en centenares de páginas. Dado que la apariencia de los sitios web cobrada cada vez más importancia; mantener una evolución continua de las CSS se volvío iviable. Por ello, el W3C se decide por CSS3, que separa las funcionalidades de las CSS en módulos distintos. Cada módulo avanza de manera independiente del resto y a su ritmo. Esto también deja tiempo a los navegadores web para implementar las nuevas funcionalidades.

Actualmente hay docenas de módulos CSS3 que están en diversos estados de avance, de **Working Draft** a **Recommendation**. Por lo tanto, regularmente debe estar al corriente de los avances de estos trabajos en esta URL: https://www.w3.org/Style/CSS/current-work. Para ayudarle, tiene un flujo RSS a su disposición, en la sección **¿Qué hay de nuevo?**

Capítulo 1-2
Los navegadores

1. La evolución de los navegadores

Para empezar este capítulo, encontrará algunas fechas importantes sobre la historia de los navegadores. A finales del año 1990, Tim Berners Lee desarrolla el primer editor y el primer navegador web, en el seno del CERN. En 1994, Marc Andreessen funda Mosaic Communications Corp., que se convertirá en el futuro Netscape. A continuación, todos los fabricantes de plataforma crearán su propio navegador, como Microsoft Internet Explorer (1995) y Apple Safari (2003). Luego, llegan los fabricantes independientes y empujan el mercado, como Mozilla Firefox en noviembre de 2004 y Opera, que se hará gratuito en 2005.

Actualmente, en las plataformas habituales, la oferta se limita a cuatro actores principales: Microsoft Edge, Google Chrome, Mozilla Firefox y Apple Safari. Pero por supuesto, existen otros navegadores web. El soporte para móviles cada vez es más importante en la vida diaria, tanto a nivel personal como profesional, todos los fabricantes han publicado una versión móvil de su navegador. Entre estos diferentes fabricantes, la carrera de la innovación es muy importante, lo que provoca que se publiquen nuevas versiones de manera muy regular. En este libro, se utilizan las versiones de julio de 2020.

2. Las herramientas de desarrollo

Los cuatro principales navegadores incluyen de forma nativa herramientas para desarrolladores.

- En **Microsoft Edge**, acceda al menú de opciones de la derecha, seleccione **Más herramientas** y haga clic en **Herramientas de desarrollo**.
- En **Google Chrome** para Windows, acceda al menú de opciones en la parte derecha, seleccione **Más herramientas** y luego haga clic en **Herramientas para desarrollores**. En **Google Chrome** para macOS, vaya al menú **Ver - Opciones para los desarrolladores** y tendrá acceso a los ítems: **Código fuente**, **Herramientas para desarrollores**, **Examinar los elementos** y **Consola JavaScript**.
- En **Mozilla Firefox**, vaya al menú de las opciones situado a la derecha, seleccione **Más herramientas** y luego haga clic en **Herramientas para desarrollador web**. Accederá a muchos ítems dedicados para la depuración de las páginas web. Observe que Mozilla ofrece **Firefox Developer Edition**, que es un navegador especializado dedicado al desarrollo de los sitios web, con numerosas herramientas dedicadas a esta tarea:
https://www.mozilla.org/es-ES/firefox/developer/
- Para terminar, en **Apple Safari**, inicialmente debe ir a las **Preferencias**, en la pestaña **Avanzado**, y marcar la opción **Mostrar el menú Desarrollo en la barra de menús**. Una vez hecho esto, se visualiza el menú **Desarrollo** con numerosos ítems dedicados a la depuración de las páginas web.

3. La compatibilidad de los navegadores

Acabamos de mencionar en la sección anterior lo que el W3C ofrece y los navegadores de los que se dispone. Sepa que, para las CSS, a veces los fabricantes de los navegadores pueden proponer sus propias propiedades, para una eventual estandarización.

En el caso de HTML5, no existen problemas significativos de reconocimiento o interpretación.

Para las CSS 3, cada módulo se desarrolla a su propio ritmo y su evolución se indica por medio de los estados mencionados en el primer capítulo. Los navegadores integran estas nuevas propiedades CSS de manera regular. Para vérificar la compatibilidad de las propiedades CSS, la mejor opción es consultar regularmente el sitio web **Can I Use**: http://caniuse.com. Para cada propiedad, puede ver su compatibilidad con las diferentes versiones de los principales navegadores dentro de una tabla.

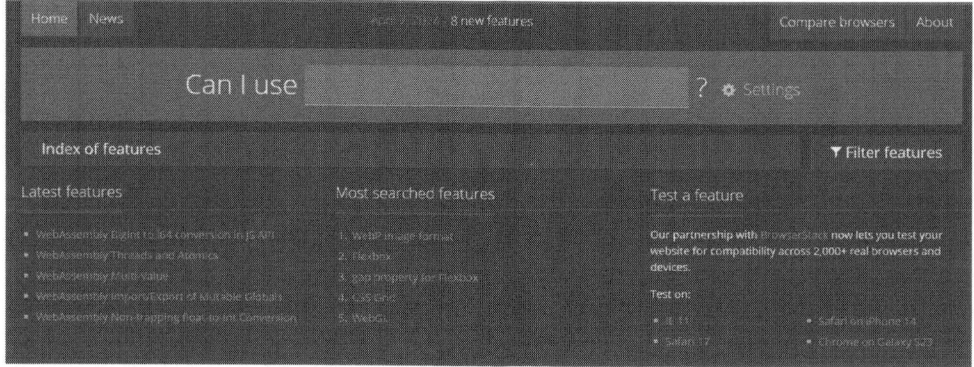

Capítulo 1-3
Las buenas prácticas

1. Separar el contenido del formato

Como hemos visto anteriormente, durante la salida del HTML 4, el W3C propuesto las CSS 1. El objetivo era claro: separar el contenido del formato y la paginación. Cada lenguaje tiene su objetivo bien definido: el HTML, describir la estructura y el contenido de las páginas web, y el CSS, permitir los formateos y la paginación.

Trabajando de esta manera, solo tendrá ventajas:

- separar correctamente los dos lenguajes,
- tener un código más limpio, riguroso y legible,
- separar la gestión del contenido del formato y de la paginación,
- centralizar el formato y la paginación en las CSS,
- homogeneizar el formato y la paginación en las CSS,
- tener actualizaciones de las CSS fáciles y rápidas.

En la creación de las páginas web, será necesario «evitar» en la medida de lo posible «mezclar» la estructura, el contenido y el formato; el código HTML y el código CSS.

2. Utilizar una estructura semántica

El HTML5 es un lenguaje perfectamente semántico. Cada elemento HTML contiene un tipo de contenido. Para tener un código limpio, legible, validado y accesible, debe respetar esta estructura semántica.

A continuación se muestran algunos ejemplos de buenos usos:

- El elemento `<p>` contiene el texto actual en párrafos.
- El elemento `<h1>` muestra los títulos de primer nivel, para los títulos más importantes de las páginas.
- El elemento `<dl>` diseña las listas de definiciones.

En su código, utilice correctamente los elementos HTML y úselos en el marco de su definición.

3. Optimizar el código y organizar sus archivos

Como desarrollador, sabe que es necesario optimizar y organizar correctamente su código. A continuación se muestran algunos consejos sensatos:

- En sus páginas web, indente las líneas de código. Esto hará que siempre sea más fácil de retomar en el futuro, tanto por usted como por parte de otra persona.
- Los comentarios son indispensables para explicar correctamente su código. De nuevo, es usted el que tiene que facilitar la tarea a las personas que retomarán sus páginas más adelante.
- Intente asignar un nombre a los selectores CSS de manera comprensible y lógica. Siempre es más fácil y rápido retomar el código bien creado.
- Para la organización de los archivos, adopte la buena costumbre de crear directorios por cada tipo de archivo utilizado en sus desarrollos. Es muy habitual tener un directorio **css** para todos los archivos de hojas de estilo CSS, un directorio **js** para todos los archivos JavaScript y un directorio **img** para los recursos multimedia de tipo imagen.
- Y por supuesto, haga regularmente copias de seguridad y utilice, por qué no, una herramienta de gestión de versiones.

4. Un ejemplo de una página bien formada

Vamos a terminar este capítulo estudiando una corta y muy sencilla página web «mal codificada» y ver qué es necesario hacer.

A continuación se muestra el código de la página:

```
<!DOCTYPE html>
<html>
<head>
<meta charset="UTF-8" />
<style>
.titulo {
font-size: 16pt;
font-weight: bold;
}
</style>
</head>
<body>
<p class="titulo">Maecenas faucibus mollis interdum</p>
<p>Curabitur blandit tempus porttitor...</p>
<p><center>Aenean eu leo quam. Pellentesque...</center></p>
Cras mattis consectetur purus sit amet...
<p> </p><p> </p>
<h2>Nullam quis risus eget urna mollis ornare vel eu leo</h2>
<p>Sed posuere consectetur es at lobortis...</p>
<table>
<tr>
<td><img src="tigre.jpg" /></td>
<td><img src="suricato.jpg" /></td>
<td><img src="nutria.jpg" /></td>
</tr>
</table>
</body>
</html>
```

Veamos ahora por qué esta página se puede calificar como «no correctamente codificada».

- No hay ninguna indentación. Por lo tanto, el código es poco legible, mal organizado y mal estructurado.
- En el elemento <head>, no hay elemento <title>, que es indispensable.
- El primer título de la página se ubica en un elemento <p>, hecho para contener el cuerpo de texto en un párrafo.
- Para este título, el formato se hace en CSS (tamaño de los caracteres y negrita). Hay que utilizar el elemento semántico <h1>.
- El segundo párrafo utiliza el elemento HTML <center>, que es obsoleto.
- El tercer párrafo de texto no está ubicado en ningún contenedor. Por lo tanto, no puede ser, de ninguna manera, destino para un formato, por ejemplo.
- El segundo título, bien ubicado en un elemento <h2>, está separado del texto anterior por medio de los párrafos <p>, que contienen un espacio de no separación . Como es «puro bricolaje», es necesario utilizar las propiedades CSS para este propósito.
- Las tres imágenes se sitúan en una tabla. Las tablas sirven para mostrar datos tabulares, no para paginar.

A continuación se muestra la misma página, pero con una sintaxis netamente más rigurosa:

```
<!DOCTYPE html>
<html>
<head>
    <title>Mi pequeña página web</title>
    <meta charset="UTF-8" />
    <style>
        .parrafo-centro {
            text-align: center;
        }
        .espacio-antes {
            margin-top: 68px;
        }
        .img-flotante-izquierda{
            float: left;
            margin-right: 10px;
        }
```

```
   </style>
</head>
<body>
   <h1>Maecenas faucibus mollis interdum</h1>
   <p>Curabitur blandit tempus porttitor...</p>
   <p class="parrafo-centro">Aenean eu leo quam.
Pellentesque...</p>
   <p>Cras mattis consectetur purus sit amet...</p>
   <h2 class="espacio-antes">Nullam quis risus eget urna mollis
ornare vel eu leo</h2>
   <p>Sed posuere consectetur es at lobortis...</p>
   <div>
       <p><img src="tigre.jpg" class="img-flotante-izquierda" />
       <img src="suricato.jpg" class="img-flotante-izquierda" />
       <img src="nutria.jpg" class="img-flotante-izquierda" />
       </p>
   </div>
</table>
</body>
</html>
```

A continuación se muestran las correcciones:

- El código está correctamente indentado.
- La página tiene el elemento <title>.
- El primer título utiliza correctamente el elemento HTML semántico <h1>. Por lo tanto, no es necesario hacer una sobrecarga con formatos CSS.
- El segundo párrafo utiliza la propiedad CSS adecuada para centrar el párrafo.
- El tercer párrafo está correctamente ubicado en un elemento HTML, <p> en este ejemplo.
- El segundo título <h2> está correctamente espaciado respecto al texto anterior, con el uso de la propiedad CSS adecuada.
- Las tres imágenes están correctamente paginadas con, de nuevo, las propiedades CSS adecuadas.

5. Validar el código de sus páginas

Es importante validar el código HTML de sus páginas. En efecto, sus enlaces esperan acceder a un sitio o aplicación web perfectamente funcional, sin errores que puedan deteriorar su utilización. Y no olvide que los asistentes vocales para las personas con problemas de audición se basan en páginas validadas.

Por todas estas razones, se pueden utilizar validadores de código. Algunos fabricantes de código integran uno de manera nativa, mientras que otros necesitan instalar una extensión.

Pero también se pueden utilizar validadores en línea como el de W3C, que es el más riguroso. A continuación se muestra su URL: https://validator.w3.org.

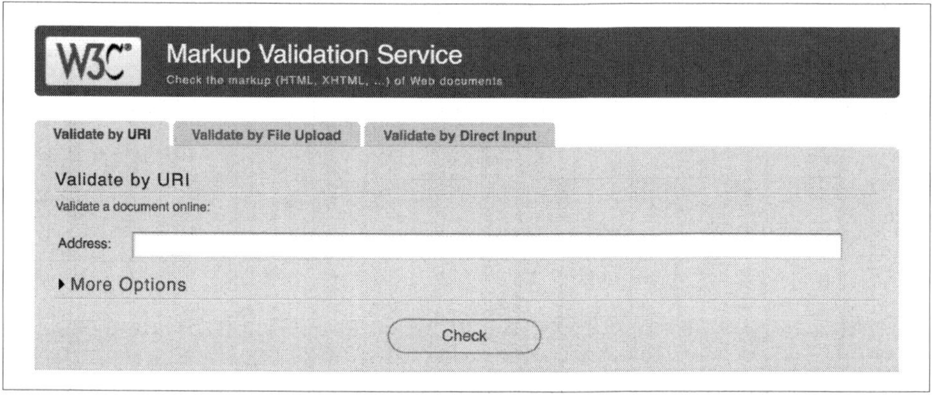

Puede optar por validar una página HTML publicada (pestaña **Validate by URI**), importar una de sus páginas (pestaña **Validate by File Upload**) o copiar/pegar el código de su página (pestaña **Validate by Direct Input**).

Parte 2: HTML5

Capítulo 2-1 Los elementos HTML

1. Utilizar correctamente el HTML

El lenguaje HTML es un lenguaje de etiquetas, como su nombre indica: **HyperText Markup Language**, Lenguaje de Marcado de Etiquetas. Observe también que originalmente el HTML es una aplicación SGML (*Standard Generalized Markup Language*).

El lenguaje HTML se introduce en un documento de tipo texto, que tiene por extensión **.html**. El HTML es interpretado por un « agente de usuario », para retomar la terminología oficial (*user agent*). Estos agentes de usuarios del HTML son los navegadores web la mayor parte de las veces, pero existen otras formas de aplicaciones capaces de interpretar HTML, como los lectores de pantalla de audio, los robots de indexación de los motores de búsqueda, así como los sistemas instalados en los aparatos electrónicos.

El objetivo del HTML es describir la estructura de las páginas web e indicar el contenido semántico de cada elemento que forma parte de estas páginas. El HTML describe el contenido de las páginas web, con ayuda de elementos HTML que están formados de etiquetas. Cada elemento se dedica a la visualización de un tipo de contenido dado. Tiene elementos HTML que muestran títulos, imágenes, tablas, formularios, etc.

Por lo tanto, el HTML es un **lenguaje semántico**: cada elemento se debe utilizar en el marco de su definición y los agentes de usuario esperan un contenido dado para cada elemento. Por ejemplo, el elemento HTML <p> existe para contener un párrafo de texto, y no una tabla, y el elemento HTML <img>, para una imagen, y no un campo de formulario. Para que sus páginas web sean válidas y se interpreten correctamente por los navegadores, debe respetar esta semántica.

2. Las etiquetas y los contenidos

Cada elemento HTML está formado por varias partes constitutivas.

La primera parte es la etiqueta de apertura. Esta etiqueta empieza con el carácter < y se sigue inmediatamente después por el nombre del elemento. Termina con el carácter >. El elemento que permite insertar un párrafo de texto se llama p, la sintaxis de su etiqueta de apertura es la siguiente: <p>.

La segunda parte afecta a los contenidos textuales. Es decir, los elementos HTML que contienen texto, como los títulos, párrafos, citas, etc. El texto se escribe de manera normal, sin ninguna etiqueta específica.

La mayor parte de los elementos HTML tienen una etiqueta de cierre. La sintaxis retoma el principio de la etiqueta de apertura, pero además con el carácter /, que precede al nombre del elemento. Este carácter indica el final del elemento. Si retomamos nuestro ejemplo de párrafo, a continuación se muestra la etiqueta de cierre: </p>.

Este es un ejemplo completo para el elemento HTML, que inserta un párrafo:

```
<p>El texto de mi párrafo.</p>
```

Es importante observar que algunos elementos HTML sin contenido textual o sin elementos anidados lógicamente no tienen etiqueta de cierre. Tomemos como ejemplo el elemento <hr>, que permite insertar una línea horizontal de separación. No hay contenido textual; por lo tanto, no tenemos etiqueta de cierre. Sucede lo mismo con el elemento <img>, que permite insertar una imagen. En este caso, la etiqueta de apertura contiene un autocierre.

3. Los atributos de los elementos

Los atributos permiten modificar el comportamiento estándar de los elementos HTML. Los elementos HTML pueden no contener ningún atributo, solo uno y, algunas veces, varios. Algunos atributos son obligatorios y otros opcionales. La mayor parte de los atributos tienen valores, pero no todos. Los atributos que no necesitan valor se califican como booleanos. En todos los casos, los atributos se ubican en la etiqueta de apertura de los elementos.

Tomemos como primer ejemplo el atributo opcional, que permite identificar de manera única un elemento HTML. Se trata del atributo `id`. Este atributo debe tener un valor entre comillas (no obligatorias, pero es muy aconsejable) y está precedido por el signo =. A continuación se muestra un ejemplo:

```
<p id="introduccion">El contenido de mi párrafo.</p>
```

Tomemos como segundo ejemplo un atributo obligatorio. Para insertar una imagen, utilizamos el elemento `<img>` y su atributo obligatorio `src`, que permite indicar la ruta de acceso al origen de la imagen. A continuación se muestra una sintaxis sencilla:

```
<img src="mi-imagen.jpg">
```

Si un elemento HTML tiene varios atributos, se separan con un espacio simple. A continuación se muestra un ejemplo con el elemento `<img>`:

```
<img src="mi-imagen.jpg" alt="El texto alternativo de la imagen"
title="Título de la imagen">
```

Observe que cada elemento HTML puede tener atributos propios. Pero sepa que existen numerosos atributos universales (*Global attributes* en inglés), que se pueden aplicar a todos los elementos HTML. A continuación se muestra una URL donde se puede encontrar la lista de estos atributos universales: https://developer.mozilla.org/es/docs/Web/HTML/Atributos

Estos son algunos de los atributos que se emplean con más frecuencia:

- `accesskey`: define la tecla que permite acceder a un elemento de la interfaz. Ejemplo: `accesskey="A"`.
- `class`: especifica el nombre de la clase CSS que se aplica en cada elemento. Ejemplo: `class="titulo-intro"`.

- `contenteditable`: booleano que indica si el usuario puede editar o no el contenido. Ejemplo: `contenteditable="true"`.
- `dir`: define la dirección de escritura del texto, de izquierda a derecha o de derecha a izquierda. Ejemplo: `dir="ltr"`, para *Left To Right*.
- `hidden`: booleano que indica si el elemento está oculto o no. Ejemplo: `hidden`, la presencia misma de este elemento basta para indicar el valor `true`.
- `id`: determina el identificador único del elemento. Ejemplo: `id="banner-articulo"`.
- `lang`: define el lenguaje utilizado en el elemento. Ejemplo: `lang="en"`.
- `title`: da el título descriptivo del elemento. Ejemplo: `title="Hyper-text Markup Language"`.
- `style`: define las propiedades de estilo CSS del elemento. Ejemplo: `style="color: #00FF00 ; text-align: center"`.

4. El uso correcto de la sintaxis

El lenguaje HTML es un lenguaje demasiado permisivo, pero es conveniente respetar algunas reglas para ofrecer a los diferentes actores un código limpio, legible y validado.

Puede perfectamente utilizar mayúsculas o minúsculas para rellenar el nombre de los elementos y los atributos HTML. Las sintaxis `<p>Mi texto.</p>` y `<P>Mi texto.</P>` son equivalentes. Pero prevalece el uso de las minúsculas.

Algunos elementos HTML tienen una etiqueta de cierre opcional, como el elemento `<p>`. Pero por las mismas razones que anteriormente, hay que cerrar siempre los elementos de contenido usando su etiqueta de cierre.

Los valores de los atributos se pueden indicar sin usar comillas. Pero, de nuevo, es preferible siempre el uso de las comillas.

5. La anidación de los elementos

Los elementos HTML permiten estructurar el contenido de sus páginas web. Esta estructuración va de la mano con la anidación de los elementos HTML. Por ejemplo, en un artículo, insertado con el elemento <article>, podemos anidar un elemento de encabezado <header>, uno o varios párrafos <p> y un pie de página <footer>. Entonces, tenemos una jerarquía de los elementos: <header>, <p> y <footer> están anidados en <article>. Estos elementos son los hijos del artículo, que es su padre. Si hay varios hijos <p>, son hermanos.

En los párrafos <p>, podemos perfectamente aplicar un formato semántico con el elemento <strong>, que permite aplicar un marcado de especial énfasis. En este caso, el elemento <strong> es hijo del elemento <p>.

Con estos ejemplos vemos, simplificando, dos tipos de elementos HTML. Los elementos de estructura y los elementos de formato de texto. Esta noción se hereda del HTML 4. En esta recomendación, los elementos HTML estaban tipados en *block* y en *inline*. Los elementos de tipo bloque (*block*) permiten estructurar la página, con elementos como <div>, <p>, <h1>. Por defecto, los navegadores deben mostrar estos elementos en toda la longitud disponible y deben empezar en una nueva línea. Los elementos en línea (*inline*) permiten formatear el texto. Por lo tanto, los navegadores los deben mostrar en la misma línea y pueden encadenarse unos a otros. Por supuesto, estos dos tipos son los más utilizados, pero existen otros. A continuación se muestra una URL que lista todos los tipos de visualización:
https://www.w3schools.com/cssref/pr_class_display.asp

Por lo tanto, en lo que respecta a la anidación de los elementos, los elementos de tipo bloque pueden contener otros elementos de tipo bloque, elementos de tipo en línea y de tipo texto. Los elementos de tipo en línea pueden contener otros elementos en línea o de texto, pero no elementos de tipo bloque.

Tomemos un ejemplo muy sencillo. Debemos introducir un texto con algunas palabras destacadas. Esto implica que tenemos que utilizar un elemento <p> de tipo bloque que contenga texto, por lo tanto se destacará una palabra con el elemento <strong> de tipo en línea.

```
<p>Mi texto está <strong>destacado</strong>
con un marcado de especial énfasis.</p>
```

Evidentemente, la anidación inversa no es posible:

```
<strong>Mi texto está <p>destacado</p>
con un marcado de especial énfasis.</strong>
```

Estas nociones de tipo *block* (https://developer.mozilla.org/es/docs/Glossary/HTML/Block-level_content) e *inline* (https://developer.mozilla.org/en-US/docs/Glossary/Inline-level_content) y el resto de los tipos se definen perfectamente en el HTML 4. Pero con el HTML5, estas diferencias se difuminan un poco. Por ejemplo, está permitido tener un elemento hijo <p> de tipo bloque en un elemento padre <a> de tipo en línea.

6. Los comentarios

Como en cualquier lenguaje informático, es muy aconsejable comentar su código, ya sea para usted mismo o para cualquier otro desarrollador que retome sus páginas. Los comentarios se pueden situar en cualquier lugar en la página. A continuación se muestra la sintaxis:

```
<!-- El texto de mi comentario -->
```

Capítulo 2-2
La estructura de las páginas

1. La estructura general de las páginas web

La totalidad de una página web se inserta en el elemento <html>. Este elemento se considera la raíz de la página.

A continuación, tenemos dos partes de contenido: el encabezado y el cuerpo. El encabezado, con el elemento <head>, permite definir las propiedades globales de las páginas, aunque cada página pueda tener propiedades diferentes. El cuerpo de la página, el elemento <body>, contiene todo el contenido que se mostrará en la página. Estos dos elementos, <head> y <body>, son hermanos e hijos del elemento <html>.

Por lo tanto, podemos tener esta estructura mínima:

```
<!doctype html>
<html>
   <head>
       ...
   </head>
   <body>
       ...
   </body>
</html>
```

2. La declaración doctype

Como hemos mencionado en un capítulo anterior, el HTML es una aplicación SGML. De esta manera, es necesario que la primera línea de una página web contenga la indicación del lenguaje de etiquetas utilizado. Esta declaración está destinada al navegador. La sintaxis es muy sencilla:

```
<!doctype html>
```

Atención, observe que esta declaración del tipo de documento no es un elemento HTML.

3. El elemento <html>

El elemento `<html>` es el elemento raíz de las páginas HTML. La etiqueta de apertura, `<html>` se coloca inmediatamente después de la declaración de tipo de documento, y la etiqueta de fin, `</html>`, termina la página.

Entre los atributos globales, el uso del atributo `lang` no es obligatorio, pero sí muy aconsejable. Esto permite indicar al navegador cuál es el idioma utilizado en la página web. Este atributo se utiliza por los motores de búsqueda para la indexación y por los navegadores de síntesis vocal para las personas discapacitadas.

A continuación se muestra la sintaxis habitual:

```
<html lang="es">
```

4. El elemento <head>

4.1 Los elementos hijo del encabezado

El elemento `<head>` es realmente muy importante. Contiene toda una serie de propiedades esenciales para la página, ya que estas propiedades no se definen en ninguna otra parte del documento.

Estas propiedades se guardan con estos elementos hijos:

- <meta>: permite guardar varios metadatos en el documento. Puede no tener ningún elemento, uno o varios.
- <title>: es el único elemento obligatorio. Define el título del documento. Solo puede tener un único elemento de título por página.
- <base>: este elemento permite indicar la URL de base para resolver las URL relativas del documento. Puede tener un único elemento de este tipo en cada documento.
- <link>: establece los enlaces a las regiones exteriores a la página, como son los archivos de hojas de estilo CSS. Puede no tener ningún elemento, uno o varios.
- <style>: permite declarar las reglas de estilo CSS incorporadas en la página. Puede no tener ningún elemento, uno o varios.
- <script>: permite definir los scripts incorporados en la página. Puede no tener ningún elemento, uno o varios.

4.2 Los elementos <meta>

El elemento <meta> permite guardar varios metadatos. Algunos de estos metadatos son especialmente relevantes, como la codificación de los caracteres.

Es importante indicar la codificación de los caracteres justo después de la etiqueta de apertura <head> porque esta codificación va a afectar a todos los otros elementos posteriores. Actualmente, la codificación utilizada es el UTF-8 (*Universal Character, Set Transformation Format*, en 8 bits). A continuación se muestra su sintaxis:

```
<meta charset="UTF-8">
```

También puede utilizar metadatos para guardar información utilizada por los robots de indexación de los motores de búsqueda. Aquí puede ver algunos ejemplos:

```
<meta name="descripcion" content"La descripción de mi página">
<meta name="keywords" content"sitios web, diseño, html, css, javascript">
<meta name="author" content"Christophe AUBRY">
<meta name="generator" content"Mi software de creación">
```

4.3 El elemento <title>

El elemento `<title>` es obligatorio. El contenido textual de este elemento se utiliza para mostrarse en la barra de título de las ventanas o en las pestañas de los navegadores. También se utiliza como enlace y en los resultados de los motores de búsqueda. Por lo tanto, su contenido no se debe ignorar, sino que es necesario trabajar correctamente las palabras que se seleccionan. Este elemento solo puede contener texto, se ignorará cualquier otra etiqueta.

4.4 El elemento <base>

El uso del elemento `<base>` es recomendable, pero no obligatorio. Permite indicar la URL de base de la página para volver a recomponer las URL relativas indicadas en el documento. Utiliza el atributo `href` para especificar la URL de base y puede utilizar el atributo `target` si es necesario.

Si utiliza otros elementos que especifican URL, es obligatorio indicar este elemento `<base>` antes de estos otros elementos.

Aquí puede ver un ejemplo de uso:

```
<base href="https://www.mi-sitio.es/" />
```

4.5 El elemento <link>

El elemento `<link>` permite crear enlaces a lugares externos a la página, como por ejemplo a los archivos **.css**. También puede utilizarse para mostrar un icono en la barra de direcciones del navegador. A continuación se muestran los dos ejemplos de sintaxis:

```
<link rel="stylesheet" type="text/css" src="mis-estilos.css">
<link rel="icon" type="image/gif" href="icono-sitio.gif">
```

4.6 El elemento <style>

El elemento `<style>` permite declarar los estilos CSS que solo se ejecutarán únicamente en esta página. A continuación, se muestra un ejemplo de sintaxis:

```
<style>
   .autor {
       color: #720868;
       text-transform: uppercase;
   }
</style>
```

Observe que no es necesario indicar el atributo `type="text/css"` en el elemento `<style>` porque las CSS se consideran como el tipo por defecto.

4.7 El elemento <script>

El elemento `<script>` permite declarar los scripts JavaScript que solo se aplicarán dentro de esta página. A continuación se muestra un ejemplo de sintaxis:

```
<script>
   alert ("¡Hola a todo el mundo!");
</script>
```

Observe que no es necesario indicar el atributo `type="text/javascript"` en el elemento `<script>` porque JavaScript se considera como el lenguaje por defecto.

5. El elemento <body>

El elemento <body> incluye todos los elementos de contenido de la página web. Su etiqueta de apertura, <body>, va justo después del cierre del encabezado </head>. Su etiqueta de cierre, </body>, se sitúa justo antes de la del documento, </html>. Por supuesto, en el mismo documento solo puede haber un elemento <body>.

Todos los elementos de tipo block poseen unas propiedades de visualización por defecto. Estas propiedades hace que el elemento se muestre con márgenes alrededor mediante la propiedad de CSS display. También hay otras propiedades que afectan al formato del texto y permiten ponerlo en negrita o cursiva. Por supuesto, puede modificar y personalizar estas propiedades en sus hojas de estilo.

El elemento <body> no es una excepción, al ser también de tipo block. Estos son los valores habituales de su propiedad display:

```
body {
     display: block ;
     margin: 8px ;
}
```

Por lo tanto, tenemos un elemento con unos marcos de 8 píxeles alrededor de su bloque de visualización.

6. Ejemplo de una estructura sencilla

A continuación se muestra un ejemplo de una estructura simplificada, mínima y validada de una página web:

```
<!doctype html>
<html lang="es">
   <head>
       <meta charset="UTF-8">
       <title>El título de mi página</title>
   </head>
   <body>
       <p>El contenido de mi página.</p>
   </body>
</html>
```

Capítulo 2-3
Los contenedores semánticos

1. Utilizar correctamente los contenedores semánticos

Para diseñar sus páginas, debe pensar en términos de «contenedor». Un contenedor, como su nombre indica, incluye un contenido de tipo muy variado.

En estos contenedores, puede situar texto, imágenes, formularios, enlaces, tablas, etc. Pero también puede tener contenedores más «pequeños», como para resaltar una o varias palabras o para definir una celda de una tabla.

Los contenedores también sirven para estructurar sus páginas. De esta manera, puede utilizar contenedores para insertar un encabezado de página, una columna de desplazamiento (un *sidebar* en inglés), un pie de página, una barra de navegación, etc.

Como habrá entendido, todos los contenidos se insertan en contenedores. Cada contenedor, fuera de las capas (`<div>` y `<span>`), están dedicados a recibir un contenido específico. Para esto se califican los contenedores semánticos.

2. El elemento <div>

El elemento `<div>` es uno de los contenedores más antiguos del HTML. Permite crear una capa estructural en la página. En estas capas, podemos situar cualquier contenido, incluso otros contenedores, como otras capas `<div>`, párrafos, listas, etc.

El HTML5 introduce nuevos contenedores semánticos que han reducido el uso del elemento `<div>`. Pero el motivo por el que debe evitar usar cajas `<div>` no es porque utilice HTML5. Siempre se pueden usar y efectivamente tienen su utilidad. Las cajas `<div>` habitualmente se usan para conseguir contenedores «neutros», que no necesariamente tienen un sentido semántico concreto.

3. El elemento <span>

El elemento `<span>` se utiliza habitualmente para aplicar un formato específico a una parte del texto dentro de un párrafo. Es especialmente útil cuando se desea destacar un fragmento sin alterar la estructura del contenido.

A continuación se muestra un ejemplo concreto: queremos poner el fondo gris y un borde fino en una parte de un texto de un párrafo.

A continuación se muestra el selector CSS:

```
.fondo-gris {
   background-color: #eee;
   padding: 0 5px;
   border: 1px solid #333;
}
```

A continuación se muestra su aplicación en el código HTML:

```
<p>Donec ullamcorper nulla no metus auctor
fringilla. Morbi leo risus, <span class="fondo-gris">porta
ac consectetur ac vestibulum</span> at eros. Donec sed odio...</p>
```

A continuación se muestra la visualización obtenida:

Donec ullamcorper nulla non metus auctor fringilla. Morbi leo risus, porta ac consectetur ac vestibulum at eros. Donec sed odio...

4. El elemento <header>

El elemento <header> permite insertar una zona de visualización para los encabezados. Estos encabezados se pueden utilizar en varios lugares:

- A nivel de la página: es el clásico encabezado de página, habitualmente ubicado en la parte superior de la pantalla, con un logo, un eslogan, una barra de navegación principal, etc.
- A nivel de los contenidos, lo que permite tener una introducción al contenido que sigue, como el encabezado de un artículo, por ejemplo.

Este contenedor puede contener todo tipo de elementos: títulos, párrafos, enlaces, etc.

Puede anidar los elementos <header> y <footer> en otro elemento <header> si los dos primeros elementos se incluyen en un mismo elemento padre.

A continuación se muestra un ejemplo de anidación perfectamente validado:

```
<article>
   <header>
       <h2>Cras Vestibulum Sem Fermentum</h2>
       <aside>
           <header>
               <h3>Inceptos Magna Vehicula Malesuada</h3>
               <p>Mollis Risus Sollicitudin Inceptos...</p>
           </header>
           <p>Sit Mattis Aenean Commodo...</p>
           <footer>
               <p>Parturient Pharetra Quam</p>
           </footer>
       </aside>
   </header>
   <p>Adipiscing Ultricies Dapibus Mollis...</p>
</article>
```

5. El elemento <footer>

El elemento `<footer>` se utiliza para definir el pie de página de un documento o de una sección específica, como un artículo. Su función semántica es similar a la del elemento `<header>`, aunque no es obligatorio usar ambos conjuntamente. Es decir, puede haber un `<footer>` sin `<header>`, y viceversa.

6. El elemento <aside>

El elemento `<aside>` permite mostrar un contenido relacionado de manera indirecta con el contenido principal al que se le asocia. Esto se corresponde habitualmente con las clásicas barras de desplazamientos (*sidebar* en inglés), las zonas de componentes de interfaz (*widgets* en inglés), los complementos sobre los artículos o cualquier otro contenido textual.

Por lo general, el contenido principal aparece en el centro de la página, mientras que el contenido asociado al elemento `<aside>` se muestra a la derecha.

7. El elemento <nav>

El elemento `<nav>`, como su nombre permite intuir, se dedica a la visualización de una barra de navegación con enlaces de hipertextos. Pero atención, no se sienta obligado a tener una única zona de navegación por página. Puede crear tantos elementos `<nav>` como quiera, con navegaciones diferentes en sus páginas, siempre y cuando cada uno de ellos se identifique correctamente. El elemento `<nav>` quizás se dedica más a la navegación principal del sitio web, a la creación de enlaces entre las páginas del sitio web.

Puede incluir una navegación principal `<nav>` en un encabezado `<header>` y una navegación secundaria `<nav>` en un pie de página `<footer>`, por ejemplo.

8. El elemento <main>

El elemento <main> permite indicar el contenido principal de la página. Este contenido debe ser único y no repetirse en la página. Además, la norma indica concretamente su contexto de utilización: no se debe usar en el interior, como elemento incluido, e los elementos <article>, <aside>, <footer>, <header> o <nav>.

9. El elemento <section>

El elemento <section> permite agrupar los elementos que comparten una misma temática. Esto permite agrupar, en un mismo elemento, un contenido estructurado, con su encabezado y su pie de página. La utilización de varios elementos <section> distinguirá varias partes, varias secciones dentro de una misma página, con otros elementos de estructura anidados.

10. El elemento <article>

El elemento <article> permite insertar un contenido autónomo. Está calificado como autónomo porque se puede reutilizar en cualquier lugar en el sitio web, sin que su comprensión se vea afectada. El uso más habitual retoma el nombre del elemento: creación de artículos de blog y de actualidad.

11. El elemento <search>

El elemento <search> permite agrupar todos los elementos relacionados con una búsqueda textual en el sitio web. Puede incluir formularios, títulos, párrafos y eventualmente los resultados. Es importante mantener esta área bien estructurada para facilitar su comprensión y accesibilidad.

12. La visualización de los elementos de estructura

Todos los elementos de estructura de tipo `block` que acabamos de ver, es decir, `<div>`, `<header>`, `<footer>`, `<aside>`, `<nav>`, `<main>`, `<section>` y `<article>`, utilizan la propiedad `display`, pero no tienen un valor específico para los márgenes.

```
div, header, footer, aside, nav, main, section, article {
     display : block ;
}
```

13. Dos ejemplos de estructura semántica de página

13.1 Una estructura semántica sencilla

A continuación se muestra un primer ejemplo con una estructura semántica muy sencilla:

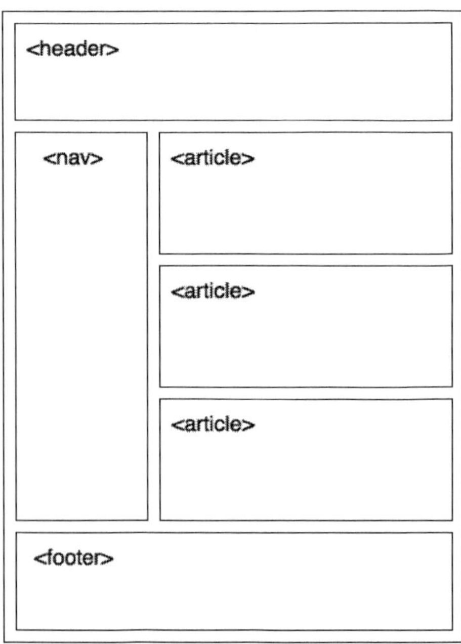

Tenemos:

- Un encabezado <header> en la parte superior, con un logo y un eslogan, por ejemplo.
- Una barra de navegación <nav> en la parte izquierda de la página.
- Toda la actualidad del sitio web se podrá situar en elementos <article>.
- Para terminar, el pie de página <footer> podrá contener las menciones legales, los enlaces de contacto, etc.

13.2 Una estructura semántica más elaborada

A continuación se muestra una segunda estructura más elaborada:

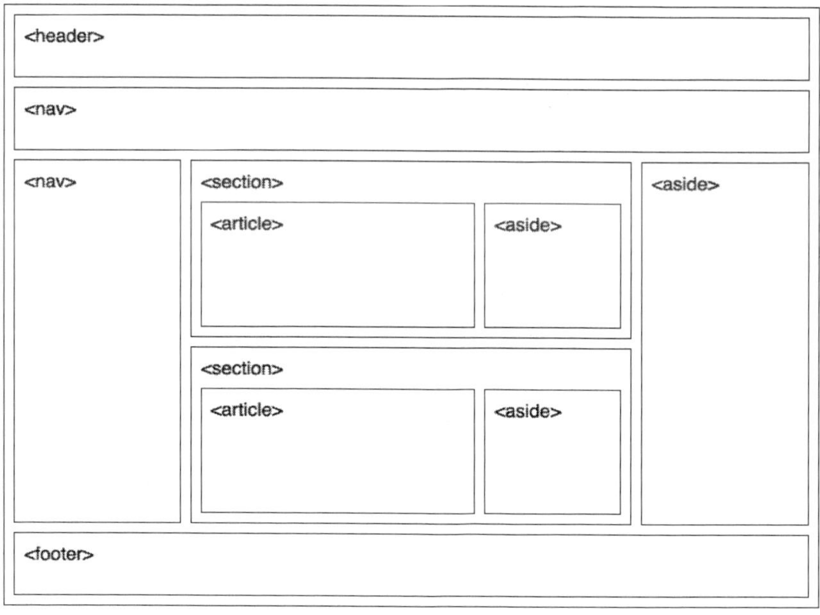

Tenemos:

- Un encabezado `<header>` en la parte superior.
- Más abajo, una barra de navegación `<nav>` para la navegación general del sitio web, para navegar entre las páginas.
- A la izquierda, una segunda caja `<nav>` para la navegación secundaria, para los enlaces relacionados directamente con el contenido de la página mostrada.
- A la derecha, un elemento `<aside>` muestra la información relacionada con el contenido de la página, como los enlaces promocionales, los contenidos relacionados, etc.
- El contenido de la página se muestra en dos elementos `<section>`, que permiten de esta manera diferenciar correctamente estos dos contenidos. Cada elemento `<section>` contiene un elemento `<article>` para el contenido textual y un elemento `<aside>` para mostrar los elementos de información adicionales relacionados con el artículo (iconografía, enlaces, etc).
- Finalmente, un pie de página `<footer>` para mostrar la información legal, las condiciones de venta, un enlace de contacto, un plano de acceso, etc.

14. Un ejemplo de estructura semántica de un artículo

A continuación se muestra un ejemplo de un artículo, de un contenido textual que utiliza estos elementos de estructura semántica:

```
<article>
<header>
<h1>
<h2>
<p>
<p>
<ul>
  <li><a href="...">...</a></li>
  <li><a href="...">...</a></li>
  <li><a href="...">...</a></li>
</ul>
<footer>
```

Tenemos:

- Un elemento `<article>` como contenedor general.
- Nuestros artículos contienen encabezados, introducciones; por lo tanto utilizamos el elemento `<header>`. El elemento `<header>` contiene el título `<h1>` del artículo y su subtítulo `<h2>`.
- El contenido textual del artículo se ubica en los elementos `<p>`. El artículo contiene los enlaces a los complementos de artículos, listados en una lista `<ul>`.

- El artículo termina con un pie de página `<footer>` o quizás un pie de artículo, con la fecha de publicación, la firma del artículo y el nombre del autor, por ejemplo.

Capítulo 2-4
Los contenedores de texto

1. Utilizar correctamente los contenedores de texto

Después de haber visto los contenedores de estructura, vamos a tratar los contenedores de texto. De nuevo, debemos utilizar los contenedores semánticos para insertar tipos de texto concretos en nuestras páginas web.

Observe que todos estos elementos son de tipo `block`. Esto implica que se muestren en toda la longitud disponible en su contenedor padre, que puede ser el elemento `<body>` o cualquier otro contenedor de tipo `block`. Por lo tanto, el contenedor siguiente, sea cual sea, se mostrará en una nueva línea, en un nuevo bloque.

Debe saber también que para estos elementos en bloque los navegadores insertan un espacio antes y después. Puede modificar estos espacios con reglas CSS.

2. Los atributos de idioma y dirección del texto

En cualquier página web, puede perfectamente especificar el idioma utilizado en un contenedor de texto con el atributo `lang`. Hemos visto su utilización en el elemento `<html>` para indicar el idioma utilizado en la totalidad de la página. Pero puede perfectamente hacer una excepción para un contenedor de texto concreto.

No habría ningún problema en tener esta sintaxis en una parte específica de un párrafo en español, donde el idioma es el italiano:

```
<p>Me ha dicho <span lang="it">Ciao a tutti! Come state?</span>
cuando nos hemos visto.</p>
```

Además del idioma, puede especificar la dirección de escritura con el atributo dir. Este atributo utiliza estos tres valores:

- ltr: que significa *left to right*, escritura de izquierda a derecha, como el español o el italiano por ejemplo.
- rtl: que significa *right to left*, escritura de derecha a izquierda, como el árabe por ejemplo.
- auto: en este caso, es el agente de usuario el que detecta la dirección de escritura.

A continuación se muestra un ejemplo con un párrafo en árabe:

```
<p lang="ar" dir="rtl">صباح الخير جميعا ! كيف حالكم</p>
```

3. Los títulos

Los elementos de título permiten insertar seis niveles de título jerárquico en las páginas. Los elementos que se deben utilizar son <h1> a <h6>. Estos títulos tienen un fuerte valor semántico. El nivel de título <h1> es el más importante en la página y el nivel <h6> es el menos importante.

El W3C aconseja utilizarlos en orden descendiente: en primer lugar, debe utilizar un título de nivel 1, después un título de nivel 2 y así sucesivamente. Se desaconseja omitir un nivel, como pasar de <h1> a <h3>, omitiendo <h2>.

Observe que perfectamente puede utilizar varias veces el mismo nivel de título en contenedores diferentes. Podemos tener el elemento <section> con un título <h1>, que contiene varios elementos <article>, cada uno con un título <h2>. Por otro lado, en un elemento <aside>, por ejemplo, podemos utilizar otros elementos <h1> y <h2>.

Los títulos <hx> también tienen una gran utilidad para la indexación natural de sus páginas web: SEO (*Search Engine Optimization*). Por lo tanto, debe pensar en utilizar las palabras susceptibles de ser utilizadas por los internautas durante sus búsquedas en Internet.

Último punto, todos los títulos <hx> se muestran en negrita en los navegadores, con el tamaño más grande para el <h1> y el más pequeño para el <h6>. Y como todos los elementos de tipo `block`, sus márgenes tienen definidos valores por defecto.

A continuación se muestran las propiedades de visualización por defecto de los elementos de título <h1> a <h6>:

```
h1 {
  display : block ;
  font-size : 2em ;
  margin-top : 0.67em;
  margin-bottom: 0 .67em 0 ;
  margin-left: 0;
  margin-right: ;
  font-weight : bold ;
}

h2 {
  display : block ;
  font-size : 1.5em ;
  margin-top : 0.83em;
  margin-bottom: 0.83em;
  margin-left: 0;
  margin-right: .83em 0 ;
       font-weight : bold ;
}

h3 {
  display : block ;
  font-size : 1.17em ;
  margin-top : .1em;
  margin-bottom: 0 .1em 0 ;
  margin-left: 0;
  margin-right: 0;
  font-weight : bold ;
}

h4 {
```

```
  display : block ;
  margin-top : 1.33em;
  margin-bottom: 0 1.33em;
  margin-left: 0 ;
  margin-right: 0;
  font-weight : bold ;
}

h5 {
  display : block ;
  font-size : .83em ;
  margin-top : 1.67em;
  margin-bottom: 0 1.67em;
  margin-left: 0;
  margin-right: 0 ;
  font-weight : bold ;
}

h6 {
  display : block ;
  font-size : .67em ;
  margin-top : 2.33em;
  margin-bottom: 0 2.33em;
  margin-left: 0 ;
  margin-right: 0;
  font-weight : bold ;
}
```

A continuación se muestra un ejemplo sencillo:

```
<!doctype html>
<html lang="es">
   <head>
       <meta charset="UTF-8">
       <title>Mi página web</title>
   </head>
   <body>
       <h1>Título de nivel 1</h1>
       <h2>Título de nivel 2</h2>
       <h3>Título de nivel 3</h3>
       <h4>Título de nivel 4</h4>
       <h5>Título de nivel 5</h5>
       <h6>Título de nivel 6</h6>
   </body>
</html>
```

A continuación se muestra la visualización obtenida:

Título de nivel 1

Título de nivel 2

Título de nivel 3

Título de nivel 4

Título de nivel 5

Título de nivel 6

4. Los párrafos

El elemento <p> permite insertar el texto actual en los párrafos. Como para todos los escritos, cada párrafo podrá contener una idea, un concepto. En cada párrafo, puede resaltar una o varias palabras con elementos de formato semántico.

A continuación se muestran las propiedades de visualización por defecto de los párrafos:

```
p {
        display: block;
        margin-top: 1em;
        margin-bottom: 1em;
        margin-left: 0;
        margin-right: 0;
}
```

A continuación se muestra un ejemplo sencillo:

```
<!doctype html>
<html lang="es">
   <head>
       <meta charset="UTF-8">
       <title>Mi página web</title>
   </head>
   <body>
       <p>Morbi leo risus, porta ac consectetur...</p>
       <p>Nullam quis risus eget urna mollis ornare...</p>
   </body>
</html>
```

A continuación se muestra la visualización obtenida:

Morbi leo risus, porta ac consectetur ac, vestibulum at eros. Vestibulum id ligula porta felis euismod semper. Aenean lacinia bibendum nulla sed consectetur. Duis mollis, est non commodo luctus, nisi erat porttitor ligula, eget lacinia odio sem nec elit.

Nullam quis risus eget urna mollis ornare vel eu leo. Nullam quis risus eget urna mollis ornare vel eu leo. Donec sed odio dui. Cras mattis consectetur purus sit amet fermentum. Nullam quis risus eget urna mollis ornare vel eu leo. Cras mattis consectetur purus sit amet fermentum. Cras mattis consectetur purus sit amet fermentum.

5. Las citas

Los bloques de cita permiten mostrar un texto extraído de un origen externo. Se utiliza el elemento `<blockquote>`. El elemento `<blockquote>` sirve de contenedor a otros elementos que pueden ser de cualquier tipo: título, párrafo, imagen, etc.

A continuación se muestran las propiedades de visualización por defecto de las citas:

```
blockquote {
     display : block ;
     margin-top: 1em;
     margin-bottom: 1em;
     margin-left: 40px;
     margin-right: 40px;
}
```

A continuación se muestra un sencillo ejemplo:

```
<!doctype html>
<html lang="es">
   <head>
       <meta charset="UTF-8">
       <title>Mi página web</title>
   </head>
   <body>
       <h1>Inceptos Consectetur Tristique Bibendum</h1>
       <p>Morbi leo risus, porta ac consectetur...</p>
       <blockquote>
           <h2>Fusce Mattis Ligula Etiam</h2>
           <p>Nullam id dolor id nibh...</p>
           <img src="gutenberg.jpg" alt="Gutenberg" />
       </blockquote>
       <p>Nullam quis risus eget...</p>
   </body>
</html>
```

A continuación se muestra la visualización obtenida:

Inceptos Consectetur Tristique Bibendum

Morbi leo risus, porta ac consectetur ac, vestibulum at eros. Vestibulum id ligula porta felis euismod semper. Aenean lacinia bibendum nulla sed consectetur. Duis mollis, est non commodo luctus, nisi erat porttitor ligula, eget lacinia odio sem nec elit.

> **Fusce Mattis Ligula Etiam**
>
> Nullam id dolor id nibh ultricies vehicula ut id elit. Lorem ipsum dolor sit amet, consectetur adipiscing elit. Donec id elit non mi porta gravida at eget metus.
>
> 

Nullam quis risus eget urna mollis ornare vel eu leo. Nullam quis risus eget urna mollis ornare vel eu leo. Donec sed odio dui. Cras mattis consectetur purus sit amet fermentum. Nullam quis risus eget urna mollis ornare vel eu leo. Cras mattis consectetur purus sit amet fermentum. Cras mattis consectetur purus sit amet fermentum.

6. Las listas

6.1 Los diferentes tipos de lista

Las listas permiten insertar enumeraciones semánticas en sus páginas web. Tiene tres tipos de listas a su disposición: las listas no ordenadas (conocidas más comúnmente como listas de viñetas), las listas ordenadas (listas numeradas) y las listas de definiciones.

Observe el uso tan extendido de las listas para crear barras de navegación. Es un uso perfectamente validado, porque estas barras son enumeraciones: listas de enlaces.

6.2 Las listas no ordenadas

Las listas no ordenadas (*unordered list* en inglés) permiten listar, enumerar los datos que se mostrarán con una viñeta delante de cada elemento de la lista. Se utiliza el elemento `<ul>` para definir la lista. A continuación, cada elemento, cada ítem de la lista, se ubicará en un elemento `<li>`.

A continuación se muestran las propiedades de visualización por defecto de las listas no ordenadas:

```
ul {
        display: block;
        list-style-type: disc;
        margin-top: 1em;
        margin-bottom: 1em;
        margin-left: 0;
        margin-right: 0;
        padding-left: 40px;
}
```

A continuación se muestra un sencillo ejemplo:

```
<!doctype html>
<html lang="es">
    <head>
        <meta charset="UTF-8">
```

```
        <title>Mi página web</title>
    </head>
    <body>
        <ul>
            <li>Manzanas</li>
            <li>Peras</li>
            <li>Piñas</li>
        </ul>
    </body>
</html>
```

A continuación se muestra la visualización obtenida:

- Manzanas
- Peras
- Piñas

Esta es la propiedad predeterminada del elemento `<li>`:

```
Li{
  display: list-item;
}
```

6.3 Las listas ordenadas

Las listas ordenadas (*ordered list* en inglés) permiten listar, enumerar los datos que se mostrarán con una cifra delante de cada elemento de la lista. Se utiliza el elemento <ol> para definir la lista. A continuación, cada elemento, cada ítem de la lista, se ubicará en un elemento <li>.

A continuación se muestran las propiedades de visualización por defecto de las listas ordenadas:

```
ol {
        display: block;
        list-style-type: decimal;
        margin-top: 1em;
        margin-bottom: 1em;
        margin-left: 0;
        margin-right: 0;
        padding-left: 40px;
}
```

A continuación se muestra un sencillo ejemplo:

```
<!doctype html>
<html lang="es">
   <head>
       <meta charset="UTF-8">
       <title>Mi página web</title>
   </head>
   <body>
       <ol>
           <li>Manzanas</li>
           <li>Peras</li>
           <li>Piñas</li>
       </ol>
   </body>
</html>
```

A continuación se muestra la visualización obtenida:

1. Manzanas
2. Peras
3. Piñas

La lista <ol> tiene varios atributos:

- start permite definir el valor inicial de la numeración.
- reversed da la posibilidad de invertir el orden de los ítems de la lista.
- type permite cambiar el tipo de la enumeración. Puede utilizar como valor 1 para tener cifras (valor por defecto), a para tener letras en minúsculas, A para tener letras en mayúsculas e I para tener cifras romanas.

A continuación se muestra un sencillo ejemplo:

```
<!doctype html>
<html lang="es">
   <head>
       <meta charset="UTF-8">
       <title>Mi página web</title>
   </head>
   <body>
       <ol start="5" type="I">
```

```
            <li>Manzanas</li>
            <li>Peras</li>
            <li>Piñas</li>
        </ol>
    </body>
</html>
```

A continuación se muestra la visualización obtenida:

```
  V. Manzanas
 VI. Peras
VII. Piñas
```

6.4 El atributo <value> de <li>

El elemento `<li>` puede utilizar el atributo `value` para especificar su valor de visualización en las listas `<ol>`.

A continuación se muestra un sencillo ejemplo:

```
<!doctype html>
<html lang="es">
    <head>
        <meta charset="UTF-8">
        <title>Mi página web</title>
    </head>
    <body>
        <ol>
            <li value="5">Manzanas</li>
            <li>Peras</li>
            <li value="2">Piñas</li>
        </ol>
    </body>
</html>
```

A continuación se muestra la visualización obtenida:

5. Manzanas
6. Peras
2. Piñas

6.5 Las listas de definiciones

Las listas de definiciones permiten mostrar las definiciones de palabras o términos que le parece difíciles de comprender. Para crear una lista de definiciones, tenemos tres elementos a nuestra disposición:

- dl (descripción *list*) permite definir la lista de definición.
- dt (descripción *term*) indica el término que se va a definir.
- dd (description *definition*) da la definición del término. Por defecto, la definición se indentará respecto a su término.

A continuación se muestran las propiedades de visualización por defecto de las listas de definiciones <dl>:

```
dl {
        display: block;
        margin-top: 1em;
        margin-bottom: 1em;
        margin-left: 0;
        margin-right: 0;
}
```

A continuación se muestra la propiedad de visualización por defecto del elemento <dt>:

```
dt{
  display: block;
}
```

A continuación se muestran las propiedades de visualización por defecto del elemento <dd>:

```
dd{
  display: block;
  margin-left: 40px;
}
```

A continuación se muestra un sencillo ejemplo:

```
<!doctype html>
<html lang="es">
   <head>
       <meta charset="UTF-8">
       <title>Mi página web</title>
   </head>
   <body>
       <dl>
           <dt>Sollicitudin</dt>
               <dd>Integer posuere erat...</dd>
           <dt>Etiam</dt>
               <dd>Vivamus sagittis lacus...</dd>
           <dt>Vulputate</dt>
               <dd>Vestibulum id ligula porta...</dd>
       </dl>
   </body>
</html>
```

A continuación se muestra la visualización obtenida:

Sollicitudin
    Integer posuere erat a ante venenatis dapibus posuere velit aliquet. Donec ullamcorper nulla non metus auctor fringilla.
Etiam
    Vivamus sagittis lacus vel augue laoreet rutrum faucibus dolor auctor. Cras mattis consectetur purus sit amet fermentum.
Vulputate
    Vestibulum id ligula porta felis euismod semper. Cras mattis consectetur purus sit amet fermentum.

7. Las direcciones

No será raro que necesite insertar direcciones de todo tipo en sus páginas web. Para esto, debe utilizar el elemento `<address>`, que se dedica a este uso. Puede ubicar en él direcciones postales, de e-mail, etc. En este elemento, puede anidar otros contenedores que quiera.

A continuación se muestran las propiedades de visualización por defecto de las direcciones:

```
address {
     display: block;
     font-style: italic;
}
```

A continuación se muestra un sencillo ejemplo:

```
<!doctype html>
<html lang="es">
   <head>
       <meta charset="UTF-8">
       <title>Mi página web</title>
   </head>
   <body>
       <p>A continuación se muestra nuestra dirección:</p>
       <address>
           <p>Agencia Be Web</br>
           Calle Tim Berners Lee, n° 11<br>
           44000 NANTES</p>
          <p>En LinkedIn: <a href="https://linkedin.com/beweb/">
Be Web</a>.</p>
       </address>
   </body>
</html>
```

A continuación se muestra la visualización obtenida:

A continuación se muestra nuestra dirección:

Agencia Be Web
Calle Tim Berners Lee, n° 11
44000 NANTES

En LinkedIn: Be Web.

8. El texto preformateado

El texto preformateado, insertado con el elemento <pre>, permite insertar texto, que se formateará con las convenciones tipográficas usuales y no con elementos HTML. Esto quiere decir que los espacios se conservarán, como las marcas de tabulación, y que el texto se mostrará, normalmente, con una fuente de letra con espacio constante, de tipo Courier.

A continuación se muestran las propiedades de visualización por defecto del texto preformateado:

```
pre {
      display: block;
      font-family: monospace;
      white-space: pre;
      margin: 1em 0;
}
```

A continuación se muestra un sencillo ejemplo:

```
<!doctype html>
<html lang="es">
   <head>
       <meta charset="UTF-8">
       <title>Mi página web</title>
   </head>
   <body>
       <p>A continuación se muestran nuestros datos:</p>
       <pre>
       Enero    Febrero    Marzo
       123    134    154
       245    276    287
       190    213    267
       </pre>
       <p>Donec ullamcorper nulla no metus auctor fringilla.</p>
   </body>
</html>
```

Hay una tabulación entre cada entrada de esta pseudotabla.

A continuación se muestra la visualización obtenida:

A continuación se muestran nuestros datos:

Enero	Febrero	Marzo
123	134	154
245	276	287
190	213	267

Donec ullamcorper nulla no metus auctor fringilla.

9. Los datos numéricos

En su página web, puede que necesite mostrar datos procedentes de un sistema externo, los cuales deben estar asociados a valores numéricos o identificadores. Para representar esta información de forma semántica, puede utilizar el elemento <data>.

A continuación, se muestra un ejemplo sencillo con productos nuevos que incluyen un código correspondiente en el sistema externo de gestión.

```
<p>Productos nuevos:</p>
<ul>
  <li><data value="123XA">Calzado para caminar</data></li>
  <li><data value="47BZ32"></data>Pantalón corto caqui</li>
  <li><data value="V147P">Tienda 1 persona</data></li>
</ul>
```

Aquí se visualiza en Google Chrome:

Productos nuevos:

- Calzado para caminar
- Pantalón corto caqui
- Tienda 1 persona

El atributo value del elemento <data> puede utilizarse posteriormente mediante scripts en la página HTML.

10. Las líneas horizontales

Este elemento <hr> no contiene texto y solo muestra una línea horizontal que permite separar diferentes partes de un contenido.

A continuación se muestran las propiedades de visualización por defecto de las líneas horizontales:

```
hr {
      display: block;
      margin-top: 0.5em;
      margin-bottom: 0.5em;
      margin-left: auto;
      margin-right: auto;
      border-style: inset;
      border-width: 1px;
}
```

A continuación se muestra un sencillo ejemplo:

```
<!doctype html>
<html lang="es">
   <head>
       <meta charset="UTF-8">
       <title>Mi página web</title>
   </head>
   <body>
       <h1>Magna Etiam Parturient Inceptos</h1>
       <p>Maecenas faucibus mollis interdum. Aenean eu leo quam.
Pellentesque ornare sem lacinia quam venenatis vestibulum. Cum
sociis natoque penatibus y magnis dis parturient montes, nascetur
ridiculus mus. Duis mollis, es no commodo luctus, nisi erat
porttitor ligula, eget lacinia odio sem nec elit. Cum sociis
natoque penatibus y magnis dis parturient montes, nascetur
ridiculus mus.</p>
       <hr>
       <p>Sed posuere consectetur es at lobortis. Cras justo odio,
dapibus ac facilisis in, egestas eget quam. Lorem ipsum dolor sit
amet, consectetur adipiscing elit. Aenean lacinia bibendum nulla
sed consectetur. Morbi leo risus, porta ac consectetur ac,
vestibulum at eros.  Nullam quis risus eget urna mollis ornare vel
eu leo. Morbi leo risus, porta ac consectetur ac, vestibulum at
eros.</p>
   </body>
</html>
```

A continuación se muestra la visualización obtenida:

Magna Etiam Parturient Inceptos

Maecenas faucibus mollis interdum. Aenean eu leo quam. Pellentesque ornare sem lacinia quam venenatis vestibulum. Cum sociis natoque penatibus et magnis dis parturient montes, nascetur ridiculus mus. Duis mollis, est non commodo luctus, nisi erat porttitor ligula, eget lacinia odio sem nec elit. Cum sociis natoque penatibus et magnis dis parturient montes, nascetur ridiculus mus.

Sed posuere consectetur est at lobortis. Cras justo odio, dapibus ac facilisis in, egestas eget quam. Lorem ipsum dolor sit amet, consectetur adipiscing elit. Aenean lacinia bibendum nulla sed consectetur. Morbi leo risus, porta ac consectetur ac, vestibulum at eros. Nullam quis risus eget urna mollis ornare vel eu leo. Morbi leo risus, porta ac consectetur ac, vestibulum at eros.

Capítulo 2-5
El formateo semántico del texto

1. Utilizar un formateo semántico

En este capítulo, vamos a abordar el formato semántico del texto. Va a poder resaltar una o varias palabras de un elemento contenedor de tipo bloque, con elementos de tipo en línea. En un mismo párrafo, puede poner palabras en negrita, en cursiva, subrayadas, etc.

2. Insertar caracteres especiales

En un texto, es muy habitual tener que insertar caracteres especiales, como flechas, viñetas, símbolos matemáticos, etc. Atención: no se trata aquí de insertar caracteres acentuados. No olvidemos que hemos declarado en el encabezado `<head>` que la codificación de los caracteres se hace en **UTF-8**; por lo tanto, todos los caracteres del teclado se reconocerán perfectamente por los navegadores.

Los caracteres especiales se insertan como entidades de caracteres con esta sintaxis concreta:

– La entidad va precedida del carácter ámpersan: `&`.
– Tenemos a continuación el código del carácter.
– La entidad va seguida del carácter punto y coma: `;`.

A continuación se muestra la entidad de caracteres que permite insertar una flecha a la derecha: `→`. `rarr` significa *Right Arrow*.

Otra entidad muy útil habitualmente utilizada es el espacio de no separación: ` `. `nbsp` significa *Non-breaking space*.

A continuación se muestra una URL para encontrar el número correcto de entidades de caracteres: https://es.wikipedia.org/wiki/Anexo:Referencias_a_entidades_de_caracteres_XML_y_HTML

A continuación se muestra un ejemplo muy sencillo:

```
<!doctype html>
<html lang="es">
   <head>
       <meta charset="UTF-8">
       <title>Mi página web</title>
   </head>
   <body>
       <p>Frutas:<br>
       &rarr; Manzanas<br>
       &rarr; Peras<br>
       &rarr; Piñas</p>
       <p>Símbolos de naipes:<br>
       La Pica: &spades;<br>
       El Trébol &clubs;<br>
       Los Corazones &hearts;<br>
       El Diamante: &diams;</p>
   </body>
</html>
```

A continuación se muestra la visualización obtenida:

```
Frutas:
→ Manzanas
→ Peras
→ Piñas

Símbolos de naipes:
La Pica: ♠
El Trébol ♣
Los Corazones ♥
El Diamante: ♦
```

3. El marcado de especial énfasis

El elemento `<strong>` aplica un marcado de especial énfasis a las palabras a las que abarca y la visualización resultante se resalta en negrita. Desde un punto de vista semántico, se trata de un marcado de especial énfasis y no de un resaltado en negrita.

A continuación se muestra un ejemplo muy sencillo:

```
<!doctype html>
<html lang="es">
   <head>
       <meta charset="UTF-8">
       <title>Mi página web</title>
   </head>
   <body>
      <p>Nullam id dolor id nibh <strong>ultricies vehicula</strong>
ut id elit.</p>
   </body>
</html>
```

A continuación se muestra la visualización obtenida:

Nullam id dolor id nibh **ultricies vehicula** ut id elit.

Aquí podemos observar la propiedad de visualización por defecto de este elemento:

```
strong{
  font-weight: bold;
}
```

4. El énfasis sencillo

Usando el mismo principio, se muestra un énfasis sencillo en cursiva y se aplica con el elemento <em>.

A continuación se muestra un ejemplo muy sencillo:

```
<!doctype html>
<html lang="es">
   <head>
       <meta charset="UTF-8">
       <title>Mi página web</title>
   </head>
   <body>
       <p>Nullam id dolor id nibh <em>ultricies vehicula</em>
ut id elit.</p>
   </body>
</html>
```

A continuación se muestra la visualización obtenida:

Nullam id dolor id nibh *ultricies vehicula* ut id elit.

Aquí vemos la propiedad de visualización por defecto de este elemento:

```
em{
  font-style: italic;
}
```

5. Resaltar en negrita y cursiva

Los elementos <b> e <i> permiten, respectivamente, mostrar texto en negrita y en cursiva, sin darle sentido semántico de tipo énfasis. Solo se trata de resaltar para distinguir estas palabras del resto.

A continuación se muestra un ejemplo muy sencillo:

```
<!doctype html>
<html lang="es">
   <head>
       <meta charset="UTF-8">
       <title>Mi página web</title>
   </head>
   <body>
       <p>Un <b>bonito</b> libro y una <i>bella</i> portada.</p>
   </body>
</html>
```

A continuación se muestra la visualización obtenida:

Un **bonito** libro y una *bella* portada.

Las propiedades de visualización iniciales son las mismas que para <strong> y <em>.

6. El índice y el exponente

Los elementos <sub> y <sup> permiten respectivamente poner uno de los caracteres como índice o exponente.

A continuación se muestra un ejemplo muy sencillo:

```
<!doctype html>
<html lang="es">
   <head>
       <meta charset="UTF-8">
       <title>Mi página web</title>
   </head>
   <body>
       <p>Un bidón de 10m<sup>3</sup> de agua (H<sub>2</sub>O).</p>
   </body>
</html>
```

A continuación se muestra la visualización obtenida:

Un bidón de 10m^3 de agua (H_2O).

Aquí tenemos las propiedades de visualización por defecto del índice y del exponente:

```
sub{
  vertical-align: sub;
  font-size: smaller;
}
sup{
  vertical-align: super;
  font-size: smaller;
}
```

7. El subrayado

Para aplicar un subrayado, utilice el elemento <u>. Su sentido semántico es concreto, ya que permite resaltar un texto sin importancia particular o un texto cuya ortografía o gramática son incorrectos.

Preste atención al uso del subrayado: los visitantes de la página podrían confundir estas palabras destacadas con un enlace de hipertexto.

A continuación se muestra un ejemplo muy sencillo:

```
<!doctype html>
<html lang="es">
   <head>
       <meta charset="UTF-8">
       <title>Mi página web</title>
   </head>
   <body>
       <p>Un texto con una <u>falta de hortografía</u>.</p>
   </body>
</html>
```

A continuación se muestra la visualización obtenida:

Un texto con una falta de hortografía.

Aquí vemos las propiedades de visualización por defecto del subrayado:

```
u{
  text-decoration: underline;
}
```

8. El tachado

Aplique un tachado al texto con el elemento <s>. Indica que este ya no es correcto o pertinente. Su visualización usual es un texto tachado.

A continuación se muestra un ejemplo muy sencillo:

```
<!doctype html>
<html lang="es">
   <head>
       <meta charset="UTF-8">
       <title>Mi página web</title>
   </head>
   <body>
      <p>Las páginas web se crean con el lenguaje <s>HTML 4.01</s>,
ahora se diseñan con HTML5.</p>
   </body>
</html>
```

A continuación se muestra la visualización obtenida:

Las páginas web se crean con el lenguaje ~~HTML 4.01~~, ahora se diseñan con HTML5.

Aquí vemos las propiedades de visualización por defecto del tachado:

```
s{
  text-decoration: line-through;
}
```

Tenga en cuenta que no hay que confundir el uso de este elemento `<s>` con las anotaciones de revisión de los documentos indicados con `<ins>` y `<del>` (ver el apartado Las inserciones y eliminaciones).

9. Reducir el tamaño de los caracteres

El elemento `<small>` tiene un sentido semántico muy concreto: permite indicar que el texto mostrado más pequeño es de tipo «nota al pie de página».

A continuación se muestra un ejemplo muy sencillo:

```
<!doctype html>
<html lang="es">
   <head>
       <meta charset="UTF-8">
       <title>Mi página web</title>
   </head>
   <body>
       <p>Sed posuere consectetur est...</p>
       <hr>
       <p>Nota: <small>Maecenas faucibus mollis...</small></p>
   </body>
</html>
```

A continuación se muestra la visualización obtenida:

Sed posuere consectetur est a lobortis. Donec ullamcorper nulla non metus auctor fringilla. Sed posuere consectetur est at lobortis. Aenean eu leo quam. Pellentesque ornare sem lacinia quam venenatis vestibulum. donec ullamcorper nulla non metus auctor fringilla. Sed posuere consectetur est at lobortis. Donec sed odio dui.

Nota: Macenas faucibus mollis interdum. Maecenas sed diam eget risus varius blandit sit amet non magna.

Aquí vemos las propiedades de visualización por defecto de `<small>` :

```
small{
  font-size: smaller;
}
```

10. Los títulos de obras y las citas cortas

El elemento <cite> permite indicar el título de una obra y el elemento <q> especifica una cita corta. El texto incluido en el título normalmente se muestra en cursiva y el texto ubicado en la cita corta se muestra entre comillas.

A continuación se muestra un ejemplo muy sencillo:

```
<!doctype html>
<html lang="es">
   <head>
       <meta charset="UTF-8">
       <title>Mi página web</title>
   </head>
   <body>
       <p>En el libro <cite>La web en 2032</cite>, el autor nos
dice <q>¡Eh yo no lo sé!</q>.</p>
   </body>
</html>
```

A continuación se muestra la visualización obtenida:

En el libro *La web en 2032*, el autor nos dice "¡Eh yo no lo sé!".

Aquí vemos las propiedades de visualización de <cite> y de <q>:

```
cite{
  font-style: italic;
}
q{
  display: inline;
}
```

11. Las inserciones y eliminaciones

Cuando tiene un documento que sufre muchas modificaciones como consecuencia de correcciones sucesivas, puede resultar muy interesante indicar los textos que se tienen que eliminar o añadir. Para esto, use los contenedores semánticos <ins> y <del>. Las inserciones se mostrarán subrayadas, mientras que las eliminaciones se tacharán.

A continuación se muestra un ejemplo muy sencillo:

```
<!doctype html>
<html lang="es">
   <head>
       <meta charset="UTF-8">
       <title>Mi página web</title>
   </head>
   <body>
       <p>Integer posuere erat a <ins>ante venenatis dapibus
posuere velit aliquet. Donec sed odio dui.</ins> Cras justo odio,
dapibus ac facilisis in, egestas eget quam. Nullam id dolor id nibh
ultricies vehicula ut id elit. Donec ullamcorper nulla no metus
auctor fringilla. Fusce dapibus, tellus ac cursus commodo,
<del>tortor mauris condimentum nibh,</del> ut fermentum massa
justo sit amet risus. Nulla vitae elit libero, a pharetra augue.</p>
   </body>
</html>
```

A continuación se muestra la visualización obtenida:

Integer posuere erat a ante venenatis dapibus posuere velit aliquet. Donec sed odio dui. Cras justo odio, dapibus ac facilisis in, egestas eget quam. Nullam id dolor id nibh ultricies vehicula ut id elit. Donec ullamcorper nulla non metus auctor fringilla. Fusce dapibus, tellus ac cursus commodo, ~~tortor mauris condimentum nibh,~~ ut fermentum massa justo sit amet risus. Nulla vitae elit libero, a pharetra augue.

Aquí vemos las propiedades de visualización de <ins> y de <del>:

```
ins{
  text-decoration: underline;
}
del{
  text-decoration: line-through;
}
```

12. El retorno de línea

Por ejemplo, en un párrafo puede cambiar de línea con el elemento <br>, permaneciendo estructuralmente en el mismo párrafo.

A continuación se muestra un ejemplo muy sencillo:

```
<!doctype html>
<html lang="es">
   <head>
       <meta charset="UTF-8">
       <title>Mi página web</title>
   </head>
   <body>
       <p>Integer posuere erat a ante venenatis dapibus posuere
velit aliquet. Donec sed odio dui. Cras justo odio, dapibus ac
facilisis in, egestas eget quam. Nullam id dolor id nibh ultricies
vehicula ut id elit.<br>Donec ullamcorper nulla no metus auctor
fringilla. Fusce dapibus, tellus ac cursus commodo, tortor mauris
condimentum nibh, ut fermentum massa justo sit amet risus. Nulla
vitae elit libero, a pharetra augue.</p>
   </body>
</html>
```

A continuación se muestra la visualización obtenida:

Integer posuere erat a ante venenatis dapibus posuere velit aliquet. Donec sed odio dui. Cras justo odio, dapibus ac facilisis in, egestas eget quam. Nullam id dolor id nibh ultricies vehicula ut id elit.
Donec ullamcorper nulla non metus auctor fringilla. Fusce dapibus, tellus ac cursus commodo, tortor mauris condimentum nibh, ut fermentum massa justo sit amet risus. Nulla vitae elit libero, a pharetra augue.

13. Otros formatos semánticos

A continuación se muestran otros formatos semánticos que puede encontrar en las páginas web:

- `dfn` indica que el texto es una definición.
- `abbr` define una abreviatura.

  A continuación se muestra un ejemplo de su uso: `<abbr title="Hyper-text Markup Language">HTML</abbr>`. El contenido del atributo `title` puede mostrarse en un globo informativo al pasar el cursor sobre la abreviatural.
- `code` señala que el contenido es código informático.
- `var` especifica una variable matemática o informática.
- `samp` indica el uso de un ejemplo o muestra.
- `kbd` se usa para representar texto introducido mediante el teclado.
- `mark` resalta un fragmento de texto para enfatizar su importancia.
- `ruby` permite incluir anotaciones fonéticas, utilizadas principalmente en caracteres de Asia oriental.
- `rt` y `rp` son elementos hijos de `ruby`, dentro del sistema de anotación.
- `data` asocia un fragmento de texto con un valor de datos legible por máquina. El valor numérico se define en el atributo `value`.
- `time` representa una fecha o un período de tiempo. Su versión numérica puede especificarse mediante el atributo `datetime`.
- `dbo` invierte la dirección del texto respecto al contenido principal, manteniendo la orientación de los caracteres.
- `wbr` indica un punto donde el navagador puede insertar un salto de línea, si es necesario.

Capítulo 2-6
Los elementos de interacción

1. Mostrar los detalles

Cuando disponga de poco espacio en una página web, puede ser interesante mostrar una información solo si el visitante lo desea. Para esto, utilizamos el elemento `<details>`, que es el contenedor general. El elemento `<summary>` contendrá el texto en el que los visitantes deberán pulsar para mostrar los detalles. Es en el elemento `<summary>` donde debe situar todos los elementos que desee mostrar.

A continuación se muestra un sencillo ejemplo:

```
<!DOCTYPE HTML>
<html>
<head>
   <meta charset="utf-8">
   <title>Detalles y sumario</title>
</head>
<body>
   <details>
       <summary>Muestre la información detallada</summary>
           <p>Duis aute irure dolor in reprehenderit...</p>
           <p><img src="gutenberg.jpg" alt="Gutenberg" />
           </p>
   </details>
</body>
</html>
```

A continuación se muestra la visualización obtenida cuando se carga la página. El texto que se debe pulsar va precedido por un triángulo que cambia de posición. Pero toda la línea de texto es interactiva.

▶ Muestre la información detallada

A continuación se muestra la visualización obtenida cuando el visitante pulsa el texto:

▼ Muestre la información detallada

Duis aute irure dolor in reprehenderit in voluptate velit esse cillum dolore eu fugiat null
occaecat cupidatat non proident, sunt in culpa qui officia deserunt mollit anim id est lab

2. Utilizar un cuadro de diálogo

Siempre con el mismo objetivo de ganar espacio en una página web, puede utilizar el elemento `<dialog>`, que permite mostrar información adicional en un cuadro de diálogo, el cual se abrirá por medio de una acción del usuario.

Para explotar mejor la interacción con los visitantes, vamos a utilizar un pequeño script JavaScript, que permitirá a los visitantes abrir y cerrar el cuadro de diálogo pulsando botones. En efecto: por defecto, el cuadro de diálogo se muestra durante la carga de la página. Es el atributo booleano `open` el que lo permite.

A continuación se muestra la estructura de este elemento:

```
<!DOCTYPE HTML>
<html>
<head>
   <meta charset="utf-8">
   <title>Cuadro de diálogo</title>
</head>
<body>
   <h3>Mostrar y cerrar el cuadro de diálogo</h3>
   <button id="abrir">Abrir</button>
   <button id="cerrar">Cerrar</button>
   <dialog id="cuadro_dialogo">
       <h2>Título del cuadro de diálogo</h2>
       <p>Integer posuere erat a ante venenatis...</p>
   </dialog>
   <p>Donec ullamcorper nulla no metus auctor fringilla...</p>
   <script>
       var cuadroDialogo = document.getElementById("cuadro_dialogo");
       documento.getElementById("abrir").addEventListener("click", () => {
           cuadroDialogo.show();
       });
       document.getElementById("cerrar").addEventListener("click", () => {
           cuadroDialogo.close();
       });
   </script>
</body>
</html>
```

Detallemos esta página:

- El botón, `<button>`, identificado por `id="abrir"` permitirá abrir el cuadro de diálogo.
- El botón, `<button>`, identificado por `id="cerrar"` permitirá cerrar el cuadro de diálogo.
- El cuadro de diálogo se inserta en el elemento `<dialog>`, que se identifica por `id="cuadro_dialogo"`. Este cuadro de diálogo contiene todos los elementos HTML que desee.
- El script crea una variable `cuadroDialogo` para acoger el cuadro de diálogo identificado por su id.

- El script asigna como destino el botón de apertura, `documento.getElementById("abrir")` y le asigna el evento de clic del ratón, `addEventListener("click"...)`. Cuando se produce el clic del ratón, el script envía el método `show()` para abrir el cuadro de diálogo.
- El principio es el mismo para cerrar el cuadro de diálogo con el botón `id="cerrar"` y el método `close()`.

A continuación se muestra la visualización obtenida durante la carga de la página:

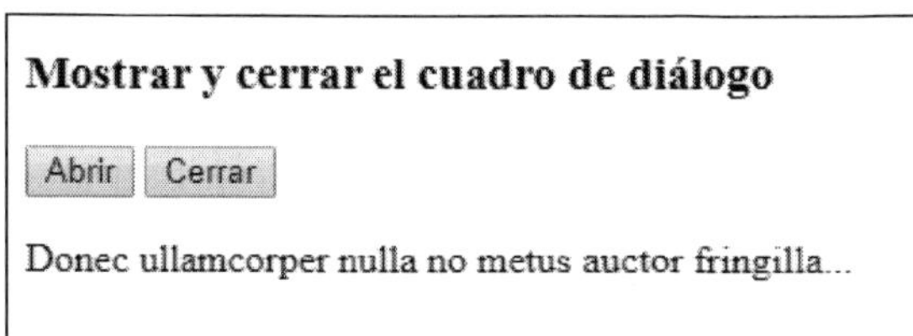

A continuación se muestra la visualización obtenida cuando el visitante pulsa el botón **Abrir**:

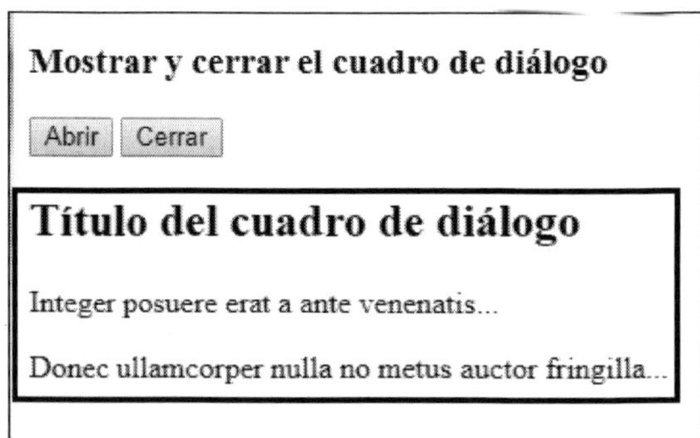

Cuando el visitante pulsa el botón **Cerrar**, la visualización vuelve al estado anterior, con el cuadro de diálogo cerrado.

3. Visualizar un valor en un gráfico

3.1 Con una barra en un intervalo

El elemento <meter> permite visualizar en una barra horizontal un valor dado dentro de un intervalo de valores. Su uso es versátil y puede aplicarse en diversos contextos.

A continuación, se muestra un ejemplo sencillo en el que <meter> representa una nota en una escala de 0 a 20:

```
<p>La nota obtenida es: <meter min="0" max="20"
value="16">15</meter></p>
```

Los peincipales atributos de <meter> son:

- min="X": define el valor mínimo del intervalo. Si se omite este atributo, el valor por defecto es 0.
- max="Y": define el valor máximo del intervalo. El valor debe ser superior al del atributo <min>. Si se omite este atributo, el valor por defecto es 10.
- value="Z": es el valor actual para mostrar.

A continuación, se muestra cómo se ve en Google Chrome:

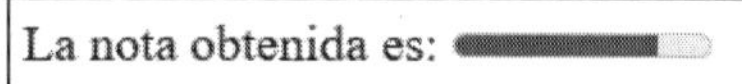

Podemos comprobar que el valor para mostrar no es visible, 16 en este ejemplo. Usted tiene que completar el texto para mostrar este valor.

Observe que no hay propiedades iniciales por defecto y el navegador usa sus propios valores.

3.2 Con una barra de progreso

El elemento `<progress>` representa visualmente el avance de una tarea en forma de barra de progreso. Se debe definir un valor máximo y el progreso actual de la tarea. Aquí tenemos un ejemplo donde se ha alcanzado el 75 % de la tarea:

```
<label for="file">Progreso de la tarea:</label>
<progress id="tarea1" max="100" value="75">75%</progress>
```

El elemento `<progress>` utiliza los siguientes atributos:

- `max="X"`: establece el valor máximo de la tarea. Si se omite, su valor por defecto es `1`.
- `value="Y"`: representa el avance actual de la tarea. Su valor debe estar entre `0` y el valor definido en `max`.

A continuación, se muestra cómo se ve en Google Chrome:

Progreso de la tarea:

Observe que no hay propiedades iniciales por defecto y el navegador usa sus propios valores.

Capítulo 2-7
Los enlaces

1. Inserción de enlaces para unir páginas

Por su propia esencia, la Web está formada por enlaces de hipertexto: las páginas se relacionan por medio de este tipo de enlaces. Y el HTML contiene la palabra hipertexto en su abreviatura, que se corresponde con la **H** de **HyperText Markup Language**.

Puede unir las páginas entre ellas, de un sitio web a otro, así como dentro de una misma página de su sitio web. Puede insertar enlaces a direcciones de correo, a recursos sociales y para descargar archivos, por ejemplo.

Para terminar, observe que los enlaces son elementos de tipo en línea (*inline*).

2. La estructura de los enlaces

La inserción de un enlace se hace con el elemento `<a>` (`a` por *anchor* en inglés). Este elemento tiene varios atributos:

- `href` es indispensable y permite indicar la URL de destino.
- `hreflang` puede especificar el idioma del destino. Los valores pueden ser por ejemplo `en`, `it`, `es`, etc.
- `rel` permite indicar el tipo de relación del enlace que se establece.
- `target` da el contexto de apertura del enlace en el navegador.

Como mínimo, tenemos esta estructura:

```
<a href="inscripcion.html">Inscríbase </a>
```

Tenemos:

- La etiqueta de apertura `<a>`.
- La referencia del enlace, `href`; aquí es una página del mismo sitio web, `inscripcion.html`.
- El contenido del enlace es **Inscríbase**. Esto se corresponde con el texto en el que los visitantes deberán pulsar para activar el enlace.
- La etiqueta de cierre `</a>`.

3. Los enlaces a las páginas

Los enlaces que va a insertar tendrán varios destinos posibles. Pueden apuntar a una página de su sitio web o a una página de otro sitio web. En el primer caso, la URL podrá ser relativa y, en el segundo, la URL deberá ser absoluta.

Una URL relativa se crea respecto a la página que contiene el enlace. A continuación se muestran algunos ejemplos:

- La página de destino se encuentra en el mismo directorio que la página que contiene el enlace: `<a href=inscripcion.html">Inscríbase</a>`.
- La página de destino está en un subdirectorio respecto a la página que contiene el enlace:
  `<a href="usuarios/inscripcion.html">Inscríbase</a>`.
- La página de destino está en un directorio padre respecto a la página que contiene el enlace:
  `<a href="../inscripcion.html">Inscríbase</a>`.

Se crea una URL absoluta indicando la dirección completa de la página:

- `<a href="http://www.el-sitio.es/viajes/venecia.html">Venecia</a>`.

4. Los enlaces internos

Cuando tiene un documento largo, puede ser muy útil para los visitantes crear enlaces internos a la página, de modo que puedan desplazarse fácil y rápidamente por esta misma página.

La primera etapa consiste en identificar, con el atributo `id`, los elementos HTML que deberán ser destinos de los enlaces.

Imaginemos un largo documento con tres partes: **Introducción**, **Resultados** y **Conclusión**. Los títulos de estas tres partes se situarán en un elemento <h2>. Por lo tanto, tendremos esta estructura:

```
<!DOCTYPE HTML>
<html>
<head>
   <meta charset="utf-8">
   <title>Mi página web</title>
</head>
<body>
   <h1>Informe</h1>
   <h2 id="introduccion">Introducción</h2>
   <p>Donec id elit non mi porta gravida...</p>
   <h2 id="resultados">Resultados</h2>
   <p>Lorem ipsum dolor sit amet, consectetur...</p>
   <h2 id="conclusion">Conclusión</h2>
   <p>Integer posuere erat a ante venenatis...</p>
</body>
</html>
```

La segunda etapa consiste en crear los enlaces a los destinos identificados anteriormente. Para esto, en el elemento `href`, es necesario indicar el valor del identificador, que debe estar precedido por el carácter almohadilla `#`.

A continuación se muestran los enlaces internos:

```
<p><a href="#introduccion">Introducción</a> | <a href="#resultados">
Resultados</a> | <a href="#conclusion">Conclusión</a></p>
```

A continuación se muestra la visualización obtenida:

Informe

Introducción | Resultados | Conclusión

Introducción

Donec id elit non mi porta gravida at eget metus. Lorem ipsum dolor sit amet, consectetur adispicing elit. Integer posuere erat a ante venenatis dapibus posuere velit aliquet. Nullam quis risus eget mollis ornare vel eu leo. Nullam id dolor id nibh ultricies vehicula ut id elit. Vestibulum id ligula porta feliz euismod semper. Fusce dapibus, tellus ac cursus commodo, tortor mauris condimentum nibh, ut fermentum massa justo sit amet risus. Morbi leo risus, porta ac consectetur ac, vestibulum at eros. Lorem ipsum dolor sit amet, consectetur adipiscing elit. Nullam id dolor id nibh ultricies vehicula ut id elit. Integer posuere erat a ante venenatis dapibus posuere velit aliquet. Cras justo odio, dapibus ac facilisis in, egestas eget quam. Morbi leo risus, porta ac consectetur ac, vestibulum at eros. Curabitur blandit tempus portitor. Vivamus sagitis lacus vel augue laoreet ruteum faucibus dolor auctor. Maecenas faucibus mollis interdum. Maecenas faucibus mollis interdum. Integer posuere erat a ante venenatis dapibus posuere velit aliquet. Cras mattis consectetur purus sit amet fermentum. Aenean lacinia bibendum nulla sed consectetur. Sed posuere consectetur est at lobortis. Curabitur blandit tempus portitor. Aenean eu leo quam. Pellentesque ornare sem lacinia quam venenatis vestibulum. Etiam porta sem malesuada magna mollis euismod. Maecenas faucibus mollis interdum. Integer posuere erat a ante venenatis dapibus posuere velit

A continuación, el usuario puede pulsar uno de los enlaces de este sumario y automáticamente será enviado al destino.

Para moverse fácilmente por una página, puede perfectamente insertar un enlace que permita volver a la parte superior de esta. Inicialmente es suficiente con identificar el título principal: <h1 id="arriba">Informe</h1>. A continuación, sitúese en un enlace al final de cada parte destino de este identificador: <p><a href="#arriba">Parte superior de la página</a></p>.

A continuación se muestra la visualización obtenida:

Resultados

Lorem ipsum dolor sit amet, consectetur adipiscing edit. Cras mattis consectetur purus sit amet fermentum. Fusce dapibus, tellus ac cursus commodo, tortor mauris condimentum nibh, ut fermentum massa justo sit amet risus. Praesent commondo cursus magna, vel scelerisque nisl consectetur et. Maecenas sed diam eget risus varius blandir sit amet non magna. Fusce dapibus, tellus ac cursus commodo, tortor mauris condimentum nibh, ut fermentum massa justo sit amet risus. Fusce dapibus, tellus ac cursus commodo, tortor mauris condimentum nibh, ut fermentum massa justo sit amet risus. Morbi leo risus, porta ac consectetur ac, vestibulum at eros. Lorem ipsum dolor sit amet, consectetur adipiscing elit. Nullam id dolor id nibh ultricies vehicula ut id elit. Integer posuere erat a ante venenatis dapibus posuere velit aliquet. Cras justo odio, dapibus ac facilisis in, egestas eget quam. Morbi leo risus, porta ac consectetur ac, vestibulum at eros. Curabitur blandir tempus portitor. Vivamus sagittis lacus vel augue laoreet rutrum faucibus dolor auctor. Maecenas faucibus mollis interdum. Maecenas faucibus mollis interdum. Integer posuere erat a ante venenatis dapibus posuere velit aliquet. Cras mattis consectetur purus sit amet fermentum. Aenean lacinia bibiendum nulla sed consectetur. Sed posuere consectetur est at lobortis. Curabitur blandit tempus portitor. Aenean eu leo quam. Pellentesque ornare sem lacinia quam venenatis vestibulum. Etiam porta sem malesuada magna mollis euismod. Maecenas faucibus mollis interdum. Integer posuere erat a ante veneantis dapibus posuere velit aliquet. Maecenas sed diam eget risus varius blandit sit amet non magna.

Parte superior de la página

A continuación se muestra el código completo de este ejemplo:

```
<!DOCTYPE HTML>
<html>
<head>
   <meta charset="utf-8">
   <title>Mi página web</title>
</head>
<body>
   <h1 id="arriba">Informe</h1>
   <p><a href="#introduccion">Introducción</a> | <a href="#resultados">,
Resultados</a> | <a href="#conclusion">Conclusión</a></p>
   <h2 id="introduccion">Introducción</h2>
   <p>Donec id elit no mi porta gravida...</p>
   <p><a href="#arriba">Parte superior de la página</a></p>
   <h2 id="resultados">Resultados</h2>
   <p>Lorem ipsum dolor sit amet, consectetur...</p>
   <p><a href="#arriba">Parte superior de la página</a></p>
   <h2 id="conclusion">Conclusión</h2>
   <p>Integer posuere erat a ante venenatis...</p>
   <p><a href="#arriba">Parte superior de la página</a></p>
</body>
</html>
```

5. El contexto de apertura del enlace

Cuando crea un enlace, puede especificar el contexto de apertura del destino con el atributo `target`. Este atributo acepta cuatro valores:

- `_blank`: el destino se abre en una nueva ventana o una nueva pestaña.
- `_padre`: el destino se abre en el elemento padre del destino. Esto es útil cuando gestiona capas de pantalla con el elemento `<iframe>`.
- `_self`: el destino se abre en la misma ventana que el enlace. Por lo tanto, no hay cambio de contexto, es el contexto por defecto.
- `_top`: el destino se abre en el padre superior en la jerarquía de las ventanas.

6. Las relaciones de los enlaces

El atributo `rel` permite especificar el tipo de relación del enlace. Observe que encontramos este atributo en el elemento `<link>`, que hemos visto anteriormente. El W3C ofrece un determinado número de valores posibles para el atributo `rel`, pero deja la opción a los desarrolladores de utilizar sus propios valores. Por lo tanto, es un sistema abierto.

A continuación se muestran los valores que se pueden utilizar:

- `alternate` indica que el enlace apunta a una versión alternativa del documento.
- `archives` especifica que el documento de destino es un archivo.
- `author` permite indicar el nombre del autor del documento.
- `first` señala que el documento de destino es el primero de una serie.
- `last` indica que el documento de destino es el último de una serie.
- `prev` señala que el documento de destino es el documento anterior al documento actual.
- `next` permite indicar que el documento de destino es el documento siguiente al documento actual.
- `nofollow` especifica que el enlace no está aprobado por el autor. Este valor creado por Google indica, en principio, que la indexación no debe tener en cuenta los enlaces presentes en esta página de destino.

7. Los enlaces al correo electrónico

Es muy habitual utilizar un enlace a una dirección de correo para establecer un contacto entre el visitante y los responsables de un sitio web. Cuando el visitante pulsa el enlace, su aplicación de correo se abre con la dirección de correo ya cumplimentada.

Para esto, es suficiente con indicar en el atributo `href` el prefijo `mailto:` seguido de la dirección de correo deseada. A continuación se muestra esta sintaxis:

```
<p><a href="mailto:juan@perez.org">Póngase en contacto conmigo</a></p>
```

En la era de la predominancia de las redes sociales, es posible crear enlaces a sus cuentas en estas plataformas.

La sintaxis es muy similar a la que hemos visto anteriormente:

- Enlace a **Twitter**:
  `<a href="https://twitter.com/mi-cuenta">`.
- Enlace a **Facebook**:
  `<a href="https://facebook.com/mi-cuenta">`.
- Enlace a **LinkedIn**:
  `<a href="https://es.linkedin.com/in/mi-cuenta">`.

8. Los enlaces de descarga

A pesar de la creciente importancia de los sitios web para compartir de archivos, los famosos *box*, puede perfectamente ofrecer a sus visitantes descargar un archivo por medio de un enlace.

Para hacer esto, indique simplemente el nombre completo del archivo en el atributo `href`, sin omitir su extensión. A continuación se muestra un ejemplo:

```
<p>Descargue el archivo <a href="programa.pdf">PDF del programa</a>.</p>
```

En este ejemplo, se trata de un archivo PDF. Si el ordenador del visitante tiene un software para abrir este tipo de documento, se abrirá. Si no hay disponible ningún software, el navegador ofrecerá la descarga del archivo.

9. Enlaces en imágenes

En todos los ejemplos que hemos estudiado anteriormente, los enlaces eran textuales. Es decir, los visitantes tenían que pulsar el texto presentado como contenido del elemento `<a>`. Pero perfectamente puede utilizar imágenes.

A continuación se muestra un ejemplo de la utilización de una imagen para crear un enlace:

```
<p><a href="ayuda.html"><img src="ayuda.png"></a></p>
```

La estructura es muy sencilla:

- El enlace <a> utiliza el atributo `href` para indicar la URL de destino.
- El contenido del enlace <a> es una imagen <img> que tiene su atributo `src` para indicar el origen de la imagen.

10. El formato inicial

A continuación, se muestra el formato inicial de los enlaces de hipertexto. Los enlaces pueden tener cuatro estados principales:

- `a:link`: corresponde a los enlaces no visitados. Estas son las reglas CSS iniciales:

```
a:link{
  color: (internal value);
  text-decoration: underline;
  cursor: auto;
}
```

El valor (`internal value`) corresponde a los parámetros de los navegadores.

- `a:visited`: corresponde a los enlaces ya visitados. Estas son las reglas CSS iniciales:

```
a:visited{
  color: (internal value);
  text-decoration: underline;
  cursor: auto;
}
```

- `a:link:active`: corresponde a los enlaces no visitados, en los que hace clic en visitante. Estas son las reglas CSS iniciales:

```
a:link:active{
  color: (internal value);
}
```

- `a:visited:active`: se aplica a los enlaces cuando el usuario hace clic en ellos. Estas son las reglas CSS iniciales:

```
a:visited:active{
  color: (internal value);
}
```

Capítulo 2-8
Las tablas

1. La correcta utilización de las tablas

Las tablas únicamente se usan para mostrar datos tabulares. Cualquier otra utilización no es semántica y, por lo tanto, no es apropiada. Va a poder crear tablas sencillas o más elaboradas con agrupaciones de columnas, leyendas, etc. Para terminar, observe que las tablas se muestran como elementos de tipo bloque, pero tienen su tipo específico, que es `table`.

2. La estructura de las tablas

Para insertar una tabla, es necesario utilizar el elemento `<table>`. El resto de los elementos estructurales de las tablas, filas, columnas y celdas, se incluirán en este elemento.

Puede insertar:

- Filas con `<tr>`.
- Celdas con `<td>` y `<th>`.
- Un título con `<caption>`.
- Un encabezado con `<thead>`.
- Un pie de tabla con `<tfoot>`.

– Un cuerpo de tabla con <tbody>.
– Grupos de columnas con <colgroup> y <col>.

3. Las líneas

En una tabla, va a tener que insertar filas con el elemento <tr> (para *table row*). Cada fila contendrá celdas.

A continuación se muestra una estructura inicial simplista, con tres filas:

```
<table>
   <tr>...</tr>
   <tr>...</tr>
   <tr>...</tr>
</table>
```

Puede ver que la estructura interna de las tablas se crea con filas y no con columnas.

4. Las celdas

En las filas de su tabla, inserte a continuación las celdas sencillas con el elemento <td> (para *table data*) o las celdas de encabezado con <th> (para *table header*). Las celdas de encabezado se diferencian por un contenido centrado y en negrita.

A continuación se muestra un sencillo ejemplo:

```
<table>
   <tr>
       <th>Enero</th>
       <th>Febrero</th>
       <th>Marzo</th>
   </tr>
   <tr>
       <td>123</td>
       <td>134</td>
       <td>156</td>
   </tr>
   <tr>
```

```
        <td>213</td>
        <td>256</td>
        <td>273</td>
    </tr>
    <tr>
        <td>321</td>
        <td>351</td>
        <td>372</td>
    </tr>
</table>
```

A continuación se muestra la visualización obtenida:

Enero	Febrero	Marzo
123	134	156
213	256	273
321	351	372

Si tiene una tabla de doble entrada, puede perfectamente utilizar <th> para los encabezados de las filas:

```
<table>
        <tr>
            <th> </th>
            <th>Enero</th>
            <th>Febrero</th>
            <th>Marzo</th>
        </tr>
        <tr>
            <th>Valladolid</th>
            <td>123</td>
            <td>134</td>
            <td>156</td>
        </tr>
        <tr>
            <th>Salamanca</th>
            <td>213</td>
            <td>256</td>
            <td>273</td>
        </tr>
        <tr>
            <th>Zamora</th>
```

```
            <td>321</td>
            <td>351</td>
            <td>372</td>
        </tr>
    </table>
```

Observe el uso de la entidad de caracteres ` ` en la primera celda de la primera fila para obtener una celda vacía. Es más prudente tener un carácter «invisible» que ningún dato en una celda.

A continuación se muestra la visualización obtenida:

	Enero	Febrero	Marzo
Valladolid	123	134	156
Salamanca	213	256	273
Zamora	321	351	372

5. La fusión de celdas

Puede perfectamente fusionar celdas, vertical u horizontalmente, con los atributos `rowspan` y `colspan`. El valor de estos atributos indica el número de celdas que desea fusionar.

A continuación se muestra un ejemplo donde se fusionan dos celdas verticalmente con `rowspan`:

```
<table>
    <tr>
        <th>Enero</th>
        <th>Febrero</th>
        <th>Marzo</th>
    </tr>
    <tr>
        <td>123</td>
        <td>134</td>
        <td>156</td>
    </tr>
    <tr>
        <td>213</td>
        <td rowspan="2">256</td>
        <td>273</td>
```

```
    </tr>
    <tr>
        <td>321</td>
        <td>372</td>
    </tr>
</table>
```

Para más facilidad de visualización, se añaden bordes a las celdas con propiedades CSS, que estudiaremos en la tercera parte de este libro. A continuación se muestra la visualización obtenida:

Enero	Febrero	Marzo
123	134	156
213	256	273
321		372

He aquí un ejemplo donde dos celdas se fusionan horizontalmente con `colspan`:

```
<table>
    <tr>
        <th>Enero</th>
        <th>Febrero</th>
        <th>Marzo</th>
    </tr>
    <tr>
        <td>123</td>
        <td>134</td>
        <td>156</td>
    </tr>
    <tr>
        <td>213</td>
        <td colspan="2">256</td>
    </tr>
    <tr>
        <td>321</td>
        <td>351</td>
        <td>372</td>
    </tr>
</table>
```

A continuación se muestra la visualización obtenida:

Enero	Febrero	Marzo
123	134	156
213	256	
321	351	372

6. El título

El elemento <caption> permite añadir un título a sus tablas. Este título se va a mostrar encima de la tabla. Este elemento se sitúa justo después de la etiqueta de apertura de <table>.

A continuación se muestra un sencillo ejemplo:

```
<table>
       <caption>Resultados primer trimestre</caption>
       <tr>
           <th>Enero</th>
           <th>Febrero</th>
           <th>Marzo</th>
       </tr>
       <tr>
           <td>123</td>
           <td>134</td>
           <td>156</td>
       </tr>
       <tr>
           <td>213</td>
           <td>256</td>
           <td>273</td>
       </tr>
       <tr>
           <td>321</td>
           <td>351</td>
           <td>372</td>
       </tr>
   </table>
```

A continuación se muestra la visualización obtenida, siempre con el uso de bordes:

Resultados primer trimestre

Enero	Febrero	Marzo
123	134	156
213	256	273
321	351	372

7. Los grupos de columnas

7.1 Agrupar columnas

Para tener formatos específicos para algunas columnas, puede agruparlos con el elemento <colgroup>. Este elemento se sitúa justo después de la etiqueta de apertura de <table>.

En este ejemplo, queremos tener las dos primeras columnas con un fondo gris. Este formato se obtiene con una regla CSS situada directamente en el elemento <colgroup>. Para este ejemplo, indicamos el número de columnas deseado con el atributo span="2":

```
<table>
   <colgroup span="2" style="background-color: #eee;"></colgroup>
   <tr>
       <th>Enero</th>
       <th>Febrero</th>
       <th>Marzo</th>
       <th>Abril</th>
   </tr>
   <tr>
       <td>123</td>
       <td>134</td>
       <td>156</td>
       <td>186</td>
   </tr>
```

```
    <tr>
        <td>213</td>
        <td>256</td>
        <td>273</td>
        <td>298</td>
    </tr>
    <tr>
        <td>321</td>
        <td>351</td>
        <td>372</td>
        <td>387</td>
    </tr>
</table>
```

A continuación se muestra la visualización obtenida:

Enero	Febrero	Marzo	Abril
123	134	156	186
213	256	273	298
321	351	372	387

7.2 Enumerar las columnas

Con el elemento <col>, vamos a poder enumerar de manera más concreta las columnas que se deben agrupar. Los formatos indicados en los elementos <col> serán prioritarios respecto a los indicados en <colgroup>. Observe que podemos perfectamente utilizar el atributo span para agrupar columnas. En el elemento <colgroup>, es suficiente con indicar las columnas que se van a utilizar, unas después de las otras, de izquierda a derecha, realizando grupos si es necesario.

En este ejemplo de una tabla de doble entrada, queremos formatear la primera columna y la columna del mes de marzo. A continuación se indica la sintaxis que se debe utilizar:

```
<table>
    <colgroup>
        <col style="background-color: #eee;"></col>
        <col span="2"></col>
```

```
        <col style="background-color: #aaa;"></col>
    </colgroup>
    <tr>
        <th> </th>
        <th>Enero</th>
        <th>Febrero</th>
        <th>Marzo</th>
        <th>Abril</th>
    </tr>
    <tr>
        <th>Valladolid</th>
        <td>123</td>
        <td>134</td>
        <td>156</td>
        <td>186</td>
    </tr>
    <tr>
        <th>Salamanca</th>
        <td>213</td>
        <td>256</td>
        <td>273</td>
        <td>298</td>
    </tr>
    <tr>
        <th>Zamora</th>
        <td>321</td>
        <td>351</td>
        <td>372</td>
        <td>387</td>
    </tr>
</table>
```

Detallemos esta estructura:

- Tenemos el elemento `<colgroup>` que no tiene formato específico y que solo sirve de contenedor de los elementos `<col>`.
- El primer elemento `<col>` acoge la primera columna y le aplica un fondo gris claro.
- El segundo elemento `<col>` recibe las dos columnas siguientes con el atributo `span="2"`, que permite agruparlas y no aplica ningún formato.
- El tercer elemento `<col>` recibe la siguiente columna, la cuarta de la tabla, y le aplica un fondo gris oscuro.

– La quinta columna de la tabla no se indica, por lo que utiliza el formato del elemento padre <colgroup>, que no tiene formato.

A continuación se muestra la visualización obtenida:

	Enero	Febrero	Marzo	Abril
Valladolid	123	134	156	186
Salamanca	213	256	273	298
Zamora	321	351	372	387

8. Las tablas estructuradas

Va a poder diseñar tablas muy estructuradas con los elementos <thead>, <tbody> y <tfoot>. Estos tres elementos se utilizan conjuntamente. El interés principal de la utilización de las tablas estructuradas es que si su contenido es más largo que lo que permite la visualización, el encabezado y el pie de tabla siempre estarán visibles en la pantalla. Sucede lo mismo en caso de impresión de la tabla, donde el encabezado y el pie se repiten en la parte superior e inferior de las páginas de impresión.

El elemento <thead> constituye el encabezado de la tabla. Se debe insertar después del título <caption> y de los grupos de columnas <colgroup>. En este elemento, sitúe las líneas <tr> de la tabla.

El elemento <tfoot> constituye el pie de la tabla. Observe que este elemento <tfoot> se debe ubicar antes del cuerpo de la tabla <tbody>.

El elemento <tbody> constituye el cuerpo de la tabla y contendrá las líneas <tr> de la tabla.

A continuación se muestra un ejemplo de tabla estructurado:

```
<table>
   <thead>
       <tr>
           <th> </th>
           <th>Enero</th>
           <th>Febrero</th>
           <th>Marzo</th>
```

```
        </tr>
    </thead>
    <tfoot>
        <tr>
            <th>Resumen</th>
            <td>234</td>
            <td>213</td>
            <td>189</td>
        </tr>
    </tfoot>
    <tbody>
        <tr>
            <th>Valladolid</th>
            <td>123</td>
            <td>134</td>
            <td>156</td>
        </tr>
        <tr>
            <th>Salamanca</th>
            <td>213</td>
            <td>256</td>
            <td>273</td>
        </tr>
        <tr>
            <th>Zamora</th>
            <td>321</td>
            <td>351</td>
            <td>372</td>
        </tr>
    </tbody>
</table>
```

A continuación se muestra la visualización obtenida:

	Enero	**Febrero**	**Marzo**
Valladolid	123	134	156
Salamanca	213	256	273
Zamora	321	351	372
Resumen	234	213	189

Por supuesto, esta tabla es pequeña en número de líneas, pero, si hay muchas más líneas, los navegadores normalmente deberían adaptar su visualización usando la barra de desplazamiento.

9. El formato inicial

A continuación, se muestra el estilo CSS por defecto que los navegadores aplican a los elementos estructurales de las tablas:

```
table{
  color: (internal value);
  display: table;
  border-collapse: separate;
  border-spacing: 2px;
  border-color: gray;
}
tbody{
  display: table-row-group;
  vertical-align: middle;
  border-color: inherit;
}
thead{
  display: table-header-group;
  vertical-align: middle;
  border-color: inherit;
}
tfoot{
  display: table-footer-group;
  vertical-align: middle;
  border-color: inherit;
}
td{
  display: table-cell;
  vertical-align: inherit;
} th{
  display: table-cell;
  vertical-align: inherit;
  font-weight: bold;
  text-align: center;
}
tr{
  display: table-row;
  vertical-align: inherit;
  border-color: inherit;
}
```

Capítulo 2-9
Las imágenes

1. Explotar correctamente las imágenes

En muchos de sitios web, los recursos multimedia ocupan cada vez más espacio. Estos recursos multimedia, estas imágenes se deben elegir con cuidado y deben estar optimizados lo mejor posible para una carga rápida en todos los dispositivos actuales: pantalla de ordenador, tableta y smartphone. Por lo tanto, hay un trabajo importante por parte de los diseñadores gráficos para elegir la imagen correcta, definir sus dimensiones en función de los dispositivos soportados y determinar un ratio de compresión/peso adecuados.

En las páginas web, las imágenes representan contenido «incorporado», porque no están directamente descritas en el contenido del archivo HTML. Los archivos de las imágenes normalmente se sitúan en un directorio específico, en el directorio del sitio web y se insertan en la página web indicando su ruta de acceso.

2. Entender los formatos de compresión

2.1 Comprimir las imágenes

Cuando toma una foto, casi nunca es posible difundirla directamente en Internet sin reducir sus dimensiones y sin comprimir. Las imágenes en bruto son siempre demasiado grandes y pesadas para ser publicadas en Internet. Hay que reducir su tamaño y comprimirlas para reducir su peso.

Actualmente, existen tres formatos principales de compresión de imagen: **GIF**, **JPEG** y **PNG**. La compresión suele aplicarse mediante software específico, una vez finalizadas las operaciones de retoque fotográfico. También existen otros formatos, como el SVG (gráfico vectorial escalable) y WebP, que ofrecen distintas ventajas según el contexto de uso.

2.2 El formato GIF

El formato **GIF**, de **Graphics Interchange Format**, es un formato de compresión de imágenes diseñado en 1987 por Compuserve y no es totalmente libre. Su extensión es **.gif**. Con este formato, las imágenes utilizan 256 colores como máximo y solo ofrecen un nivel de transparencia. Por lo tanto, los píxeles son opacos o transparentes, lo que implica efectos de escalera muy desagradables en los bordes. Si la imagen inicial tiene menos de 256 colores, este formato es no destructivo, pero si hay más de 256, la compresión es destructiva.

Por lo tanto, el formato GIF se reserva para las imágenes de pequeñas dimensiones, como los iconos, botones y logos, que tienen grandes áreas planas de color.

2.3 El formato JPEG

El formato **JPEG**, de **Joint Photographic Experts Group**, es un formato normalizado en 1991 y publicado en 1992. Su extensión habitual es **.jpg** y más raramente **.jpeg**. Las imágenes comprimidas con este formato pueden conservar millones de colores y no pueden utilizar la transparencia. Observe que es un formato de compresión destructivo, que provoca por lo tanto una destrucción irremediable de colores y sombras de la imagen. Es el diseñador gráfico el que decide la tasa de compresión de las imágenes y, por lo tanto, el ratio de calidad visual/peso.

El formato JPEG se reserva a las imágenes fotográficas que se deben mostrar con una buena calidad visual.

2.4 El formato PNG

El formato **PNG** se ha creado para mejorar el formato GIF y ser totalmente libre. PNG es el acrónimo de **Portable Network Graphics**. Observe que el PNG es una recomendación del W3C fechada en 2003 (https://www.w3.org/TR/PNG/). La extensión es **.png**. El formato PNG permite utilizar 265 colores (PNG-8) o millones de colores (PNG-24). Además, el PNG puede aceptar 256 niveles de transparencia, lo que permite obtener bordes sin efecto de escalera.

El formato PNG se puede utilizar para numerosos tipos de imagen que necesiten calidad y varios niveles de transparencia. Conviene que los diseñadores gráficos hagan pruebas de comparación con los otros formatos para ver cuál ofrece el mejor resultado en el ratio calidad/peso.

3. Insertar imágenes con el elemento <img>

3.1 La utilización de las imágenes

El elemento `<img>` se usa para insertar imágenes de ilustración directamente relacionadas con el contenido textual. Desde un punto de vista semántico, este elemento no se usa para aplicar una imagen de fondo en un encabezado o cualquier otra zona de visualización en la página. Para esto, es necesario utilizar una regla CSS.

Observe que la visualización de las imágenes se hace en línea, *inline*. Es la única propiedad inicial que afecta a este elemento `<img>` : `display: inline-block;`. La diferencia entre `inline` e `inline-block` es que con esta última visualización podemos utilizar los atributos `width` y `height`.

3.2 El atributo src

El primer atributo prácticamente obligatorio es `src`. Este atributo permite indicar la ruta de acceso a la imagen que se debe mostrar. La ruta de acceso se indica normalmente de forma relativa a la página que contiene el elemento `<img>`.

A continuación se muestran algunos ejemplos:

- `<img src="mi-imagen.png">`: la imagen se encuentra en el mismo directorio que la página HTML.
- `<img src="imágenes/mi-imagen.png">`: la imagen se encuentra en un subdirectorio llamado **imágenes**, ubicado en el directorio que contiene la página HTML.
- `<img src="../mi-imagen.png">`: la imagen está en el directorio padre del directorio que contiene la página HTML.

Pero también puede elegir mostrar una imagen ya publicada en la Web, con una ruta absoluta: `<img src="http://www.mi-sitio.org/imágenes/mi-imagen.png">`. Es una solución que es necesario utilizar con prudencia, porque hay que estar seguro de los permisos de autor y puede ser que la imagen se haya eliminado del sitio web en el que estaba ubicada.

3.3 El atributo alt

El atributo `alt` permite guardar el texto alternativo a la imagen, que se muestra si esta no se puede cargar. Su utilización también es prácticamente obligatoria para pasar la validación de W3C.

A continuación se muestra su utilización: `<img src="gran-canal-venecia.jpg" alt="El Gran Canal atraviesa toda Venecia">`.

A continuación se muestra el código de un ejemplo donde la imagen no se puede cargar:

```
<!doctype html>
<html>
<head>
   <meta charset="utf-8">
   <title>Mi página web</title>
</head>
<body>
   <h1>El Gran Canal de Venecia</h1>
   <p>Sed ut perspiciatis unde omnis iste...</p>
   <p><img src="gran-canal-venecia.jpg" alt="El Gran Canal
atraviesa toda Venecia"></p>
</body>
</html>
```

Esta es la visualización obtenida en Google Chrome:

> **El Gran Canal de Venecia**
>
> Sed ut perspiciatis unde omnis iste natus error sit voluptatem accusantium doloremque laudantium, totam rem aperiam, eaque ipsa quae ab illo inventore veritatis et quasi architecto beatae vitae dicta sunt explicabo. Nemo enim ipsam voluptatem quia voluptas sit aspernatur aut odit aut fugit, sed quia consequuntur magni dolores eos qui ratione voluptatem sequi nesciunt. Neque porro quisquam est, qui dolorem ipsum quia dolor sit amet, consectetur, adipisci velit, sed quia non numquam eius modi tempora incidunt ut labore et dolore magnam aliquam quaerat voluptatem.
>
> El Gran Canal atraviesa toda Venecia

Tenemos un icono estándar de Google Chrome que indica que la imagen no se puede cargar y que el texto alternativo se muestra en lugar de la imagen.

3.4 Los atributos width y height

Los atributos `width` y `height` permiten, respectivamente, indicar el espacio asignado a la visualización de las imágenes horizontal y verticalmente. Si estos dos atributos no se indican, el navegador debe esperar la carga del archivo de la imagen para determinar sus dimensiones y para reservar el espacio de visualización de la imagen. Por lo tanto, tenemos una pérdida de rendimiento. Para evitarlo, se aconseja indicar los dos atributos.

Si los valores de los atributos son diferentes de las dimensiones de la imagen, se usan los valores del atributo. Esto puede ser práctico para reducir el tamaño de visualización de una imagen si no dispone del archivo origen. Porque siempre es preferible redimensionar una imagen en un software dedicado, mejor que hacerlo con los atributos `width` y `height`. También es una cuestión de rendimiento.

Observación

Observe que HTML permite el valor `0` para los atributos `width` y `height`. Esto puede ser muy práctico para ocultar las imágenes a la vista de los visitantes.

3.5 Los atributos srcset y size

El HTML 5.1 añade el nuevo atributo `srcset` al elemento `img`. Esto permite ofrecer varias fuentes para las imágenes. Estos orígenes se diferencian por la calidad y la resolución de las imágenes. Los navegadores elegirán la imagen más apropiada, en función del recurso de difusión, pero también según la calidad de la conexión web.

A continuación se muestra la sintaxis que se ha de utilizar:

```
<img src="imagen-baja-def.jpg"
   srcset="
       imagen-baja-def.jpg 1x,
       imagen-media-def.jpg 2x,
       imagen-alta-def.jpg 3x"
>
```

Detallemos esta sintaxis:

- El elemento `<img>` utiliza normalmente el atributo src para indicar el origen de la imagen. Como sucede con la utilización de varias fuentes, si lo desea puede indicar la imagen con la calidad más baja para una utilización por defecto.
- El atributo `srcset` permite la explotación de las diferentes variantes de la imagen en función de su calidad. Cada origen de imágenes se separa del siguiente por una coma. Indica las diferentes imágenes con su diferente calidad.
- El atributo `srcset` permite la utilización del modificador x, que indica la densidad de los píxeles para cada imagen.
  En este ejemplo, la imagen `imagen-media-def.jpg 2x` tiene una densidad dos veces superior a la de baja definición.

También puede utilizar el modificador w, que indica el tamaño de las imágenes. A continuación se muestra la sintaxis que hay que utilizar:

```
<img src="imagen-baja-def.jpg"
   srcset="
       imagen-baja-def.jpg 300w,
       imagen-media-def.jpg 500w,
       imagen-alta-def.jpg 700w"
>
```

El modificador w indica que la primera imagen tiene una longitud de 300 píxeles, la segunda de 500 píxeles y la última tiene una longitud de 700 píxeles.

También puede utilizar el nuevo atributo `sizes` para definir las condiciones de utilización de los orígenes de imágenes según el tamaño de la pantalla de difusión.

A continuación se muestra un ejemplo concreto:

```
<img srcset="imagen-baja-def.jpg 300w,
             imagen-media-def.jpg 500w,
             imagen-alta-def.jpg 700w"
    sizes="(max-width: 350px) 300px,
           (max-width: 580px) 500px,
          700px"
    src="imagen-alta-def.jpg" alt="Lorem Ipsum">
```

A continuación se indica cómo los navegadores interpretan el atributo `sizes`:

- Si el tamaño de la pantalla es inferior a 350 píxeles (`max-width: 350px`), el espacio ocupado por la imagen es de 300 píxeles.
- Igual para el segundo tamaño: si el tamaño de la pantalla es inferior a 580 píxeles (`max-width: 580px`), el espacio ocupado por la imagen es de 500 píxeles.
- En el resto de los casos, si el tamaño de la pantalla es superior a 580 píxeles, el espacio ocupado por la imagen es de 700 píxeles.

Los navegadores localizan la longitud del periférico de visualización, a continuación verifican la condición de longitud de la pantalla y, para terminar, utilizan la imagen que tiene el tamaño más adaptado a la pantalla.

4. Insertar ilustraciones con el elemento <figure>

4.1 La utilización de las ilustraciones

Las imágenes permiten ilustrar directamente un contenido y los dos están íntimamente relacionados. Puede ser que con las ilustraciones baste y no sea necesario un texto para entender lo que se quiere comunicar. Además, la posición de la ilustración puede ser independiente del texto. Atención: el contenido de una ilustración puede ser una o varias imágenes fotográficas, pero también puede ser un dibujo, un vídeo, una tabla o un extracto largo de código. A continuación se indican las diferencias semánticas entre la utilización de una imagen y de una ilustración.

4.2 El elemento <figure>

El elemento `<figure>` permite insertar una ilustración en su página web. Este elemento tiene una etiqueta de apertura y otra de cierre.

```
<figure>
   ...
</figure>
```

El elemento `<figure>` es de tipo `block`, a continuación se muestran sus parámetros de visualización por defecto:

```
figure {
     display: block;
     margin-top: 1em;
     margin-bottom: 1em;
     margin-left: 40px;
     margin-right: 40px;
}
```

4.3 El elemento <figcaption>

El elemento <figcaption> permite mostrar una leyenda para la ilustración. Este elemento se ubica en el elemento <figure>. En la primera versión de HTML5, el elemento <figcaption> se tenía que usar como primer o último hijo del elemento <figure>. Desde HTML 5.1, puede ubicar <figcaption> en cualquier elemento <figure>.

El elemento <figcaption> es de tipo block y sus márgenes no tienen definido un valor por defecto.

A continuación se muestra un sencillo ejemplo de uso de estos dos elementos, con la utilización de tres imágenes:

```
<!doctype html>
<html>
<head>
   <meta charset="utf-8">
   <title>Mi página web</title>
</head>
<body>
   <h1>El Gran Canal de Venecia</h1>
   <p>Sed ut perspiciatis unde omnis...</p>
   <figure>
       <img src="gran-canal-01.jpg" alt="El Gran Canal atraviesa toda
Venecia"><br>
       <img src="gran-canal-02.jpg" alt="El Gran Canal atraviesa toda
Venecia"><br>
       <img src="gran-canal-03.jpg" alt="El Gran Canal atraviesa toda
Venecia">
        <figcaption>Fotos del Gran Canal de Venecia</figcaption>
   </figure>
</body>
</html>
```

A continuación se muestra la visualización obtenida:

El Gran Canal de Venecia

Sed ut perspiciatis unde omnis iste natus error sit voluptatem accusantium doloremque laudantium, totam rem aperiam, eaque ipsa quae ab illo inventore veritatis et quasi architecto beatae vitae dicta sunt explicabo. Nemo enim ipsam voluptatem quia voluptas sit aspernatur aut odit aut fugit, sed quia consequuntur magni dolores eos qui ratione voluptatem sequi nesciunt. Neque porro quisquam est, qui dolorem ipsum quia dolor sit amet, consectetur, adipisci velit, sed quia non numquam eius modi tempora incidunt ut labore et dolore magnam aliquam quaerat voluptatem.

Fotos del Gran Canal de Venecia

4.4 El formato inicial

Estas son las propiedades de visualización iniciales del elemento `<figure>`:

```
figure{
  display: block;
  margin-top: 1em;
  margin-bottom: 1em;
  margin-left: 40px;
  margin-right: 40px;
}
```

Estas son las propiedades de visualización iniciales del elemento `<figcaption>`:

```
figcaption{
     display: block;
}
```

Capítulo 2-10
Los formularios

1. La presencia de formularios en las páginas web

Los formularios forman parte integrante de los sitios web actuales. Muy habitualmente habrá tenido que rellenar un formulario, tanto para reservar un viaje como un concierto, inscribirse a una conferencia, pagar sus compras en línea o publicar un comentario en las páginas de las redes sociales, etc.

La integración de un formulario en una página web normalmente hace necesaria la integración de varias competencias. Podemos tener una ergonomía o un diseño de interfaz para la parte de experiencia de usuario, un integrador que crea el formulario en HTML/CSS y un desarrollador que diseña el script que va a recuperar los datos introducidos, los va a validar y los gestiona de manera segura para el tratamiento (reserva, compra, inscripción, etc.). El desarrollador utilizará el lenguaje servidor usado en el proyecto general del sitio web (JavaScript PHP, Ruby, C#, Java, etc.).

Observación

Observe que puede enviar los datos del formulario por mail, con `action="mailto:direcciones@mail.org"`*. En este caso, no hay ningún tratamiento y los datos se envían y reciben en un formato de texto en bruto.*

2. La estructura de los formularios

2.1 El formulario

Los formularios se insertan en el elemento `<form>`. En este elemento, encontraremos todos los campos útiles y los botones de validación y anulación.

El elemento `<form>` acepta varios atributos:

- `action`: indica la URL del script que va a hacerse cargo de los datos introducidos en el formulario.
- `method`: especifica si los datos se enviarán usando HTTP, con el método `get` o `post`.
- `name`: asigna un nombre al formulario.
- `enctype`: indica el tipo MIME de los datos enviados. El tipo MIME, de *Multipurpose Internet Mail Extension*, permite indicar la naturaleza y el formato de un documento enviado por medio de un formulario. El valor `application/x-www-form-urlencoded` es el valor por defecto. Estos datos se codifican como una pareja clave-valor. Para el envío del archivo, el tipo debe ser `multipart/form-data`, formato adaptado para los datos binarios.

El elemento `<form>` es de tipo `block` y solo tiene definido un valor por defecto para su margen superior.

```
form {
  display: block;
  margin-top: 0em;
}
```

A continuación se indica un sencillo ejemplo:

```
<form method="post" action="mi-script.php"
enctype="application/x-www-form-urlencoded" name="inscripcion">
   ...
</form>
```

2.2 Las etiquetas

El elemento <label> permite asociar una etiqueta a un campo. Esta etiqueta se va a mostrar delante del campo y permite nombrarlo. Esto facilitará su utilización y ofrecerá una mejor accesibilidad a las personas discapacitadas. De hecho, será necesario pulsar la etiqueta de un campo para que se active, por ejemplo con un destello en este campo.

Es el método más aconsejable para nombrar los campos. Es mejor evitar insertar un texto no semántico delante del campo.

A continuación se muestra un sencillo ejemplo con dos campos de entrada:

```
<!doctype html>
<html>
<head>
   <meta charset="utf-8">
   <title>Mi página web</title>
</head>
<body>
   <p>Rellene este formulario:</p>
   <form method="post" action="mi-script.php"
enctype="application/x-www-form-urlencoded" name="inscripcion">
       <p>
           <label for="nombre">Su nombre: </label>
           <input type="text" id="nombre" name="nombre"/>
       </p>
       <p>
           <label for="apellido">Su apellido: </label>
           <input type="text" id="apellido" name="apellido"/>
       </p>
   </form>
</body>
</html>
```

El enlace entre la etiqueta <label> y el campo de entrada <input> se hace con los atributos for e id. Los dos valores deben ser idénticos.

A continuación se muestra la visualización obtenida:

Rellene este formulario:

Su nombre:

Su apellido:

2.3 Agrupar los campos

Para una mejor visibilidad de los campos de un formulario, puede agrupar algunos con el elemento `<fieldset>`. Después puede mostrar una leyenda con el elemento `<legend>`.

A continuación se muestra un sencillo ejemplo con la agrupación de botones de radio:

```
<!doctype html>
<html>
<head>
   <meta charset="utf-8">
   <title>Mi página web</title>
</head>
<body>
   <p>Rellene este formulario:</p>
   <form method="post" action="mi-script.php"
enctype="application/x-www-form-urlencoded" name="inscripcion">
       <fieldset>
           <legend>Su estado civil: </legend>
           <input type="radio" name="estado_civil"
value="señora">Señora<br>
           <input type="radio" name="estado_civil"
value="señorita">Señorita<br>
           <input type="radio" name="estado_civil"
value="señor">Señor
       </fieldset>
   </form>
</body>
</html>
```

A continuación se muestra la visualización obtenida:

Rellene este formulario:

Su estado civil:

Señora
Señorita
Señor

2.4 Los atributos comunes

Los elementos HTML dedicados a los formularios comparten un gran número de atributos comunes. Los estudiaremos en las siguientes secciones, en su contexto de utilización. A continuación se muestran los más usados:

- `autocomplete`: permite el autocompletado en los campos. El autocompletado sirve para encontrar entradas ya realizadas en una lista que se muestra bajo el campo.
- `autofocus`: para activar inmediatamente un campo. En un campo de texto, el punto de inserción parpadea en este.
- `checked`: indica que el botón de radio o la casilla de selección que se ha de marcar ya está seleccionada.
- `disable`: desactiva el campo y, por lo tanto, los visitantes ya no lo pueden utilizar.
- `id`: permite identificar de manera única cada elemento del formulario.
- `max` y `min`: indican los valores máximo y mínimo autorizados en los campos de texto y calendario.
- `name`: da el nombre del campo.
- `placeholder`: muestra un texto, una indicación en el campo.
- `readonly`: indica que el campo es de solo lectura.
- `required`: permite especificar que la entrada en el campo es obligatoria.
- `type`: permite definir el tipo del campo.
- `value`: indica cuál es el valor que se debe enviar al script y permite mostrar la etiqueta de los botones de acción.

3. Los campos de texto

3.1 La introducción de texto

En la mayor parte de los formularios, tiene que rellenar la información en forma de texto. Los formularios ofrecen varios campos de entrada de texto. Puede tratarse de un campo de introducción de datos sencillos, como para indicar su nombre y apellidos; campos con varias líneas, como para dejar comentarios, por ejemplo; campos para rellenar una contraseña, etc.

3.2 Los campos de texto sencillos

El elemento `<input>` es el que permite rellenar un texto sencillo. El atributo `type` determina el tipo de campo que queremos. Para un campo de texto sencillo, el tipo es `text: <input type="text">`.

Para un sencillo ejemplo de campos de texto, vaya a la sección anterior, llamada **Las etiquetas**.

3.3 Los campos de texto para las contraseñas

Cuando el visitante necesita realizar una conexión a un espacio reservado, es más prudente que introduzca su contraseña, sin que los caracteres se muestren. En este caso, en el elemento `<input>`, el atributo `type` toma el valor `password`:

```
<p>
   <label for="contrasenia">Su contraseña: </label>
   <input type="password" id="contrasenia" name="contrasenia">
</p>
```

A continuación se muestra la visualización obtenida, con una entrada en el campo:

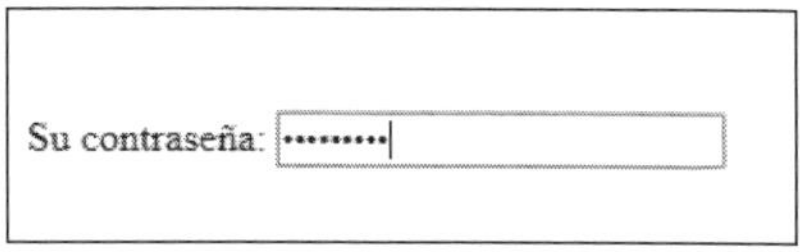

Su contraseña: •••••••••

3.4 Los campos de texto multilínea

Si desea ofrecer a sus visitantes un campo de texto multilínea, utilice el elemento `<textarea>`. El campo de texto multilínea permite la entrada de un texto más largo, en varias líneas, para introducir un comentario o información adicional. Este elemento acepta varios atributos:

- `rows` para definir el número de líneas.
- `cols` para indicar el número de columnas expresado en longitud de caracteres.
- `wrap` permite especificar cómo se gestionan los retornos de carro en el campo y en el envío del formulario. El valor `hard` indica que se envía un carácter de retorno de carro junto con los datos del formulario, y `soft` especifica que el carácter de retorno de carro no se envía.

A continuación se muestra un sencillo ejemplo:

```
<p>
   <label for="comentario">Su comentario: </label>
   <br>
   <textarea id="comentario" rows="6" cols="100"></textarea>
</p>
```

A continuación se muestra la visualización obtenida:

Su comentario:

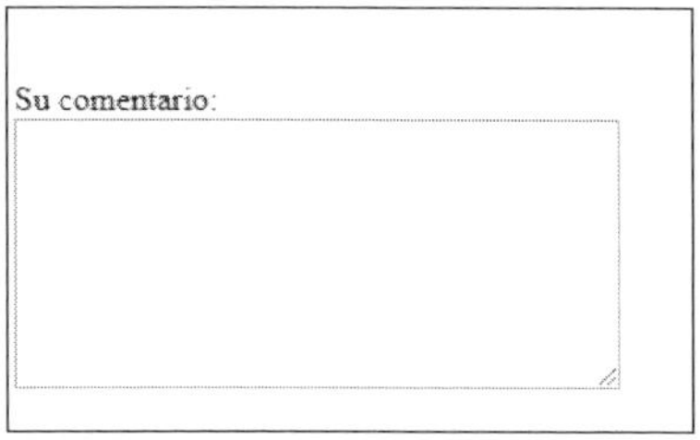

4. Las listas de valores

Para facilitar la elección de un valor entre otros, puede utilizar las listas desplegables con el elemento <select>. Los atributos son:

- size: número de elementos mostrados. Si este atributo no se indica, los ítems de la lista se mostrarán en una lista desplegable. Si este atributo tiene un valor, indica el número de ítems mostrados en el número total de ítems. Los ítems no mostrados son accesibles utilizando la barra de desplazamiento.
- multiple: atributo booleano. Su presencia indica que el usuario puede seleccionar varios valores.

Cada ítem de la lista se ubica en un elemento <option> como elemento hijo del elemento <select>.

A continuación se muestran los atributos utilizables:

- value es el dato que se enviará al script.
- selected es un atributo booleano que indica que el ítem está preseleccionado.

A continuación se muestra un ejemplo con una lista desplegable:

```
<p>
   <label for="ciudad">Seleccione el destino:</label>
   <br>
   <select id="ciudad">
       <option value="venecia">Venecia</option>
       <option value="florencia">Florencia</option>
       <option value="roma">Roma</option>
       <option value="verona">Verona</option>
       <option value="parma">Parma</option>
       <option value="napoles">Nápoles</option>
       <option value="milan">Milán</option>
   </select>
</p>
```

A continuación se muestra la visualización obtenida, con la lista no desplegada:

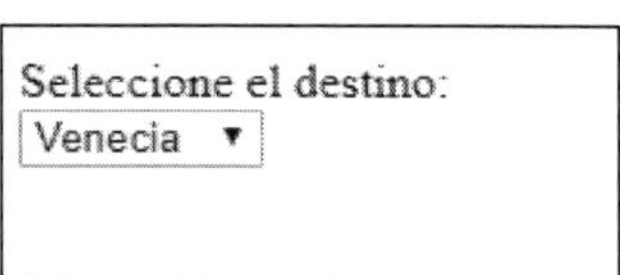

Observe que se muestra el primer ítem.

A continuación se muestra la visualización obtenida, con la lista desplegada:

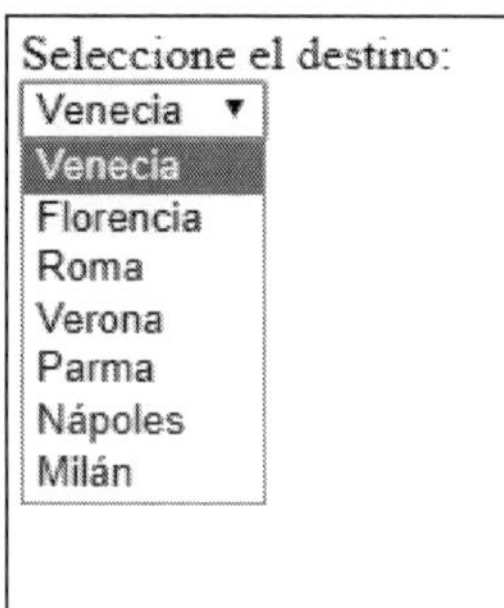

A continuación se muestra un segundo ejemplo, con una lista desplegada de selección múltiple:

```
<p>
   <label for="ciudad">Seleccione el destino:</label>
   <br>
   <select id="ciudad" size="3" multiple>
       <option value="venecia">Venecia</option>
       <option value="florencia">Florencia</option>
       <option value="roma">Roma</option>
       <option value="verona">Verona</option>
       <option value="parma">Parma</option>
       <option value="napoles">Nápoles</option>
       <option value="milan">Milán</option>
   </select>
</p>
```

A continuación se muestra la visualización obtenida antes de la selección:

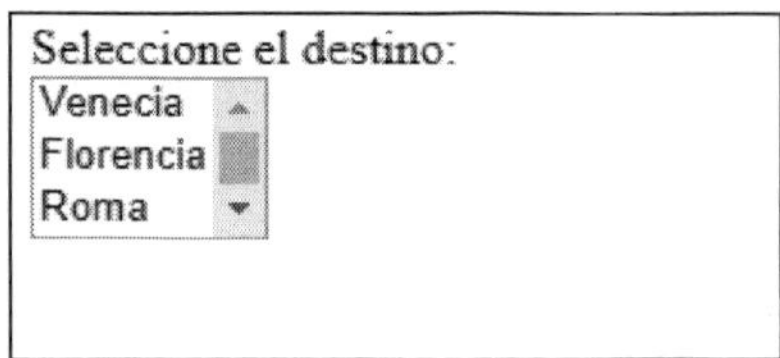

A continuación se muestra la visualización obtenida con la selección de dos ítems:

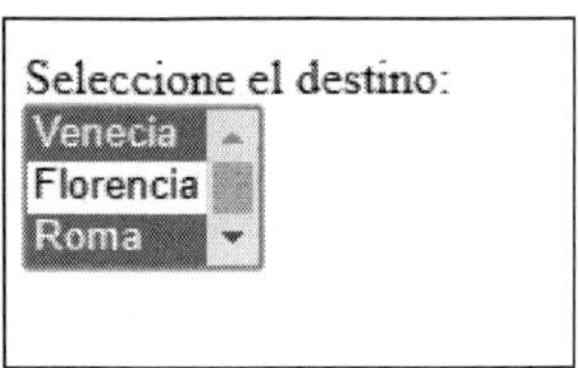

5. Los botones de radio de selección única

En las interfaces de las aplicaciones y en los formularios, los botones de radio son sinónimo de selección única. El usuario solo podrá seleccionar una opción. Con el elemento `<input>`, insertamos botones de radio.

A continuación se muestran los atributos utilizables:

- `name` permite definir el grupo de botones de radio de entre los cuales los visitantes deberán elegir solo uno. El valor de este atributo debe ser el mismo para todos los botones de radio del grupo.
- `value` determina el valor del botón de radio seleccionado, que se envía al script.
- `checked` especifica si un botón de radio se debe seleccionar durante la carga de la página.

A continuación se muestra un sencillo ejemplo de solicitud de estado civil:

```
<fieldset>
   <legend>Su estado civil: </legend>
   <input type="radio" name="estado_civil" value="señora">Señora<br>
   <input type="radio" name="estado_civil"
value="señorita">Señorita<br>
   <input type="radio" name="estado_civil" value="señor">Señor
</fieldset>
```

A continuación se muestra la visualización obtenida:

6. Las casillas de selección múltiple

En las interfaces de las aplicaciones y en los formularios, las casillas de selección se utilizan para tener una selección múltiple. De nuevo, es necesario utilizar el elemento `<input>` con `type="checkbox"`. Los atributos disponibles son los mismos que con los botones de radio, sin que sea obligatorio que el atributo `name` tenga el mismo valor porque queremos una selección múltiple.

A continuación se muestra un sencillo ejemplo:

```
<p>
   <p>Seleccione una o varias ciudades:</p>
   <input type="checkbox" name="venecia" value="venecia">Venecia<br>
   <input type="checkbox" name="florencia" value="florencia"
checked>Florencia<br>
   <input type="checkbox" name="roma" value="roma">Roma<br>
   <input type="checkbox" name="verona" value="Verona">Verona
</p>
```

A continuación se muestra la visualización obtenida:

Seleccione una o varias ciudades:

- [ ] Venecia
- [x] Florencia
- [ ] Roma
- [ ] Verona

7. Otros tipos de campos con <input>

Acabamos de ver que el elemento `<input>` permite insertar campos variados con los tipos `text`, `password`, `radio` y `checkbox`. Pero existen muchos otros tipos de campo:

- `hidden` oculta un campo.
- `image` inserta una imagen que se puede pulsar.
- `file` permite enviar un archivo a través del formulario.
- `tel` especifica que el contenido introducido debe ser un número de teléfono.
- `url` especifica que el contenido introducido debe ser una URL.
- `email` indica que el contenido introducido debe ser una dirección de correo.
- `date`, `time`, `datetime`, `datetime-local`, `month`, `week` permite especificar que el contenido esperado es de tipo calendario.
- `number` especifica que el contenido debe ser un valor numérico.
- `range` permite indicar que el valor esperado es un valor numérico comprendido entre un intervalo de valores y que se indica con ayuda de un cursor sobre una regleta.
- `color` permite mostrar un selector de color.
- `search` especifica que el contenido introducido se utiliza como criterio en una búsqueda.

8. Las ayudas a la introducción de datos

8.1 Los objetivos

Los formularios no son siempre un elemento de interfaz fácil de entender para los internautas. Para ayudarles a utilizar bien los campos, tenemos a nuestra disposición toda una serie de ayudas a la introducción de datos.

8.2 La indicación inicial de la entrada de los datos

El atributo `placeholder` permite mostrar en el campo una ayuda a la introducción de datos, que desaparece cuando el usuario escribe los primeros caracteres. Por ejemplo, queremos especificar que el apellido que se debe introducir se corresponde con el que se indica en el carnet de identidad. A continuación se muestra la sintaxis que hay que utilizar:

```
<p>
   <label for="apellido">Su apellido: </label>
   <input type="text" id="apellido" name="apellido" size="30"
placeholder="Apellido de su carnet de identidad">
</p>
```

A continuación se muestra la visualización obtenida, antes de la introducción de datos:

Su apellido: Apellido de su carnet de identidad

A continuación se muestra la visualización obtenida después de escribir los primeros caracteres:

Su apellido: Sán

También puede utilizar `placeholder` para dar un ejemplo de la entrada esperada:

```
<p>
   <label for="cp">Su código postal: </label>
   <input type="text" id="cp" name="codigo-postal"
placeholder="Ex.: 44600">
</p>
```

A continuación se muestra la visualización obtenida:

Su código postal: Ex: 44600

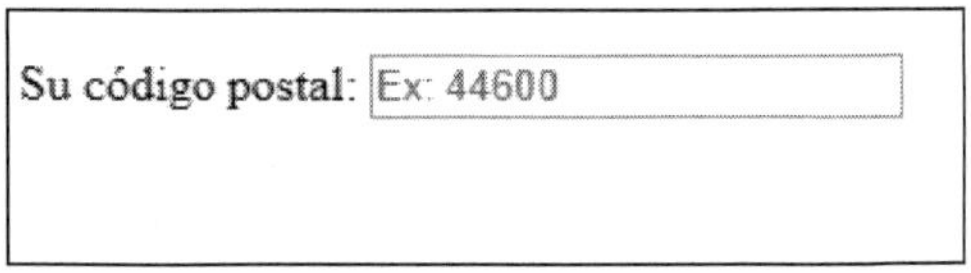

8.3 Activar un campo

El atributo booleano `autofocus` permite hacer que parpadee el punto de inserción en un campo dado. Recordemos que un atributo booleano no tiene valor; su sola presencia es suficiente para su aplicación.

```
<p>
   <label for="nombre">Su nombre: </label>
   <input type="text" id="nombre" name="nombre" autofocus>
</p>
<p>
   <label for="apellido">Su apellido: </label>
   <input type="text" id="apellido" name="apellido" size="30"
placeholder="Apellido de su carnet de identidad">
</p>
```

A continuación se muestra la visualización obtenida durante la carga de la página:

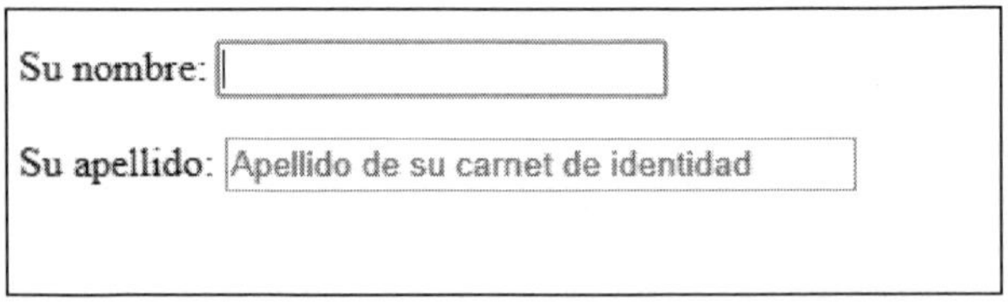

Su nombre:

Su apellido: Apellido de su carnet de identidad

8.4 El autocompletado

El atributo `autocomplete="on"` ubicado en el elemento `<form>` permite indicar a su navegador que, si el usuario va a rellenar un dato en un campo, el navegador debe listar los datos anteriormente introducidos en una lista que se muestra bajo el campo, para que el usuario pueda rápidamente seleccionar un valor ya introducido. Es el comportamiento por defecto de los navegadores. Por otra parte, nada impide que usted ponga este atributo con el valor `off` para un campo específico, donde no desea tener un relleno automático.

8.5 Hacer un campo obligatorio

El atributo booleano `required` permite indicar que un campo es obligatorio. Cada navegador tiene que informar, con sus propios argumentos, que un campo obligatorio no se ha introducido cuando el usuario pulsa el botón de envío.

A continuación se muestra un sencillo ejemplo:

```
<p>
   <label for="nombre">Su nombre: </label>
   <input type="text" id="nombre" name="nombre" required>
</p>
```

A continuación se muestra la visualización obtenida en Google Chrome cuando el visitante no ha rellenado este campo durante el envío:

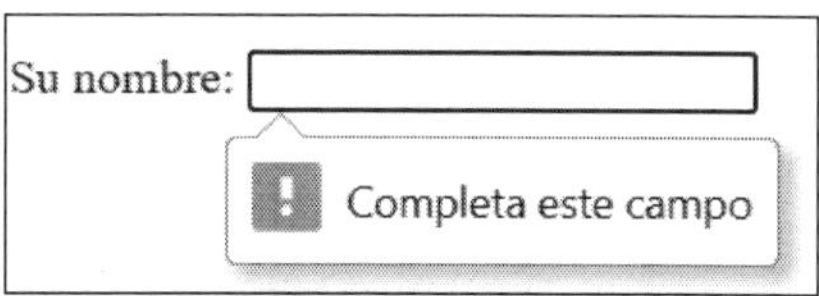

8.6 Las entradas autorizadas

El atributo `pattern` permite indicar de manera muy concreta cuál es el valor esperado para un campo. Un pattern es una plantilla de entrada. Este atributo se ubica en un elemento `<input>` y utiliza expresiones regulares. Las expresiones regulares son cadenas de caracteres que utilizan una sintaxis específica, que permite describir los conjuntos de cadenas de caracteres que es posible utilizar. No es necesario conocer las expresiones regulares en este libro, ya que se trata de un aspecto muy amplio y no es el propósito aquí. Encontrará en Internet numerosos sitios web que tratan sobre esto. Simplemente vamos a mencionar algunos ejemplos.

Cuando el visitante introduce valores en los campos y pulsa el botón de envío, el navegador se encarga de la verificación de los campos que tienen un pattern. También es el navegador el que decide la apariencia del mensaje que se debe mostrar cuando hay un error.

En este primer ejemplo, deseamos que la introducción de datos tenga un máximo de cinco letras en mayúscula.

A continuación se muestra la sintaxis que hay que utilizar:

```
<!doctype html>
<html>
<head>
   <meta charset="utf-8">
   <title>Mi página web</title>
</head>
<body>
   <p>Rellene este formulario:</p>
   <form>
       <p>
           <label for="nombre">Su apodo: </label>
           <input type="text" id=" apodo " name=" apodo "
pattern="[A-Z]{5}">
       </p>
       <p>
           <input type="submit" name="enviar" value="Enviar" />
       </p>
   </form>
</body>
</html>
```

El pattern es muy sencillo: `pattern="[A-Z]{5}"`. Tenemos entre corchetes el intervalo de letras permitidas en mayúsculas: `[A-Z]`. Después, entre llaves, tenemos el número de caracteres máximo que el usuario podrá rellenar: `{5}`.

A continuación se muestra la visualización obtenida cuando el visitante rellena el campo:

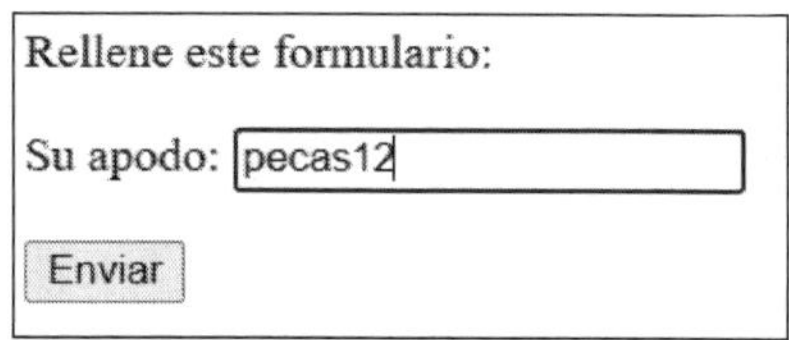

A continuación se muestra la visualización obtenida con Google Chrome cuando el visitante pulsa el botón de envío del formulario en caso de que la introducción de datos no se corresponda con el pattern:

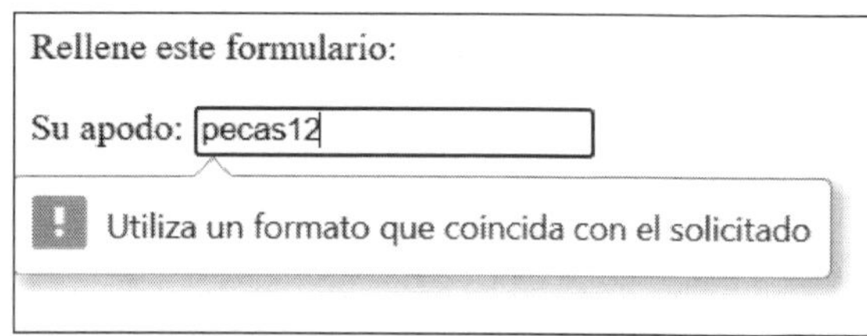

Si el visitante introduce cinco letras en mayúsculas y se envía el formulario, no hay ningún mensaje de alerta.

A continuación se muestra un segundo ejemplo:

```
<input type="text" id="apodo" name="apodo" pattern="^[A-Z]{2}[0-9]*">
```

A continuación se muestra el pattern detallado:

- Pedimos que la introducción de datos empiece con dos letras en mayúsculas `^[A-Z]`. El carácter especial ^ indica, con los caracteres que siguen inmediatamente después, con qué debe empezar la introducción de datos.
- Después, puede haber entre 0 y n cifras: `[0-9]*`. El carácter especial `*` obliga a la introducción de datos entre 0 y n caracteres.

A continuación se muestran dos ejemplos de entradas erróneas:

Rellene este formulario:
Su apodo: AZP
Utiliza un formato que coincida con el solicitado

Rellene este formulario:
Su apodo: A123
Utiliza un formato que coincida con el solicitado

Y se muestra a continuación una entrada validada:

Rellena el formulario:
Su apodo: AZ12345
Enviar

9. Los botones de acción

Cuando los visitantes hayan introducido todos los campos del formulario, es necesario enviarlo al servidor con el script para realizar el tratamiento. Además, siempre es necesario dar la posibilidad de anular todas entradas hechas para poder empezar de nuevo a rellenar el formulario.

Para insertar estos dos botones de acción, vamos a utilizar el elemento `<input>`. El atributo `type` es el que especifica la acción que se ha de desencadenar:

- El tipo `type="submit"` desencadena el envío del formulario al servidor para su tratamiento por medio del script.
- El tipo `type="reset"` permite eliminar todas las entradas realizadas.

A continuación se muestra un sencillo ejemplo:

```
<!doctype html>
<html>
<head>
   <meta charset="utf-8">
   <title>Mi página web</title>
</head>
<body>
   <p>Rellene este formulario:</p>
   <form method="post" action="mi-script.php"
enctype="application/x-www-form-urlencoded" name="inscripcion">
       <p>
           <label for="nombre">Su nombre: </label>
           <input type="text" id="nombre" name="nombre">
       </p>
       <p>
           <label for="apellido">Su apellido: </label>
           <input type="text" id="apellido" name="apellido">
       </p>
       <p>
           <input type="submit" name="Enviar" value="Enviar">
           <br>
          <input type="reset" name="Cancelar" value="Cancelar">
       </p>
   </form>
</body>
</html>
```

A continuación se muestra la visualización obtenida:

Rellene este formulario:

Su nombre:

Su apellido:

Enviar

Cancelar

10. Un ejemplo completo de formulario

10.1 El código completo del formulario

Para terminar este capítulo, vamos a crear un formulario completo con varios tipos de campos. A continuación se muestra el código utilizado:

```
<!doctype html>
<html>
<head>
   <meta charset="utf-8">
   <title>Mi página web</title>
</head>
<body>
   <p>Rellene este formulario:</p>
   <form method="post" action="mi-script.php"
enctype="application/x-www-form-urlencoded" name="inscripcion">
       <fieldset>
           <legend>Su estado civil: </legend>
           <input type="radio" name="estado_civil"
value="senora">Señora<br>
           <input type="radio" name="estado_civil"
value="señorita">Señorita<br>
           <input type="radio" name="estado_civil"
value="señor">Señor
       </fieldset>
       <p>
           <label for="nombre">Su nombre: </label>
           <input type="text" id="nombre" name="nombre">
       </p>
       <p>
           <label for="nombre">Su apellido: </label>
           <input type="text" id="apellido" name="apellido">
       </p>
       <p>
           <label for="age">Su edad: </label>
           <input type="number" id="edad" name="edad">
       </p>
       <p>
           <label for="age">Su dirección de correo: </label>
           <input type="email" id="email" name="email">
       </p>
```

```
        <p>
            <label for="date">Indique su fecha de nacimiento:
</label>
            <input type="date" id="fecha" name="fecha">
        </p>
        <p>
            <label for="deporte">Seleccione su deporte:</label>
            <select id="deporte">
                <option value="lista">Lista de deportes</option>
                <option value="tenis">Tenis</option>
                <option value="futbol">Fútbol</option>
                <option value="balonMano">Balónmano</option>
                <option value="patinaje">Patinaje</option>
                <option value="arc">Tiro con arco </option>
                <option value="atletismo">Atletismo</option>
                <option value="natacion">Natación</option>
            </select>
        </p>
        <fieldset>
            <legend>Seleccione una o varias opciones:</legend>
            <input type="checkbox" name="competicion"
value="competicion">Competición<br>
            <input type="checkbox" name="ocio" value="ocio"
checked>Ocio<br>
            <input type="checkbox" name="Acompañante"
value="acompañante"> Acompañante <br>
            <input type="checkbox" name="Entrenador"
value="entrenador">Entrenador
        </fieldset>
        <p>
            <input type="submit" name="Enviar" value="Enviar" />
             
           <input type="reset" name="Cancelar" value="Cancelar" />
        </p>
    </form>
</body>
</html>
```

10.2 El formulario

Empecemos por detallar el elemento <form>:

```
<form method="post" action="mi-script.php"
enctype="application/x-www-form-urlencoded" name="inscripcion">
```

- El formulario utiliza el método post para enviar los datos al script.
- El script que gestiona el formulario se llama mi-script.php.
- La codificación, de tipo MIME, es la de por defecto: application/x-www-form-urlencoded.
- El nombre del formulario es inscripcion.

10.3 Los botones de radio

El tratamiento que se va a dar al visitante es un grupo de botones de radio:

```
<fieldset>
   <input type="radio" name="tratamiento" value="señora">Señora<br>
   <input type="radio" name="tratamiento"
value="señorita">Señorita<br>
   <input type="radio" name="tratamiento" value="señor">Señor
</fieldset>
```

- El grupo se sitúa en un elemento <fieldset>, con una leyenda que se indica en el elemento <legend>.
- Cada botón de radio tiene el mismo valor para el atributo name, para tener solo una opción.
- Cada botón de radio tiene su propio valor value, que se envía al script.

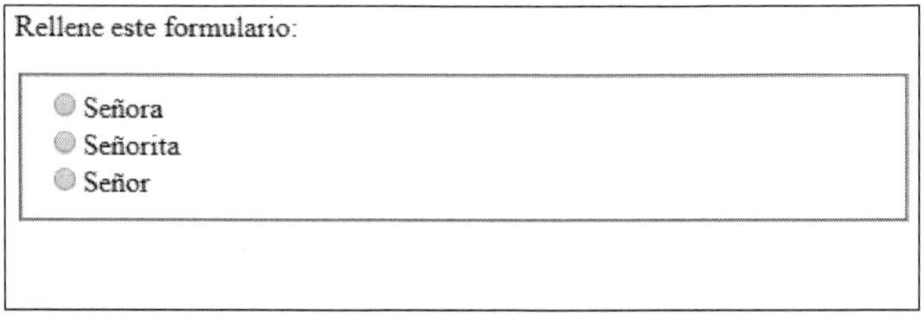

Rellene este formulario:

Señora
Señorita
Señor

10.4 Los campos de texto

A continuación, tenemos los campos de texto para rellenar el nombre y el apellido:

```
<p>
   <label for="nombre">Su nombre: </label>
   <input type="text" id="nombre" name="nombre">
</p>
<p>
   <label for="nombre">Su apellido: </label>
   <input type="text" id="apellido" name="apellido">
</p>
```

- Cada campo se ubica en un párrafo, elemento `<p>`.
- Cada campo tiene una etiqueta, elemento `<label>`.
- Los campos son de tipo `text`; utilizan un identificador, `id`, y un nombre, `name`, propio.

Su nombre:

Su apellido:

10.5 El campo numérico

A continuación, solicitamos la edad del visitante con un campo de tipo numérico:

```
<p>
   <label for="edad">Su edad: </label>
   <input type="number" id="edad" name="edad">
</p>
```

- El campo es de tipo `number`.
- El campo tiene un identificador y un nombre.

Su edad: 24

El interés de insertar un campo numérico es la utilización de un botón qua aparece a la derecha del campo y que permite incrementar o reducir el valor.

Observe que puede utilizar otros atributos para este tipo de campo numérico:

– `min` permite especificar el valor mínimo admitido.
– `max` permite especificar el valor máximo admitido.
– `step` indica el valor de incremento.

10.6 El campo de dirección de correo

En el campo **Su dirección de correo**, pedimos a los visitantes que indiquen su dirección de email en un campo dedicado:

```
<p>
   <label for="edad">Su dirección de correo:</label>
   <input type="email" id="email" name="email">
</p>
```

El tipo de este campo es `email`, lo que permite validar la existencia de la arroba cuando el visitante envíe el formulario. Si el campo no tiene arroba, el navegador mostrará un mensaje de alerta.

A continuación se muestra un ejemplo con Mozilla Firefox:

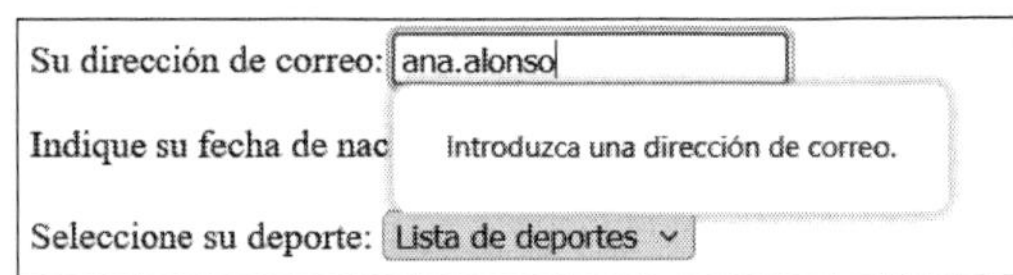

10.7 El campo de fecha

Después pedimos la fecha de nacimiento a nuestros visitantes, especificando el tipo fecha en el campo de texto.

```
<p>
   <label for="date">Indique su fecha de nacimiento: </label>
   <input type="date" id="fecha" name="fecha">
</p>
```

El sencillo hecho de indicar `type="date"` permite obtener un calendario gráfico en el navegador. Por supuesto, cada navegador es libre de ofrecer la interfaz que quiera. La segunda ventaja es la especificación del modelo de fecha esperado en el campo.

A continuación se muestra el ejemplo con Mozilla Firefox durante la carga de la página:

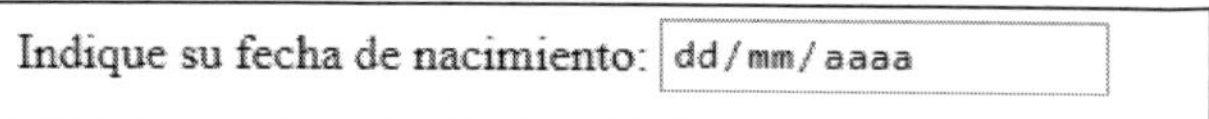

A continuación se muestra la visualización obtenida cuando el visitante hace clic en el campo:

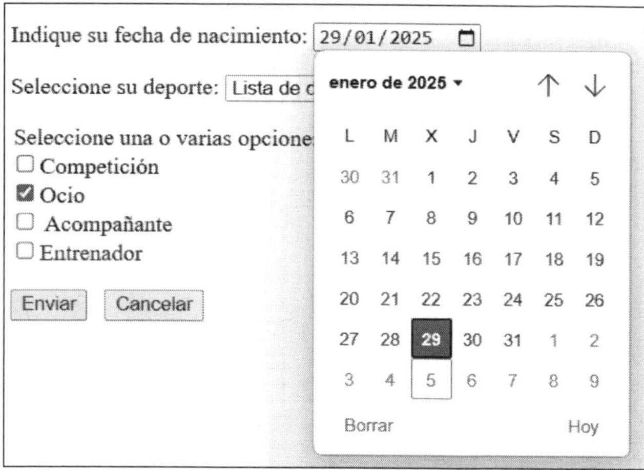

A continuación se muestra la fecha tal y como aparece cuando el visitante ha introducido o seleccionado la fecha:

Indique su fecha de nacimiento: 29/01/2025

10.8 La lista desplegable

Pedimos al visitante elegir un deporte en una lista desplegable. A continuación se muestra el código HTML de este elemento:

```
<p>
   <label for="deporte">Seleccione su deporte:</label>
   <select id="deporte">
       <option value="lista">Lista de deportes</option>
       <option value="tenis">Tenis</option>
       <option value="futbol">Fútbol</option>
       <option value="balonMano">Balonmano</option>
       <option value="patinaje">Patinaje</option>
       <option value="arc">Tiro con arco </option>
       <option value="atletismo">Atletismo</option>
       <option value="natacion">Natación</option>
   </select>
</p>
```

Observación

Observe simplemente que el primer valor (<option>) de la lista desplegable no es un valor en sí, sino una indicación de interfaz.

Seleccione su deporte: Lista de deportes ▼

A continuación se muestra la lista desplegada para seleccionar un único valor:

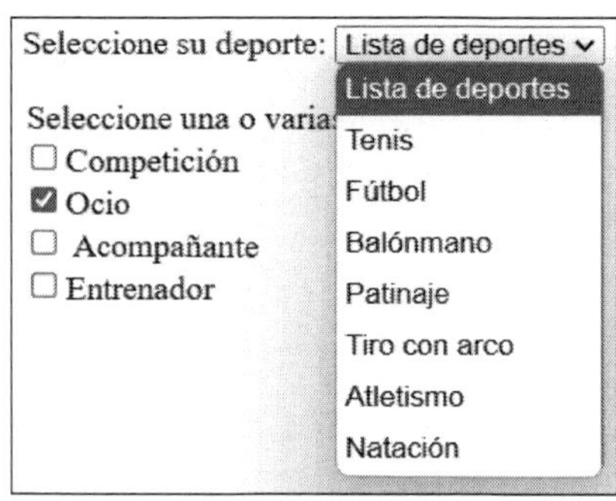

10.9 Las casillas de selección

El formulario termina con una selección múltiple, con casillas de selección.

```
<fieldset>
   <legend>Seleccione una o varias opciones:</legend>
   <input type="checkbox" name="competicion"
value="competicion">Competición<br>
   <input type="checkbox" name="ocio" value="ocio"
checked>Ocio<br>
   <input type="checkbox" name="acompañante"
value="acompañante">Acompañante<br>
   <input type="checkbox" name="entrenador"
value="entrenador">Entrenador
</fieldset>
```

- Las casillas de selección se agrupan con el elemento `<fieldset>`, que tiene una leyenda, `<legend>`, para mostrar un título.
- La segunda casilla de selección ya está marcada con el atributo `checked`.

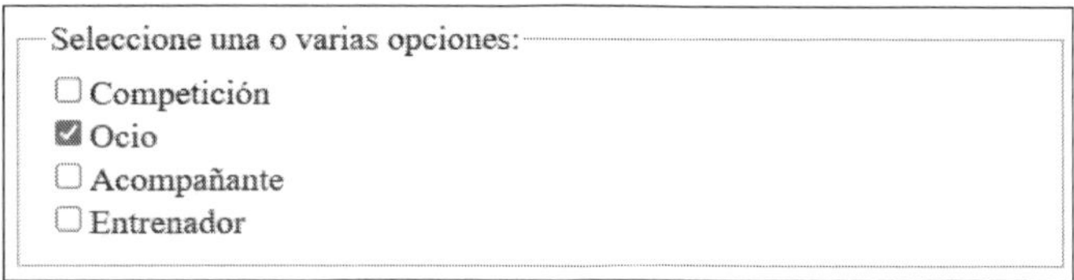

10.10 Los botones de acción

Para cerrar el formulario, tenemos dos botones de acción: el primero para enviar los datos del formulario al script y el segundo para cancelar todas las entradas.

```
<p>
   <input type="submit" name="Enviar" value="Enviar" />
    
   <input type="reset" name="Cancelar" value="Cancelar" />
</p>
```

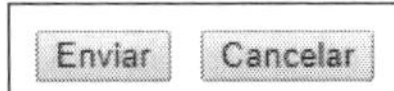

11. Las propiedades iniciales de visualización de los elementos de los formularios

Acabamos de ver que los formularios utilizan varios elementos y atributos HTML. Como ocurre con todos los elementos, los dedicados a los formularios también tienen propiedades iniciales de visualización en CSS. A continuación, se muestra una lista.

Observe que los elementos `<input>` y `<select>` no tienen propiedades CSS iniciales definidas:

```
form{
  display: block;
  margin-top: 0em;
}
label{
  cursor: default;
}
fieldset{
  display: block;
  margin-left: 2px;
  margin-right: 2px;
  padding-top: 0.35em;
  padding-bottom: 0.625em;
  padding-left: 0.75em;
  padding-right: 0.75em;
 border: 2px groove (internal value);
}
```

Capítulo 2-11
Los recursos multimedia

1. La presencia de elementos multimedia

En la actualidad es muy normal insertar vídeo y audio en las páginas web. Hace algunos años, la lucha fue terrible entre los plugins que permitían leer elementos multimedia, con Adobe Flash (abandonado definitivamente por Adobe en 2020), Microsoft Media Player y Apple QuickTime. Además, cada plugin solo leía los archivos codificados con códecs específicos. Pero HTML5 ha cambiado esto, introduciendo los nuevos elementos `audio` y `video`.

2. Los formatos y los códecs

Sigue existiendo un verdadero problema de uniformización de los elementos multimedia en Internet: la compresión y el formato de difusión de los archivos. Como para las fotos, no puede directamente insertar en su sitio web un vídeo o un archivo de audio. Estos archivos en bruto no están adaptados para una difusión en Internet. En primer lugar, hay que comprimirlos con un códec y publicarlos con un formato conocido por los navegadores.

Sin entrar en consideraciones demasiado técnicas sobre los elementos multimedia, abordaremos algunos aspectos sobre la compresión y difusión de estos elementos.

Para comprimir un archivo, es necesario utilizar un **códec**. Este acrónimo significa **Co**dificador-**Dec**odificador. Sepa que hay muchos códecs para elementos multimedia: VP9, MP3, AAC, H.265, etc. A continuación, para distribuir estos archivos comprimidos, es necesario «empaquetarlos» en un formato de transporte. Por ejemplo, .ogg, .mp4 o .webm.

En lo que respecta a la difusión, el W3C aconseja utilizar un formato abierto (open source) y gratuito. Hay disponibles varias soluciones:

- Mozilla, Opera y Google utilizan los códecs **Theora** y **Vorbis**, y **.ogg** para el formato de difusión.
- Apple y Microsoft utilizan los códecs **H.264** y **MP4**, y **.mp4** para el formato.
- Google ofrece desde 2010 los códecs **VP8** y **Vorbis**, y **.webm** para el formato. Estas soluciones son open source y gratuitas.

Si desea obtener información específica sobre los códecs y los formatos de difusión, consulte esta página: https://developer.mozilla.org/es/docs/conflicting/Web/Media/Formats. También puede consultar las páginas en inglés dedicadas a los códecs de audio: https://developer.mozilla.org/en-US/docs/Web/Media/Formats/Audio_codecs y de vídeo: https://developer.mozilla.org/en-US/docs/Web/Media/Formats/Video_codecs.

Ambas páginas se actualizan con frecuencia e incluyen toda la información necesaria, así como la compatibilidad con las últimas versiones de los navegadores.

La conclusión de este breve vistazo es que es deseable tener varias soluciones para publicar los elementos multimedia en sus sitios web:

- Para el vídeo, piense en los formatos .mp4 (H.264/MP4) y .webm (VP8/Vorbis).
- Para el audio, piense en los formatos .mp3 (MP3) y .webm (Vorbis).

3. La inserción de un vídeo

3.1 El elemento <video>

El elemento `<video>` permite insertar un archivo de vídeo en sus páginas web:

```
<video>
   ...
</video>
```

Cabe señalar que el elemento `<video>` no tiene ninguna propiedad de visualización por defecto.

3.2 El origen del vídeo

En el elemento `<video>`, el atributo `src` indica la ruta de acceso al origen del archivo de vídeo que se va a utilizar.

```
<video src="venecia.mp4"></video>
```

Si visualiza la página web, verá solamente la primera imagen del vídeo:

Por el momento, no hay ninguna forma de utilizar el vídeo.

3.3 Los controles

Ahora, es necesario dar la posibilidad de reproducir este vídeo. Para esto, puede agregar el atributo booleano `autoplay` al elemento `<video>`:

```
<video src="venecia.mp4" autoplay></video>
```

Este atributo permite reproducir automáticamente el vídeo durante la carga de la página. Pero el visitante no tendrá forma de gestionar este vídeo.

Para proporcionar medios de control sobre el vídeo, es necesario utilizar el atributo booleano `controls`:

```
<video src="venecia.mp4" controls></video>
```

En este caso, cada navegador deberá mostrar los controles, botones de gestión del vídeo, según su propia interfaz.

A continuación se muestra la visualización obtenida con Google Chrome:

Y esta es la visualización obtenida con Mozilla Firefox:

3.4 Precargar el vídeo

Los vídeos habitualmente son archivos muy pesados. Es mejor precargarlos antes de que el usuario los reproduzca. De esta manera, habrá un tiempo de carga más corto y, por lo tanto, una mejor experiencia de usuario.

Para hacer esto, es necesario añadir el atributo `preload` en el elemento `<video>`, que acepta tres valores:

- `auto` indica que es el navegador el encargado de descargar los datos necesarios para precargar lo mejor posible el vídeo.
- `metadata` especifica al navegador que es necesario descargar los metadatos del vídeo para tener la información técnica adecuada: dimensión, duración, etc.
- `none` indica que no hay que precargar el archivo de vídeo. Por lo tanto, el navegador no tendrá ninguna información técnica del archivo, ni dimensión, ni duración, ni ninguna otra información, etc.

```
<video src="video.mp4" controls preload="auto"></video>
```

3.5 Mostar una imagen de apertura

Durante la carga del vídeo, puede desear no mostrar la primera imagen del vídeo, sino otra que haya creado con un software gráfico. Una vez realizada y exportada, podrá mostrarla con el atributo `poster`:

```
<video src="video.mp4" controls poster="intro-venecia.jpg"></video>
```

3.6 Especificar las dimensiones

Si desea reducir las dimensiones del vídeo, utilice los atributos `width` y `height`, o solo uno de estos dos atributos:

```
<video src="video.mp4" controls poster="intro-venecia.jpg"
width="320"></video>
```

Sin embargo, es mejor hacerlo durante la exportación del vídeo de origen por razones evidentes de rendimiento.

3.7 Ofrecer varias fuentes

Como hemos visto al inicio del capítulo, es preferible ofrecer varias fuentes para el vídeo, para una mejor compatibilidad con los navegadores. Para hacer esto, debemos indicar los orígenes como contenido del elemento `<video>`:

```
<video controls preload="auto">
   <origen src="venecia.mp4"/>
   <origen src="venecia.webm"/>
</video>
```

En este ejemplo, tenemos dos orígenes disponibles: uno en formato **.mp4** y el otro con formato **.webm**. Es el navegador el que seleccionará el formato que se ha de utilizar. Si los dos formatos son usa, se usa el primer origen indicado en el código.

Si el navegador de algunos internautas es demasiado antiguo y no interpreta el elemento <video>, debemos ofrecer una solución. Para esto, es suficiente con indicar el problema en un elemento <p>, por ejemplo.

```
<video controls preload="auto">
   <origen src="venecia.mp4"/>
   <origen src="venecia.webm"/>
   <p>Su navegador es demasiado antiguo para reproducir estos
vídeos</p>
</video>
```

3.8 Reproducir en bucle y desactivar el sonido

En el elemento <video>, puede utilizar los atributos booleanos `loop` para que el vídeo se reproduzca en bucle y `muted` para desactivar el sonido.

4. La inserción de un archivo de audio

La inserción de un archivo de audio es muy similar a lo que acabamos de ver para el vídeo.

Al igual que ocurre con <vídeo>, la etiqueta <audio> no tiene definida ninguna propiedad de visualización por defecto.

El elemento que se ha de usar es <audio> y el atributo `src` indica cuál es el archivo a utilizar. Hay que añadir el atributo `controls` para mostrar los botones de control del audio. Encontramos los atributos `autoplay`, `loop` y `preload`.

```
<audio src="musica.mp3" controls preload autoplay loop></audio>
```

A continuación se muestra la visualización obtenida en Google Chrome

Como sucedía anteriormente, puede ofrecer varias fuentes con diferentes formatos de difusión:

```
<audio controls>
   <origen src="musica.mp3">
   <origen src="musica.webm">
</audio>
```

Y para terminar, también puede indicar un mensaje para los navegadores obsoletos:

```
<audio controls>
   <origen src="musica.mp3">
   <origen src="musica.webm">
   <p>Su navegador es demasiado antiguo para reproducir estos
archivos de audio</p>
</audio>
```

Capítulo 2-12
La Web semántica con Microdata

1. El estado actual de la Web semántica

HTML5 ha introducido una Web muy semántica, con el uso concreto de elementos que permiten estructurar nuestras páginas web. Por ejemplo, sabemos que el elemento `<blockquote>` indica que su contenido es una cita, que el elemento `<address>` especifica que el contenido esperado es una dirección, etc. Tenemos también todos los elementos de estructuración de la página que hemos estudiado anteriormente: `<header>`, `<aside>`, `<main>`, `<footer>`, etc. Pero estos elementos tienen una falta absoluta de concreción, como muestra el uso del elemento `<p>`, que es un párrafo de texto, pero eso es todo lo que sabemos. Nada nos indica de manera más concreta su contenido. ¿Es una receta de cocina?, ¿la ficha de lectura de un libro?, ¿la ayuda de un aparato eléctrico? No sabemos nada.

Tomemos un ejemplo concreto:

```
<p>Hola. Soy <strong>Christophe AUBRY.</strong> Vivo en la región
de <em>Nantes</em> y escribo este libro para
<strong>Ediciones ENI</strong></p>
```

Tenemos tres aspectos resaltados con los elementos `<strong>` y `<em>`. Pero no sabemos nada del contenido en sí mismo. **Christophe AUBRY** ¿es una persona?, ¿el nombre de una barrio? **Nantes** ¿es una película?, ¿una marca de teléfono? **Ediciones ENI** ¿es un distribuidor de lavadoras?, ¿una asociación deportiva?

Como seres humanos, sabemos qué significan todos estos textos. Pero los robots de indexación de los motores de búsqueda no tienen ni idea. Y la importancia de estar bien indexado y referenciado por los motores de búsqueda no hace falta demostrarla.

Para obtener contenidos perfectamente semánticos, con la posibilidad de crear nuestras propias etiquetas, podemos utilizar el **XML** (https://www.w3.org/XML/), del que XHTML desciende directamente. Pero los sitios web actuales no se crean con XML.

Para tener un contenido HTML con información semántica adicional, puede utilizar el **RDFa** (https://www.w3.org/TR/rdfa-syntax/). Esta sintaxis permite definir atributos adicionales a los elementos para especificar su contenido semántico. Pero esta recomendación se hizo para ser explotada con el desaparecido XHTML y su utilización es muy compleja.

Los **microformatos** también permiten tener un contenido semántico. Estos (habitualmente indicados con **μF**) no tienen norma definida porque se trata de un formato abierto con el que cada uno puede definir sus propios formatos adaptados a sus necesidades. El sitio web **Microformatos.org** (http://microformats.org) lista los usos más habituales en su Wiki (http://microformats.org/wiki/Main_Page).

2. El objetivo de Microdata

2.1 La norma y los esquemas

Con la llegada de HTML5, **Microdata** permite agregar atributos para tener elementos perfectamente definidos desde un punto de vista semántico. De esta manera, los robots de los motores de búsqueda saben perfectamente el tipo de contenido de los elementos HTML utilizados en las páginas web.

Como ocurre con todas las especificaciones HTML, la WHATWG ha tomado las riendas de Microdata. Puede consultar su evolución en la siguiente URL:
https://html.spec.whatwg.org/multipage/microdata.html

El objetivo de Microdata es crear un vocabulario dedicado a la utilización de un tipo concreto de datos, como las personas, los eventos, los lugares, los productos, etc. Para definir este vocabulario, va a poder utilizar un esquema. Desde ahora, observe que hay numerosos vocabularios, esquemas ya disponibles en el sitio web de referencia en la materia: **Schema.org** (https://schema.org). En la página **Schemas** (https://schema.org/docs/schemas.html), puede utilizar esquemas ya creados y se puede inspirar en algunos esquemas parecidos a los que desea diseñar. Observe bien que la adición de atributos Microdata no tiene estrictamente ninguna influencia en los navegadores que no los interpretan. Estos atributos simplemente se ignorarán.

2.2 Los atributos

Microdata se utiliza con atributos que se colocan en los elementos HTML que desee. Solo hay cinco atributos:

- `itemscope` indica que el elemento HTML utiliza un esquema y que estos hijos utilizan el mismo esquema.
- `itemtype` especifica el esquema utilizado por su URL de definición.
- `itemprop` designa cuáles son las propiedades utilizadas en el esquema.
- `itemid` asigna un identificador único.
- `itemref` permite hacer referencia a otro elemento HTML con su identificador.

3. El esquema para las personas

3.1 Definir el uso de Microdata con itemscope

Vamos a abordar un primer ejemplo que trata de una persona con código HTML. A continuación se muestra el código utilizado en este ejemplo:

```
<p>Buenos días, soy <strong>Christophe AUBRY</strong>. Nací
el 10 de julio de 1992 en Nantes. Trabajo de manera regular con
<em>Jérôme HABILLAUT</em>, que es responsable editorial.</p>
```

Todo este contenido no es semánticamente concreto, más allá de los dos elementos `<strong>` y `<em>` que realmente no aportan concreción sobre su contenido. Por lo tanto, tenemos que utilizar Microdata para agregar más semántica a este código.

La primera etapa consiste en agregar el atributo `itemscope` al elemento padre; aquí, en el elemento <p>:

```
<p itemscope>Buenos días, soy <strong>Christophe AUBRY</strong>.
Nací el 10 de julio de 1992 en Nantes. Trabajo de manera regular
con <em>Jérôme HABILLAUT</em>, que es responsable editorial.</p>
```

De esta manera, todos los otros elementos incluidos en el elemento <p> heredarán del mismo esquema.

3.2 Indicar el esquema utilizado con itemtype

La segunda etapa define el esquema que se utiliza en el elemento. Hay que usar el atributo `itemtype`, cuyo valor es una URL en la que se describe el esquema. En este ejemplo, vamos a tomar el esquema **Person**, que ya está definido en el sitio web de **Schema.org**: https://schema.org/Person. Este segundo atributo se ubica lógicamente después del primero:

```
<p itemscope itemtype="https://schema.org/Person">Buenos días, soy
<strong>Christophe AUBRY</strong>. Nací el 10 de julio de 1992 en
Nantes. Trabajo de manera regular con <em>Jérôme HABILLAUT</em>,
que es responsable editorial.</p>
```

A continuación se muestra un extracto de este esquema, con la larga lista de propiedades definidas:

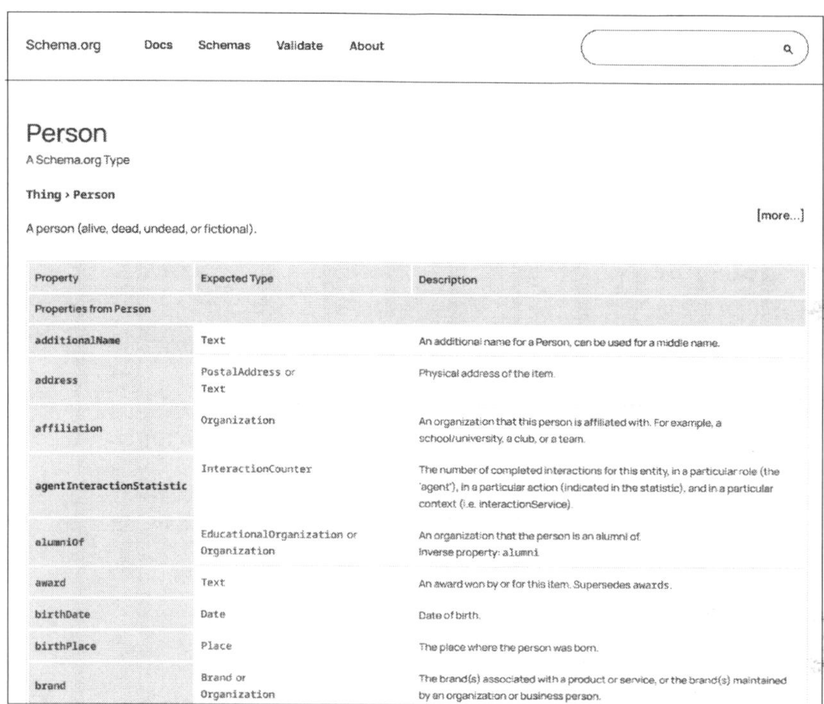

Schema.org Docs Schemas Validate About

Person

A Schema.org Type

Thing › Person

A person (alive, dead, undead, or fictional). [more...]

Property	Expected Type	Description
Properties from Person		
additionalName	Text	An additional name for a Person, can be used for a middle name.
address	PostalAddress or Text	Physical address of the item.
affiliation	Organization	An organization that this person is affiliated with. For example, a school/university, a club, or a team.
agentInteractionStatistic	InteractionCounter	The number of completed interactions for this entity, in a particular role (the 'agent'), in a particular action (indicated in the statistic), and in a particular context (i.e. interactionService).
alumniOf	EducationalOrganization or Organization	An organization that the person is an alumni of. Inverse property: alumni
award	Text	An award won by or for this item. Supersedes awards.
birthDate	Date	Date of birth.
birthPlace	Place	The place where the person was born.
brand	Brand or Organization	The brand(s) associated with a product or service, or the brand(s) maintained by an organization or business person.

3.3 Especificar las propiedades con itemprop

Ahora vamos a agregar los atributos `itemprop` para especificar el apellido y el nombre de las dos personas mencionadas. En el esquema **Person**, vamos a utilizar las propiedades **givenName** y **familyName**. Para esto, vamos a agregar elementos <span> en los lugares necesarios:

```
<p itemscope itemtype="https://schema.org/Person">Buenos días, soy
<strong><span itemprop="givenName">Christophe</span> <span item
prop="familyName">AUBRY</span></strong>. Nací el 10 de Julio de
1992 en Nantes. Trabajo de manera regular con <em><span item
prop="givenName">Jérôme</span> <span itemprop="familyName">
HABILLAUT</span></em>, que es responsable editorial.
</p>
```

Para la fecha de nacimiento, vamos a agregar el elemento HTML `<time>` y el valor `birthDate`, al atributo `itemprop`:

```
<p itemscope itemtype="https://schema.org/Person">Buenos días, soy
<strong><span itemprop="givenName">Christophe</span> <span item-
prop="familyName">AUBRY</span></strong>. Nací el <time date
time="1992-07-10" itemprop="birthDate">10 de julio de 1992</time> en
Nantes. Trabajo de manera regular con <em><span itemprop="given
Name">Jérôme</span> <span itemprop="familyName">HABILLAUT
</span></em>, que es responsable editorial.</p>
```

Para terminar, para la segunda persona, vamos a especificar que la actividad indicada, «**responsable editorial**» es una profesión, con valor `hasOccupation`:

```
<p itemscope itemtype="https://schema.org/Person">Buenos días, soy
<strong><span itemprop="givenName">Christophe</span> <span item-
prop="familyName">AUBRY</span></strong>. Nací el <time date
time="1992-07-10" itemprop="birthDate">10 de julio de 1992</time> en
Nantes. Trabajo de manera regular con <em><span itemprop=
"givenName">Jérôme</span> <span itemprop="familyName">HABILLAUT
</span></em>, que es <span itemprop="hasOccupacion”>responsable
editorial</span>.
</p>
```

Ahora ya tenemos un código muy detallado desde un punto de vista semántico.

4. Anidar esquemas

4.1 ¿Por qué anidar los esquemas?

Es habitual tener en el mismo elemento HTML varios tipos de datos semánticos diferentes.

En primer lugar, añadimos una pequeña frase al final del párrafo: «**Trabajamos en el libro HTML5/CSS3 – Domine los estándares de la creación de los sitios web, publicado por Ediciones ENI**».

```
<p itemscope itemtype="https://schema.org/Person">Buenos días, soy
<strong><span itemprop="givenName">Christophe</span> <span item-
prop="familyName">AUBRY</span></strong>. Nací el
```

```
<time datetime="1992-07-10" itemprop="birthDate">10 de julio de 1992
</time> en Nantes. Trabajo de manera regular con <em><span item-
prop="givenName">Jérôme</span> <span itemprop="familyName">
HABILLAUT</span></em>, que es <span itemprop="hasOccupacion”>
responsable editorial</span>. Trabajamos en el libro
HTML5/CSS3 - Domine los estándares de la creación de los sitios web,
publicado por Ediciones ENI ENI</p>
```

Con esta adición, ahora hay dos datos semánticos diferentes: personas y un libro. Por lo tanto, será necesario anidar dos esquemas. Siguiendo el mismo principio, podríamos agregar un tercer esquema para la ciudad que se menciona, **Nantes**.

Observe que de manera nativa los esquemas ofrecidos en el sitio web de **Schema.org** son anidados. Esta es la URL que muestra esta anidación de los esquemas y de las propiedades: https://schema.org/docs/full.html.

Y esta es la URL del esquema **Book**, que es un hijo de **Creative works**: https://schema.org/Book. Esto significa que habrá propiedades definidas en estos dos esquemas: **Creative works** y **Book**.

4.2 Los dos esquemas necesarios

Vamos a agregar el esquema **Book** al libro en un nuevo elemento <span>.

```
<p itemscope itemtype="https://schema.org/Person">Buenos días, soy
<strong><span itemprop="givenName">Christophe</span> <span item-
prop="familyName">AUBRY</span></strong>. Nací el <time
datetime="1992-07-10" itemprop="birthDate">10 de julio de 1992</time>
en Nantes. Trabajo de manera regular con <em><span itemprop=
"givenName">Jérôme</span> <span itemprop="familyName">HABILLAUT
</span></em>, que es <span itemprop="hasOccupacion”>responsable
editorial</span>. Trabajamos en el libro <span itemscope
itemtype="https://schema.org/Book"
itemid="urn:isnb:111-2-333-44444-5">
<span itemprop="name">HTML5/CSS3 - Domine los estándares
de la creación de los sitios web</span>, publicado por
<span itemprop="editor">Ediciones ENI</span></span>.
</p>
```

Detallemos esto:

En el elemento <p> que utiliza el esquema **Person**, añadimos un nuevo elemento: <span itemscope itemtype="https://schema.org/Book" itemid="urn:isnb:111-2-333-44444-5">. Este nuevo elemento <span> tiene varios atributos:

- itemscope especifica el uso de un nuevo esquema.
- itemtype indica la URL del esquema **Book** utilizado.
- itemid permite asignar un identificador único al elemento, en forma de número ISBN ficticio en este ejemplo.

En el nuevo elemento <span> padre para el libro, agregamos dos nuevos elementos <span> para indicar las propiedades utilizadas con el atributo itemprop. Tenemos dos nuevas propiedades: name para el nombre del libro y editor para el nombre del editor.

Después tenemos la etiqueta de cierre del <span> anidado.

A continuación se muestra un esquema que explica esta anidación:

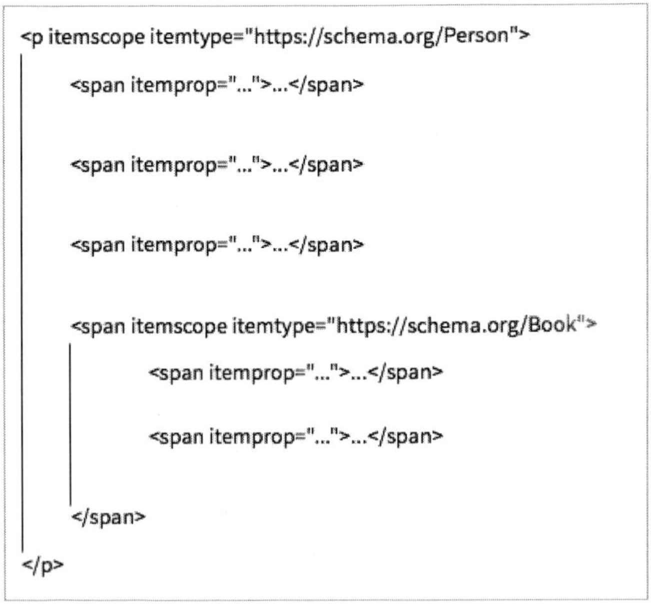

```
<p itemscope itemtype="https://schema.org/Person">
|
|     <span itemprop="...">...</span>
|
|     <span itemprop="...">...</span>
|
|     <span itemprop="...">...</span>
|
|     <span itemscope itemtype="https://schema.org/Book">
|     |
|     |     <span itemprop="...">...</span>
|     |
|     |     <span itemprop="...">...</span>
|     |
|     </span>
|
</p>
```

4.3 Hacer referencia a un elemento

No siempre es posible indicar todas las propiedades de un objeto en el mismo elemento HTML. En nuestro ejemplo, podemos perfectamente imaginar que mencionamos el editor en otro párrafo <p>. Deseamos indicar la dirección postal introducida en otro párrafo, sin repetir la información.

A continuación se muestran los nuevos elementos en nuestro ejemplo:

```
<p itemscope itemtype="https://schema.org/Person">Buenos días, soy
<strong><span itemprop="givenName">Christophe</span> <span
itemprop="familyName">AUBRY</span></strong>. Nací el <time
datetime="1992-07-10" itemprop="birthDate">10 de julio de 1992</time>
en Nantes. Trabajo de manera regular con <em><span itemprop=
"givenName">Jérôme</span> <span itemprop="familyName">HABILLAUT
</span></em>, que es <span itemprop="hasOccupacion">responsable
editorial</span>. Trabajamos en el libro <span itemscope
itemtype="https://schema.org/Book" itemid="urn:isnb:111-2-333-
44444-5"><span itemprop="name">HTML5/CSS3 - Domine los
estándares de la creación de los sitios web</span>, publicado a los
<span itemprop="editor">Ediciones ENI</span></span>.
</p>
...
<footer>
   <p>Ediciones ENI<span itemscope itemtyp="https://schema.org/
PostalAddress"><span itemprop="streetAddress">Calle Benjamin
Franlin</span> <span itemprop="postalCode">44800</span>
<span itemprop="addressLocality">Saint-Herblain</span><span>
Editor n°1 de libros de informática.
</p>
</footer>
```

En un nuevo elemento `<footer>`, en un elemento <p>, agregamos la dirección postal del editor con el esquema **Postal Address**: `<span itemscope itemtyp="https://schema.org/PostalAddress">`. Añadimos las propiedades `itemprop="streetAddress"`, `itemprop="postalCode"` e `itemprop="addressLocality"`.

El objetivo ahora es hacer referencia a esta dirección postal en el primer párrafo <p>, cuando indicamos el nombre del editor, pero no queremos repetir toda la dirección.

Por lo tanto, en primer lugar, tenemos que agregar un identificador id="direcciones-ed-eni" en el elemento <span> de la dirección:

```
...
<p>id="direcciones-ed-eni"s
<p>Ediciones ENI<span id="direcciones-ed-eni" itemscope
itemtyp="https://schema.org/PostalAddress"><span itemprop=
"streetAddress">Calle Benjamin Franlin</span> <span itemprop=
"postalCode">44800</span> <span itemprop="addressLocality">Saint-
Herblain</span><span> Editor n°1 de libros de informática.
</p>
...
```

A continuación, en el primer párrafo, agregamos el atributo itemref que hace referencia al identificador introducido:

```
...
<span itemprop="editor" itemref="direcciones-ed-eni">Ediciones ENI</span>
...
```

Este método permite evitar repetir los datos ya introducidos.

Parte 3: Las CSS 3

Capítulo 3-1 Integrar los estilos CSS

1. El rol de las CSS

Recordemos que las **CSS**, **Cascading Style Sheets**, permiten formatear el contenido de los elementos HTML y también se ocupan de la paginación de los sitios web. Por lo tanto, con las CSS tenemos dos objetivos bien definidos:

- El formato que afecta a los textos, por ejemplo, con la aplicación de un color, el cambio de mayúsculas/minúsculas de los caracteres, el resaltado de los párrafos de texto con el formato del interlineado o la indentación de primera línea, etc.
- La estructura de la página, que afecta a la disposición de los bloques de contenido HTML de la página, con una barra de navegación, un encabezado, un pie de página, una zona de visualización de contenidos, etc.

  Las CSS permiten modificar dinámicamente la estructura de la página según el medio de difusión. Es decir, la estructura de la página va a ser diferente dependiendo de si consulta el sitio web en la pantalla de un ordenador, de una tableta o de un smartphone.

Recuerde que las CSS3 se dividen en módulos independientes y que se desarrollan a su propio ritmo.

En la actualidad y desde hace ya tiempo, es necesario separar las CSS de la estructura del HTML. Por lo tanto, tenemos que ver en este capítulo dónde situar las reglas CSS que forman una hoja de estilo.

2. Los estilos integrados en un elemento HTML

La primera posibilidad de integrar los estilos CSS es definir una regla directamente en el elemento HTML afectado. En este caso, esta regla solo se aplica a este elemento y no a otro.

Para esto, debemos utilizar el atributo `style` en el elemento HTML que queramos e indicar la propiedad y el valor deseados.

En este ejemplo, aplicamos cursiva al primer título `<h2>`:

```
<!doctype html>
<html>
<head>
   <meta charset="utf-8">
   <title>Mi página web</title>
</head>
<body>
   <h2 style="font-style: italic">Tristique Cursus Commodo Ligula</h2>
   <p>Cras justo odio, dapibus ac facilisis...</p
   <h2>Tortor Ullamcorper Etiam Nibh</h2>
   <p>Nullam id dolor id nibh ultricies...</p>
</body>
</html>
```

A continuación se muestra la visualización obtenida:

Tristique Cursus Commodo Ligula

Cras justo odio, dapibus ac facilisis in, egestas eget quam. Nullam id dolor id nibh ultricies vehicula ut id elit. Aenean lacinia bibendum nulla sed consectetur. Lorem ipsum dolor sit amet, consectetur adipiscing elit. Nulla vitae elit libero, a pharetra augue.

Tortor Ullamcorper Etiam Nibh

Nullam id dolor id nibh ultricies vehicula ut id elit. Etiam porta sem malesuada magna mollis euismod. Cum sociis natoque penatibus et magnis dis parturient montes, nascetur ridiculus mus. Etiam porta sem malesuada magna mollis euismod. Praesent commodo cursus magna, vel scelerisque nisl consectetur et.

De esta manera, verá que el ámbito de esta regla CSS es muy reducido, porque solo se aplica al elemento HTML en el que se define. No se puede utilizar en otros sitios.

3. Los estilos definidos en la página

La segunda posibilidad es definir las reglas CSS en una página HTML. En este caso, las reglas solo se pueden aplicar a los elementos HTML contenidos en esta página HTML y en ningún otro sitio ni archivo HTML. Las reglas CSS se definen en el elemento `<head>`, en un elemento `<style>`.

A continuación se muestra un ejemplo:

```
<!doctype html>
<html>
<head>
   <meta charset="utf-8">
   <title>Mi página web</title>
   <style>
       .titulo-articulo {
           font-style: italic;
           text-transform: uppercase;
       }
   </style>
</head>
<body>
   <h2 class="titulo-articulo">Tristique Cursus Commodo Ligula</
h2>
   <p>Cras justo odio, dapibus ac facilisis...</p>
   <h2 class="titulo-articulo">Tortor Ullamcorper Etiam Nibh</h2>
   <p>Nullam id dolor id nibh ultricies...</p>
</body>
</html>
```

En el elemento `<style>`, solo tenemos una regla CSS que se llama `.titulo-articulo`. Esta regla define un texto en cursiva y pasa a mayúsculas todo el texto sobre el que se aplica.

En la página HTML, en los dos elementos `<h2>`, aplicamos esta regla con el atributo `class`.

A continuación se muestra la visualización obtenida:

TRISTIQUE CURSUS COMMODO LIGULA

Cras justo odio, dapibus ac facilisis in, egestas eget quam. Nullam id dolor id nibh ultricies vehicula ut id elit. Aenean lacinia bibendum nulla sed consectetur. Lorem ipsum dolor sit amet, consectetur adipiscing elit. Nulla vitae elit libero, a pharetra augue.

TORTOR ULLAMCORPER ETIAM NIBH

Nullam id dolor id nibh ultricies vehicula ut id elit. Etiam porta sem malesuada magna mollis euismod. Cum sociis natoque penatibus et magnis dis parturient montes, nascetur ridiculus mus. Etiam porta sem malesuada magna mollis euismod. Praesent commodo cursus magna, vel scelerisque nisl consectetur et.

Por lo tanto, se aprecia a la perfección que el ámbito de las reglas CSS es más importante que anteriormente, porque se pueden aplicar a cualquier elemento HTML presente en la página web.

4. Los estilos definidos en un archivo .css

La tercera posibilidad es declarar las reglas CSS en un archivo separado de las páginas HTML. Este archivo tendrá como extensión **.css** y solo contendrá las reglas CSS deseadas. A continuación, tenemos que unir este archivo CSS con las páginas HTML que queramos para aplicar las reglas CSS a los elementos HTML deseados.

He aquí un ejemplo muy sencillo de archivo CSS, llamado **estilos.css**, que solo contiene dos reglas CSS:

```
.titulo-articulo {
   margin-left: 20px;
   padding-left: 10px;
   border-left: 5px solid #000;
}

.nombre {
   font-style: italic;
}
```

A continuación se muestra el archivo HTML:

```
<!doctype html>
<html>
<head>
   <meta charset="utf-8">
   <title>Mi página web</title>
   <link href="estilos.css" rel="stylesheet">
</head>
<body>
   <h2 class="titulo-articulo">Tristique Cursus Commodo Ligula</h2>
   <p>Cras justo odio ... id nibh <span class="nombre">Ultricies
vehicula</span> ut id elit...</p>
   <h2 class="titulo-articulo">Tortor Ullamcorper Etiam Nibh</h2>
   <p>Nullam id dolor ... <span class="nombre">Etiam porta</span>
sem malesuada magna mollis euismod...</p>
</body>
</html>
```

La unión entre el archivo HTML y el archivo CSS se hace en el elemento `<head>` . Para esto, se utiliza el elemento `<link>`:

- El atributo `href="estilos.css"` indica la ruta de acceso al archivo CSS.
- El atributo `rel="estilosheet"` especifica el tipo de relación. Aquí, se trata de una relación de una hoja de estilo.
- El atributo `type="text/css"` es opcional, porque el tipo de las hojas de estilo por defecto es CSS.

La aplicación de los estilos se hace de nuevo con el atributo `class` en los elementos HTML deseados.

A continuación se muestra la visualización obtenida:

| **Tristique Cursus Commodo Ligula**

Cras justo odio, dapibus ac facilisis in, egestas eget quam. Nullam id dolor id nibh *Ultricies vehicula* ut id elit. Aenean lacinia bibendum nulla sed consectetur. Lorem ipsum dolor sit amet, consectetur adipiscing elit. Nulla vitae elit libero, a pharetra augue.

| **Tortor Ullamcorper Etiam Nibh**

Nullam id dolor id nibh ultricies vehicula ut id elit. *Etiam porta* sem malesuada magna mollis euismod. Cum sociis natoque penatibus et magnis dis parturient montes, nascetur ridiculus mus. Etiam porta sem malesuada magna mollis euismod. Praesent commodo cursus magna, vel scelerisque nisl consectetur et.

Por supuesto, puede unir varios archivos CSS a una misma página HTML, y un mismo archivo CSS se puede unir con varias páginas HTML. Observe que el ámbito de los estilos CSS aquí es lo más importante.

5. Los estilos importados

La última posibilidad para integrar una hoja de estilo CSS es utilizar la regla `@import`. Atención, observe que esta regla se ha implementado en CSS 2. Por lo tanto, no es una regla HTML ni un elemento HTML.

Esta regla permite importar un archivo .css en otro archivo .css. A continuación se muestra su sintaxis, que se sitúa normalmente al inicio de un archivo .css:

```
@import url("otros-estilos.css")
```

La regla `@import` utiliza la propiedad `url()` para indicar la ruta de acceso al archivo .css que se debe importar.

También se puede utilizar la regla `@import` en un archivo .html, en el elemento `<head>`. A continuación se muestra la sintaxis que hay que utilizar:

```
<style>
   @import url("otros-estilos.css");
</style>
```

Pero por razones de rendimiento este método se utiliza menos.

Capítulo 3-2
Definir los estilos CSS

1. La estructura de una regla de estilo

1.1 La terminología de las CSS

Hablamos de CSS, estilo, regla, declaración, propiedad y valor. Es conveniente definir esta terminología para utilizar los términos correctos.

CSS, acrónimo de **Cascading Style Sheets**, es una tecnología desarrollada por el W3C que permite formatear y estructurar las páginas de los sitios web estructurados en HTML.

Un **estilo** es un formato o un elemento de estructuración de página que usa CSS, que se guarda y que, a continuación, se puede aplicar a uno o varios elementos HTML.

Una **regla** CSS permite la creación de un estilo. Esta regla se crea con una sintaxis específica que utiliza un **selector** y una **declaración**. Esta última está formada por **propiedades** y **valores**.

1.2 Definir una regla de estilo

Un estilo CSS se construye con una regla. Esta regla está formada por varias partes. A continuación se muestra un pequeño esquema que ilustra una regla CSS:

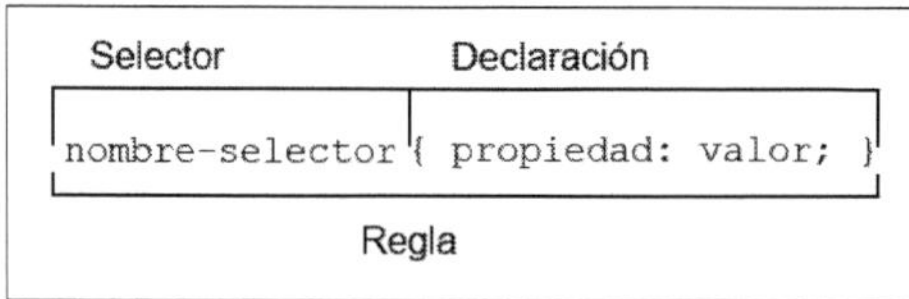

- La **regla** está formada por un selector y una declaración.
- El **selector** indica el ámbito del estilo, es decir, sobre qué elemento HTML se puede aplicar el estilo creado. Hay muchos selectores que estudiaremos en uno de los siguientes capítulos.
- La **declaración** se indica entre llaves.

  Esta declaración indica la propiedad o las propiedades CSS utilizadas. Cada **propiedad** utiliza uno o varios **valores**. La propiedad se separa del valor o de los valores, usando el carácter dos puntos **:**. Cada línea en la declaración termina por el carácter punto y coma **;**.

Para más visibilidad y legibilidad, es útil usar el espacio entre la línea siguiente a la llave de apertura, y antes de la llave de cierre. De esta manera, cada pareja propiedad/valor está en una única línea.

A continuación se muestra una regla CSS que no usa ningún espacio ni retorno de línea. La visibilidad no es la correcta:

```
mi-selector{propiedad1:valor1;propiedad2:valor2;propiedad3: valor3;}
```

A continuación se muestra una regla CSS que utiliza varias líneas en su declaración:

```
mi-selector {
   propiedad1: valor1;
   propiedad2: valor2;
   propiedad3: valor3;
}
```

Los «puristas» pueden utilizar esta sintaxis:

```
mi-selector
   {
        propiedad1: valor1;
        propiedad2: valor2;
        propiedad3: valor3;
   }
```

Es su responsabilidad organizar lo mejor posible la estructura de las reglas CSS para obtener la máxima legibilidad, aunque siempre respetando la sintaxis.

1.3 Las reglas de nomenclatura

El nombre de los selectores debe respetar algunas reglas:

- No debe empezar por una cifra.
- No debe contener espacios, caracteres acentuados ni caracteres especiales, como: +, *, /, etc.
- Puede contener los caracteres guión - y guión bajo (o *underscore*) _ en cualquier posición dentro del nombre.
- Es sensible a la diferencia entre mayúsculas y minúsculas. Si el nombre del selector está en la regla, `.Mi-Selector`, su aplicación en el código HTML debe ser idéntica: `class="Mi-Selector"`, y no `class="mi-Selector"` o `class="Mi-selector"`.

La excepción a la diferencia entre mayúsculas y minúsculas se da en los selectores de tipo que utilizan el nombre de un elemento HTML. En efecto; como ya sabe, el lenguaje HTML no es sensible a la diferencia entre mayúsculas y minúsculas. Por esta razón, muchos diseñadores solo usan minúsculas para evitar cualquier ambigüedad entre el CSS y el HTML.

2. Las unidades de medida

2.1 La utilización de las unidades de medida

Hay muchas propiedades que utilizan valores numéricos. Mencionemos por ejemplo el tamaño de los caracteres, las dimensiones de los bloques que participan en la estructura de la página, la longitud de las pantallas de difusión, etc.

Las unidades de medida forman parte de la especificación del W3C que aún está en desarrollo. El 1 de diciembre de 2022, tenía el estatus de **Candidate Recommendation Snapshot**. Se trata de la **CSS Values and Units Module Level 3** : https://www.w3.org/TR/css-values-3/

Observe que no es ni necesario ni útil indicar una unidad si el valor es igual a `0`.

A continuación se muestra un ejemplo inútil, pero válido:

```
.nav-bar {
   margin: 0px;
}
```

A continuación se muestra un ejemplo correcto:

```
.nav-bar {
   margin: 0;
}
```

2.2 Los valores inicial y heredado

Hay numerosas propiedades CSS que pueden utilizar tres valores textuales:

- `initial` indica a los navegadores que es necesario utilizar el valor por defecto de la propiedad.
- `inherit` informa de que el valor que se ha de utilizar es el del elemento HTML padre del elemento implicado.
- `unset` especifica que el valor es `initial` o `inherit`, dependiendo de si la propiedad se hereda o no.

2.3 Los valores numéricos

Hay propiedades pueden utilizar valores numéricos de tipo entero (llamado *integer* en las propiedades CSS) o valores decimales (llamado *number* en las propiedades CSS). Atención, el separador decimal es el punto `.` y no la coma `,`. Este valor es correcto: `1.2`, y este no: `1,2`.

Otras propiedades utilizan porcentajes. El símbolo es el clásico `%`, sin espacio después del número. Este valor es correcto: `25%` y este no: `25 %`.

2.4 Las unidades de longitud

Hay muchas propiedades CSS que utilizan valores de longitud, llamados *length* en las especificaciones del W3C. Tiene a su disposición dos grandes tipos de valores: los valores relativos y los valores absolutos.

Las unidades de los valores relativos pueden ser:

- `em` para indicar el tamaño de los caracteres respecto al elemento padre.
- `rem` especifica el tamaño de los caracteres (`font-size`) en el elemento raíz de la página web. Este elemento raíz suele ser el elemento `<html>`.
- `ex` da el tamaño de los caracteres respecto a la altura de la minúscula del carácter `x`.
- `ch` indica el tamaño del carácter cero (0) en la fuente utilizada en la página.
- `vw` asigna el valor proporcional a la longitud de la pantalla del recurso de salida (*viewport* en inglés).
- `vh` asigna el valor proporcional a la altura de la pantalla del recurso de salida (*viewport* en inglés).
- `vmin` es igual al valor mínimo entre `vw` y `vh`.
- `vmax` es igual al valor máximo entre `vw` y `vh`.

Las unidades de los valores absolutos pueden ser:

- `cm` para los centímetros.
- `mm` para los milímetros.

- Q da la relación respecto a la unidad mm, el milímetro. 1Q equivale a 1/40 mm.
- in para las *inches* o pulgadas (1 pulgada = 2,54 cm).
- pc para las picas (1 pica = 1/16 in).
- pt para los puntos (1 punto = 1/72 in).
- px para los píxeles (1 píxel = 1/96 in).

Para las unidades de los ángulos, tenemos:

- deg para los grados.
- grad para los gradiantes.
- rad para los radianes.
- turn para 1 un giro completo, es decir, 360°.

Para las unidades de tiempo, tenemos:

- s para los segundos.
- ms para los milisegundos.

Para las unidades de frecuencia tenemos:

- Hz (Hercio),
- kHz (kilohercio).

Para las resoluciones de pantalla tenemos:

- dpi: *dots per inch*, puntos por pulgada.
- dpcm: *dots per centimeter*, puntos por centímetro.
- dppx: *dots per pixel*, puntos por píxel.

2.5 Los valores calculados

Algunos formatos o estructuras de página pueden depender de cálculos en los que intervengan la longitud de la pantalla de difusión, el tamaño de los caracteres de un elemento padre, etc. Para realizar los cálculos, el W3C ofrece la expresión calc().

A continuación se muestra un sencillo ejemplo en el que la longitud del elemento HTML <section> se calcula a partir de tres valores:

```
seccion {
   float: left;
   margin: 1em;
   border: solid 1px;
   width: calc(100%/3 - 2*1em - 2*1px);
}
```

A continuación se muestra un segundo ejemplo de un tamaño de los caracteres calculado proporcionalmente a la longitud del viewport:

```
.texto {
   font-size: calc(100vw / 40);
}
```

3. La notación de los colores

3.1 Utilizar los colores

Los colores siempre se han utilizado en el formateo de los sitios web. Tiene varias posibilidades para indicar los colores:

- con su nombre,
- con la notación hexadecimal,
- con las notaciones RGB y HSL.

Observación

Observe ahora que puede aplicar la transparencia en sus colores. Esta opacidad se utiliza con la notación RGBA y HLSA. La notación de los colores también es una recomendación del W3C, terminada el 19 de junio de 2018: https://www.w3.org/TR/css-color-3/.

3.2 La notación nominativa

Las primeras especificaciones del W3C afectaban a los colores e indicaban que se podían utilizar dieciséis colores con su nombre. A continuación, se muestran estos dieciséis colores, con su equivalente en hexadecimal y en RGB.

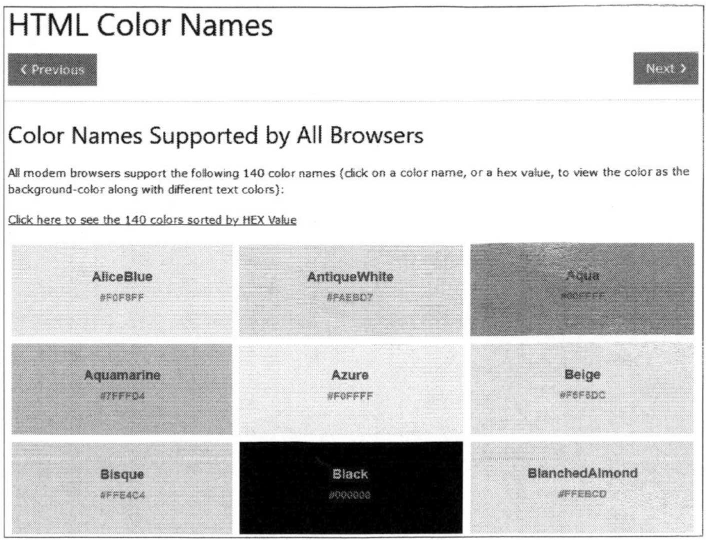

Actualmente, hay 140 colores identificados y reconocidos por todos los navegadores. A continuación se muestra la URL del sitio web del **W3 Schools**: https://www.w3schools.com/colors/colors_names.asp

3.3 La notación hexadecimal

La notación hexadecimal también es una notación histórica. En los primeros tiempos de la Web, solo se reconocían 256 colores de manera casi similar por los navegadores. En la actualidad, ya no hay problemas y puede utilizar millones de colores.

La notación siempre utiliza como prefijo el carácter almohadilla: `#`. A continuación, tenemos tres componentes de color, **Rojo**, **Verde** y **Azul**, identificados como **RGB** (Red, Green, Blue) en español e inglés. Los valores pueden ir desde `00`, es decir, sin color, hasta `FF` para un color al 100 %. Por lo tanto, un verde puro se designa con `#00FF00`: `00` para el componente rojo (sin rojo), `FF` para el componente verde (100 % de verde) y `00` para el componente azul (sin azul).

Debe saber que la notación no es sensible a la diferencia entre mayúsculas y minúsculas y que en el caso de los caracteres dobles puede introducir solo uno. Por ejemplo, `#00FF00` es estrictamente equivalente a `#0f0`.

Siempre en el sitio web de **W3 Schools**, a continuación se muestra la página para elegir los colores y su notación en hexadecimal:
https://www.w3schools.com/colors/colors_hexadecimal.asp

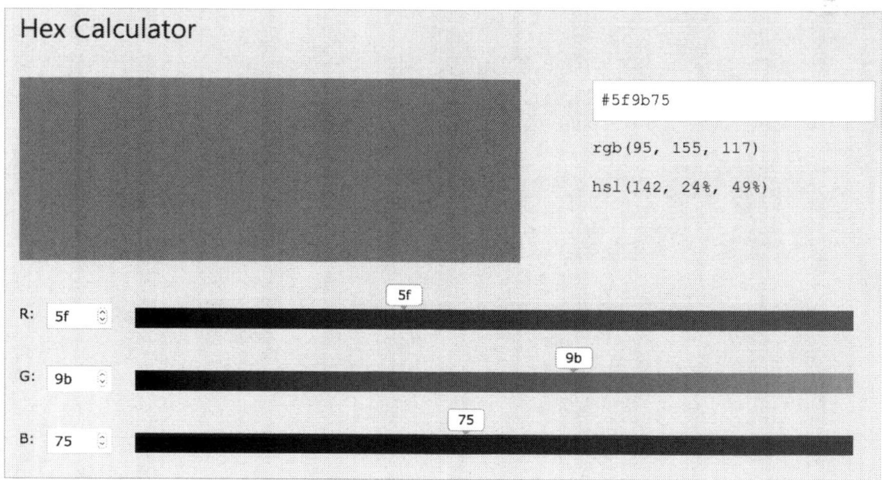

3.4 Las notaciones RGB y RGBA

La problemática de las notaciones nominativa y hexadecimal es que los diseñadores gráficos no las usan en su software de autoedición. Los diseñadores gráficos utilizan, entre otros, el sistema **RGB**. Cada uno de estos componentes puede tener 256 niveles, que van desde el `0` para la ausencia de color hasta el `255`, color máximo, al 100 %.

Para la Web, la notación RGB se escribe como sigue: `rgb(X,Y,Z)`. Los valores de `X`, `Y` y `Z` son los valores de los componentes rojo, verde y azul. A continuación se muestra un rojo puro: `rgb(255,0,0)`, un verde «hierba»: `rgb(58,175,114)` y un rojo «tierra»: `rgb(180, 69, 57)`.

Observe que también puede utilizar valores en porcentaje. En este caso, `0` se corresponde con `0%`, y `255`, con `100%`.

A continuación se muestra un selector de color RGB en el sitio web de **W3 Schools**: https://www.w3schools.com/colors/colors_rgb.asp

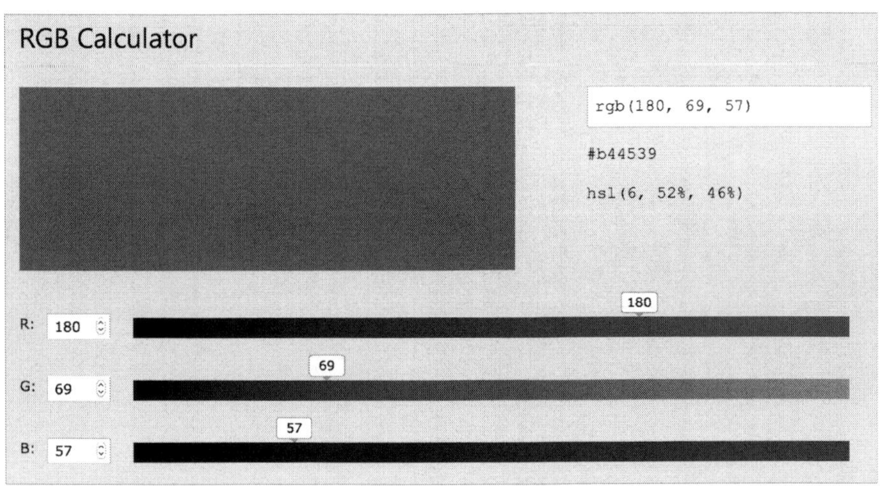

A esta notación RGB puede agregar un cuarto componente, la transparencia, identificada como **RGBA**. La letra a indica el canal **alpha** en colorimetría. Este valor va desde `0`, totalmente transparente, hasta `1`, totalmente opaco. Todos los valores intermedios se expresan con decimales, siempre indicados con un punto como separador. A continuación se muestra el color tierra anterior con una transparencia media: `rgba (58,175,114,0.5)`.

3.5 Las notaciones HSL y HSLA

Otro sistema colorimétrico utilizado por los diseñadores gráficos es el sistema **TSL**, acrónimo de **Tinta**, **Saturación** y **Luminosidad**. Es el sistema **HSL** en inglés, de **Hue**, **Saturation** y **Lightness**.

La tinta es la noción de color, la saturación indica la cantidad de gris en la tinta y la luminosidad especifica la cantidad de luz. Los valores se muestran en una rueda cromática.

Por definición, el rojo está a 0°, el verde a 120° y el azul a 240°. La saturación va desde el 0 %, sin color y solo con gris, hasta el 100 %, para un color puro, sin gris. Para terminar, la luminosidad va desde el 0 % para el negro (por lo tanto, sin luz) hasta el 100 % para el blanco, con luz total.

Estos son los valores para un color amarillo «mostaza»: `hsl(47,70%,54%)`.

A continuación se muestra el selector de colores HSL del sitio web de **W3 Schools**: https://www.w3schools.com/colors/colors_hsl.asp

Siguiendo el mismo principio que antes, puede agregar el componente transparencia, con la notación HSLA. A continuación se muestra el color anterior, con una transparencia media: `hsla(47,70%,54%,0.5)`.

4. Los comentarios

Como todos los lenguajes de programación, puede utilizar comentarios para explicar lo que hace. Los comentarios empiezan por los caracteres /* y terminan por */. Puede situar los comentarios en una única línea o al final de cualquier línea. A continuación se muestran dos ejemplos:

```
/* Creación de las reglas para el texto */
.texto-actual {
   font-size: 0.8em;
}
.nombre-propio {
   font-style: italic; /* Para los nombres de persona */
}
```

5. Los selectores

5.1 El objetivo de los selectores

En una regla de estilo CSS, el selector indica sobre qué elemento se va aplicar la declaración. Por lo tanto, es un argumento esencial. Hay muchos tipos de selectores que responden a necesidades generales o, al contrario, muy concretas. Por lo tanto, la definición de los selectores es una fase extremadamente importante y conviene dedicarle tiempo, porque siempre es difícil volver a una estructura mal pensada inicialmente.

Para el W3C, los selectores forman parte de los módulos **Selectors Level 3**, que está en estado **Recommendation** desde el 6 de noviembre de 2018. A continuación se muestra su URL: https://www.w3.org/TR/selectors-3/

5.2 El selector universal

El selector universal es muy particular y conviene utilizarlo con todo conocimiento de causa y con prudencia. Este selector universal permite, como su nombre indica, apuntar a todos los elementos HTML de la página web y aplicar un estilo a toda la página. Este selector se escribe con el carácter asterisco: *.

A continuación se muestra un ejemplo:

```
* {
   margin: 0;
   padding: 0;
}
```

Esta regla universal se aplica a todos los elementos HTML de la página, relativos a los márgenes (margin), y especifica un relleno interno (padding) de 0.

5.3 Los selectores de tipo

Los selectores de tipo, normalmente llamados selectores de elemento, permiten apuntar a un elemento HTML específico. Esto permite formatear, en la página HTML, todos los elementos HTML específicos en la regla.

El selector hace uso simplemente del nombre del elemento HTML al que se quiere apuntar. Por ejemplo, si deseamos aplicar un color rojo a todos los énfasis indicados con el elemento HTML <strong>, el selector usa el nombre de este elemento. A continuación se muestra la sintaxis:

```
strong {
   color: rgb(255,0,0);
}
```

En la página HTML, no es necesario indicar nada en la sintaxis de los elementos o de los atributos, sino que la aplicación se hace automáticamente. Con el ejemplo anterior, hemos modificado el formato de todos los contenidos textuales de todos los elementos <strong>.

5.4 Los selectores de clase

Los selectores de clase permiten guardar un formato y aplicarlo allá donde queramos. El nombre del selector empieza **siempre** por el carácter punto `.`.

En este ejemplo, creamos una regla CSS que aplicará un color de fondo amarillo claro a los elementos HTML que utilicen este estilo.

A continuación se muestra la sintaxis:

```
.fondo-amarillo {
   background-color: lightyellow;
}
```

- La clase se llama `.fondo-amarillo`.
- La propiedad CSS utilizada es `background-color`.
- El valor de esta propiedad es un color identificado: `lightyellow`.

A continuación, tenemos que indicar cuáles son los elementos que utilizarán este estilo. Para esto, en cada elemento HTML afectado, es necesario utilizar el atributo `class` que contenga como valor el nombre del estilo. Pero preste atención, sin indicar el carácter punto `.` del nombre de la clase.

A continuación se muestran dos ejemplos de aplicación a un párrafo, con el elemento <p>, y a una sección, con el elemento `<section>`:

```
<p class="fondo-amarillo">Cras justo odio, dapibus ac facilisis
in...</p>
...
<section class="fondo-amarillo">
   <h2>Nullam id dolor</h2>
   <p>Praesent commodo cursus magna...</p>
</section>
```

5.5 Los selectores de clase de tipo

Tiene la posibilidad de agregar una clase a un selector de elemento para obtener un selector de clase de tipo, más normalmente llamado selector de clase de elemento. Esto permite apuntar a un elemento específico que utiliza una clase dada.

En este sencillo ejemplo, vamos a apuntar a los párrafos que utilizan la clase `.especial`. Por lo tanto, el selector de clase de elemento es `p.especial`.

A continuación se muestra el código de este ejemplo:

```
<!doctype html>
<html lang="es">
<head>
   <meta charset="UTF-8">
   <title>Título de la página</title>
   <style>
       p.especial {
           border-left: 5px solid #bbb;
           padding-left: 20px;
       }
   </style>
</head>
<body>
<p class="especial">Donec id elit no mi porta gravida...</p>
<p>Eget lacinia odio sem nec elit...</p>
<p class="especial">Lorem ipsum dolor sit amet, consectetur...</p>
</body>
</html>
```

A continuación se muestra la visualización obtenida:

Donec id elit non mi porta gravida at eget metus. Duis mollis, est non commodo luctus, nisi erat porttitor ligula

Eget lacinia odio sem nec elit. Etiam porta sem malesuada magna mollis euismod.

Lorem ipsum dolor sit amet, consectetur adipiscing elit.

Solo el primer y el tercer párrafo responden al criterio del selector y, por lo tanto, se formatean como se indica en la regla CSS.

5.6 Los selectores de identificación

Un selector de identificación permite crear un estilo que solo se aplicará a un único elemento HTML, perfectamente identificado gracias al valor de su atributo id. El nombre del selector de identificación empieza **siempre** por el carácter almohadilla: #. Su aplicación se hace automáticamente con la unión entre el nombre del selector y el valor del atributo id del elemento HTML.

A continuación se muestra la regla con un selector de identificación:

```
#navbar {
   background-color: #eee;
}
```

En la página HTML, el elemento <nav> tiene el atributo id, con valor navbar:

```
<nav id="navbar">
   ...
</nav>
```

Por lo tanto, este es el elemento que utilizará la regla CSS definida con el selector de identificación.

5.7 Los selectores de atributo

Los selectores de atributo van a permitir apuntar a los elementos HTML que utilizan un atributo específico a nivel del nombre o de los valores. El nombre del atributo se indica entre corchetes: [atributo]. Puede utilizar únicamente el nombre del atributo o combinarlo con un elemento HTML.

A continuación se muestran ejemplos de selectores de atributo:

- [lang] identifica todos los elementos HTML que tienen el atributo lang. No importa el valor del atributo.
- p[lang="es"] aplica el estilo a todos los párrafos que tienen el atributo lang y cuyo valor es estrictamente igual a es.
- span[title^="Venecia"] identifica los elementos <span> que tienen el atributo title y cuyo valor empieza por Venecia.

- span[title$="Venecia"] identifica los elementos <span> que tienen el atributo title y cuyo valor termina por Venecia.
- span[title*="Venecia"] identifica los elementos <span> que tienen el atributo title y al menos una vez el valor Venecia.
- span[title~="Venecia"] identifica los elementos <span> que tienen el atributo title y al menos una vez el valor Venecia, separado de otros valores con un espacio.
- a[hreflang|="en"] identifica los elementos <a> que tienen el atributo hreflang cuyo valor es estrictamente igual a en, o que empieza por en y va seguido inmediatamente por el carácter -. Esto permitirá apuntar a los atributos hreflang="en", hreflang="en-en", hreflang="en-us", etc.

Veamos un ejemplo concreto de la utilización de un selector de atributo:

```
<!doctype html>
<html lang="es">
<head>
   <meta charset="UTF-8">
   <title>Título de la página</title>
   <style>
       a {
           text-decoration: none;
       }
       a[href^="mailto"] {
           background: url(persona.png) left center no-repeat;
           padding-left: 30px;
       }
   </style>
</head>
<body>
<h1>Interlocutores:</h1>
<p>Para cualquier petición de información, contacte con la persona
correcta:</p>
<p><a href="mailto:jbertolli@mdf.es">Jean BERTOLLI</a>: Director
comercial España.</p>
<p><a href="mailto:vrampeault@mdf.es">Valérie RAMPEAULT</a>:
Directora técnica España.</p>
<p>Para el resto de países, ver la página
<a href="otros-paises.html">Contacto en Europa </a>.</p>
</body>
</html>
```

En el ejemplo anterior, tenemos tres enlaces <a>, dos a una dirección de correo (<a href="mailto:x@z.es">) y una a una página (<a href="otros-paises.html">). Deseamos agregar un icono antes del nombre de las dos personas mencionadas. Estas dos personas pueden ser identificadas con el enlace <a>, que utiliza el atributo href cuyo valor empieza por mailto. Por lo tanto, el selector de atributo responde perfectamente a nuestra necesidad.

El selector a[href^="mailto"] permite apuntar solo a los elementos <a> que tienen el atributo href que comienza por mailto. De esta manera solo identificamos los enlaces a las personas.

A continuación se muestra la visualización obtenida:

Interlocutores:

Para cualquier petición de información, contacte con la persona correcta:

Jean BERTOLLI: Director comercial España.

Valérie RAMPEAULT: Directora técnica España.

Para el resto de países, ver la página Contacto en Europa .

5.8 Los selectores de pseudoclases

5.8.1 Utilizar las pseudoclases

Las pseudoclases permiten apuntar a elementos que no son accesibles con los selectores clásicos y que toman un estado particular, como los enlaces visitados. En lo que respecta a la sintaxis, una pseudoclase empieza siempre por el carácter dos puntos : y va inmediatamente seguida por el nombre de la pseudoclase.

5.8.2 Las pseudoclases dinámicas de los enlaces

Vamos a poder formatear los enlaces en función de su estado con dos pseudoclases. La pseudoclase `:link` apunta a los enlaces no visitados, y `:visited`, que apunta a los enlaces visitados, es decir, los enlaces que se han pulsado por parte de los visitantes.

A continuación se muestra un ejemplo:

```
<!doctype html>
<html lang="es">
<head>
   <meta charset="UTF-8">
   <title>Título de la página</title>
   <style>
       a {
           text-decoration: none;
           background-color: #fff;
       }
       a:link {
           color: black;
       }
       a:visited {
           color: white;
           background-color: #000;
       }
   </style>
</head>
<body>
<h1>Sumario:</h1>
<p><a href="introduccion.html">Introducción</a> |
<a href="resultados.html">Resultados</a> |
<a href="conclusion.html">Conclusión</a></p>
<p>Donec id elit no mi porta gravida...</p>
</body>
</html>
```

Detallemos los estilos:

- El selector `a` permite apuntar a todos los enlaces. Esta regla elimina todas las decoraciones del texto, con `text-decoration: none`. Esto va a permitir no tener el subrayado por defecto de los enlaces. Además, agregamos un fondo blanco al enlace, con `background-color: #fff`. Este fondo blanco no se ve porque el fondo de la página también está en blanco. Esta técnica se va a utilizar para paliar las restricciones de formato de los enlaces visitados.
- El selector `a:link` aplica un color negro al texto de los enlaces no visitados, con `color: black`, en lugar del color azul por defecto.
- El selector `a:visited` apunta a los enlaces ya visitados y aplica un color blanco al texto, con `color: white`. El fondo de los enlaces visitados será negro, con `background-color: #000`.

A continuación se muestra la visualización obtenida, con el primer enlace ya visitado:

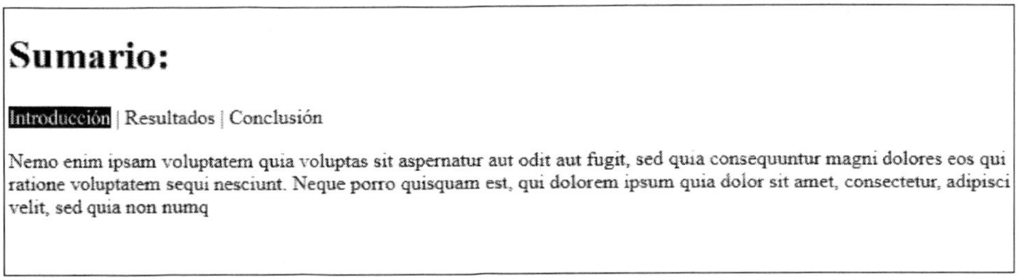

Observación

Atención: observe que, por razones de seguridad, los navegadores solo aceptan muy pocos formatos CSS para la pseudoclase `:visited`. Las propiedades `color` y `background-color` forman parte de estas propiedades aceptadas.

5.8.3 Las pseudoclases dinámicas de las acciones de usuario

Los navegadores pueden resaltar algunas acciones de los usuarios, como la selección de un elemento, el punto de inserción que parpadea en un campo, etc. Además de estas acciones por defecto de los navegadores, las CSS permiten formatear tres acciones con tres pseudoclases:

- `:hover` es la acción desencadenada cuando el visitante pasa sobre un elemento, como un enlace, por ejemplo.
- `:active` se utiliza cuando el usuario activa un elemento, como pulsar en este elemento.
- `:focus` se desencadena cuando un elemento obtiene el «foco», es decir, cuando está activado. Este es el caso cuando el usuario pulsa en un campo de entrada.

Para ilustrar las dos primeras pseudoclases, vamos a retomar nuestro ejemplo anterior y agregar dos reglas CSS. La primera se utilizará cuando el usuario pasa el puntero del ratón por encima de un enlace, y la segunda cuando pulsa en un enlace.

A continuación se muestra el código utilizado:

```
<!doctype html>
<html lang="es">
<head>
   <meta charset="UTF-8">
   <title>Título de la página</title>
   <style>
       a {
           text-decoration: none;
           background-color: #fff;
       }
       a:link {
           color: black;
       }
       a:visited {
           color: white;
           background-color: #000;
       }
       a:hover {
           color: white;
           background-color: grey;
```

```
        }
        a:active {
            color: white;
            background-color: blue;
        }
    </style>
</head>
<body>
<h1>Sumario:</h1>
<p><a href="introduccion.html">Introducción</a> |
<a href="resultados.html">Resultados</a> |
<a href="conclusion.html">Conclusión</a></p>
<p>Nemo enim ipsam voluptatem quia voluptas...</p>
</body>
</html>
```

Modificamos el color del fondo cuando se pasa por encima de un enlace con `a:hover` y cuando el usuario pulsa en él con `a:active`.

A continuación se muestra la visualización obtenida al pasar el ratón encima del tercer enlace:

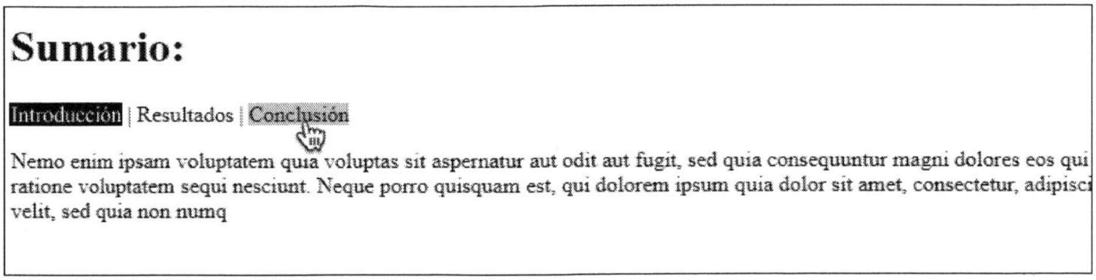

Sumario:

Introducción | Resultados | Conclusión

Nemo enim ipsam voluptatem quia voluptas sit aspernatur aut odit aut fugit, sed quia consequuntur magni dolores eos qui ratione voluptatem sequi nesciunt. Neque porro quisquam est, qui dolorem ipsum quia dolor sit amet, consectetur, adipisci velit, sed quia non numq

Cuando el usuario pulsa en el enlace, su fondo se hace azul.

5.8.4 La pseudoclase de ancla

Cuando crea enlaces internos, puede tener esta sintaxis, tomada de un ejemplo anterior:

```
<p>
   <a href="#introduccion”>Introducción</a> |
   <a href="#resultados”>Resultados</a> |
   <a href="#conclusion">Conclusión</a>
</p>
```

El atributo `href` indica el destino interno de la página, identificada con el carácter #. El nombre de la referencia del enlace toma el valor del identificador de destino:

```
<h2 id="introduccion">Introducción</h2>
...
<h2 id="resultados">Resultados</h2>
...
<h2 id="conclusion">Conclusión</h2>
...
```

Con la pseudoclase `:target`, vamos a poder formatear el destino del enlace:

```
h2:target {
   background-color: grey;
   color: white;
}
```

A continuación se muestra la visualización obtenida previa a cualquier activación de un enlace:

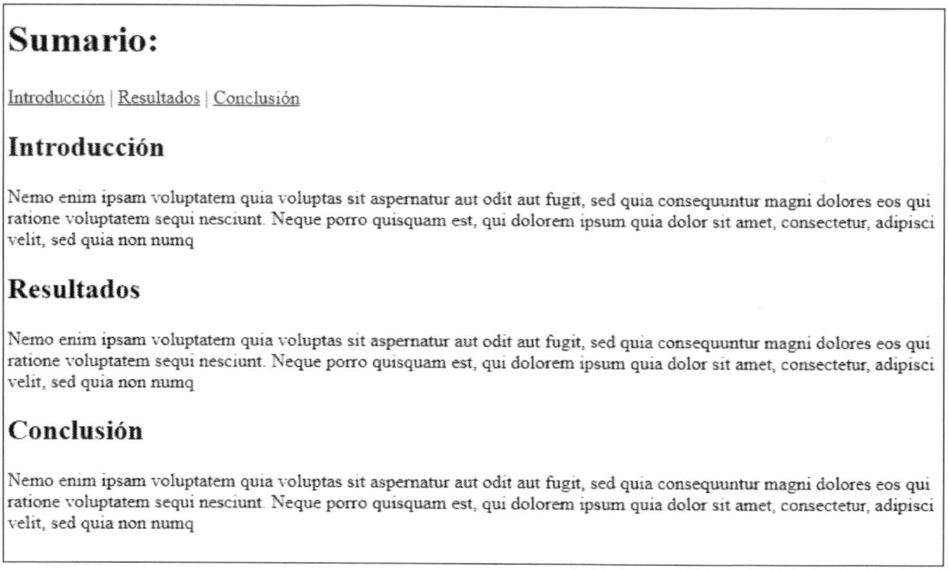

Sumario:

Introducción | Resultados | Conclusión

Introducción

Nemo enim ipsam voluptatem quia voluptas sit aspernatur aut odit aut fugit, sed quia consequuntur magni dolores eos qui ratione voluptatem sequi nesciunt. Neque porro quisquam est, qui dolorem ipsum quia dolor sit amet, consectetur, adipisci velit, sed quia non numq

Resultados

Nemo enim ipsam voluptatem quia voluptas sit aspernatur aut odit aut fugit, sed quia consequuntur magni dolores eos qui ratione voluptatem sequi nesciunt. Neque porro quisquam est, qui dolorem ipsum quia dolor sit amet, consectetur, adipisci velit, sed quia non numq

Conclusión

Nemo enim ipsam voluptatem quia voluptas sit aspernatur aut odit aut fugit, sed quia consequuntur magni dolores eos qui ratione voluptatem sequi nesciunt. Neque porro quisquam est, qui dolorem ipsum quia dolor sit amet, consectetur, adipisci velit, sed quia non numq

A continuación se muestra la visualización obtenida después del clic en el enlace **Resultados**:

Introducción | Resultados | Conclusión

Introducción

Nemo enim ipsam voluptatem quia voluptas sit aspernatur aut odit aut fugit, sed quia consequuntur magni dolores eos qui ratione voluptatem sequi nesciunt. Neque porro quisquam est, qui dolorem ipsum quia dolor sit amet, consectetur, adipisci velit, sed quia non numq

Resultados

Nemo enim ipsam voluptatem quia voluptas sit aspernatur aut odit aut fugit, sed quia consequuntur magni dolores eos qui ratione voluptatem sequi nesciunt. Neque porro quisquam est, qui dolorem ipsum quia dolor sit amet, consectetur, adipisci velit, sed quia non numq

Conclusión

Nemo enim ipsam voluptatem quia voluptas sit aspernatur aut odit aut fugit, sed quia consequuntur magni dolores eos qui ratione voluptatem sequi nesciunt. Neque porro quisquam est, qui dolorem ipsum quia dolor sit amet, consectetur, adipisci velit, sed quia non numq

He aquí el código completo de este ejemplo:

```
<!DOCTYPE HTML>
<html>
<head>
   <meta charset="utf-8">
   <title>Mi página web</title>
   <style>
       a {
           text-decoration: none;
       }
       h2:target {
           background-color: grey;
           color: white;
       }
   </style>
</head>
<body>
   <p><a href="#introduccion”>Introducción</a> |
<a href="#resultados">Resultados</a> |
<a href="#conclusion">Conclusión</a></p>
   <h2 id="introduccion">Introducción</h2>
   <p>Nemo enim ipsam vouptatem quia voluptas...</p>
```

```
    <h2 id="resultados">Resultados</h2>
    <p>Nemo enim ipsam vouptatem quia voluptas...</p>

    <h2 id="conclusion">Conclusión</h2>
    <p>Nemo enim ipsam vouptatem quia voluptas...</p>

</body>
</html>
```

5.8.5 La pseudoclase de idioma

La pseudoclase `:lang` permite formatear los elementos HTML que tienen un idioma específico.

A continuación se muestra el código completo de este ejemplo:

```
<!DOCTYPE HTML>
<html>
<head>
    <meta charset="utf-8">
    <title>Mi página web</title>
    <style>
        span:lang(fr) {
            background-color: aquamarine;
        }
        span:lang(it) {
            background-color: palevioletred;
        }
        span:lang(es) {
            background-color: peachpuff;
        }
    </style>
</head>
<body>
    <p>Donec id elit no mi porta gravida at eget metus.
<span lang="fr">bonjour tout le monde</span>, consectetur
adipiscing elit. Integer posuere erat a ante venenatis dapibus
posuere velit aliquet. Nullam quis risus eget urna mollis ornare
vel eu leo. <span lang="it">Ciao a tutti</span>. Lorem ipsum dolor
sit amet, consectetur adipiscing elit. Cras mattis consectetur
purus sit amet fermentum. Fusce dapibus, tellus ac cursus commodo,
tortor mauris condimentum nibh, ut fermentum massa justo sit amet
risus. <span lang="es">Hola a todo el mundo</span>, vel scelerisque
nisl consectetur et.</p>
</body>
</html>
```

En este ejemplo, tenemos en un párrafo tres frases escritas en tres idiomas diferentes: francés, italiano y español. Estas tres frases están en elementos <span> cada uno de los cuales tiene el atributo `lang` con el valor correspondiente a cada idioma: `fr`, `it` y `es`.

En los estilos CSS, creamos tres reglas que utilizan la pseudoclase de idioma `:lang`, que usa entre paréntesis los tres valores utilizados. El formato aplica un color de fondo diferente para los tres idiomas.

A continuación se muestra la visualización obtenida:

Donec id elit non mi porta gravida at eget metus. Bonjour tout le monde, consectetur adipiscing elit. Integer posuere erat a ante venenatis dapibus posuere velit aliquet. Nullam quis risus eget urna mollis ornare vel eu leo. Ciao a tutti. Lorem ipsum dolor sit amet, consectetur adipiscing elit. Cras mattis consectetur purus sit amet fermentum. Fusce dapibus, tellus ac cursus commodo, tortor mauris condimentum nibh, ut fermentum massa justo sit amet risus. Hola a todo el mundo, vel scelerisque nisl consectetur et.

5.8.6 Las pseudoclases de estado

Los pseudoclases `:enabled`, `:disabled` y `:checked` van a permitir aplicar un formato específico para los tres estados: activado, desactivado y seleccionado. Por supuesto, estas pseudoclases están destinadas principalmente a los formularios.

A continuación se muestra un ejemplo en el que se resalta un campo desactivado con un fondo rojo:

```
<!doctype html>
<html>
<head>
   <meta charset="utf-8">
   <title>Mi página web</title>
   <style>
       input:disabled {
           background-color: lightcoral;
       }
   </style>
</head>
<body>
   <p>Rellene este formulario:</p>
   <form>
       <p>
           <label for="nombre">Su nombre: </label>
           <input type="text" id="nombre" name="nombre">
       </p>
```

```
        <p>
            <label for="apellido">Su apellido: </label>
           <input type="text" id="apellido" name="apellido" disabled>
        </p>
        <p>
            <input type="submit" name="Enviar" value="Enviar">
             
            <input type="reset" name="Cancelar" value="Cancelar">
        </p>
    </form>
</body>
</html>
```

Solo el segundo campo <input> utiliza el atributo disabled. La regla CSS le aplica un fondo coloreado en coral.

A continuación se muestra la visualización obtenida:

Rellene este formulario:

Su nombre:

Su apellido:

Enviar Cancelar

5.8.7 Las pseudoclases de estructura

Las pseudoclases de estructura permiten apuntar de manera más concreta a los elementos estructurales de las páginas web.

La pseudoclase :root apunta a la raíz de la página web, es decir, el elemento <html>. Sepa que el selector :root tiene una prioridad más importante que el selector de tipo html.

La pseudoclase first-child permite apuntar al primer elemento hijo de un elemento padre, y last-child, al último.

A continuación se muestra un ejemplo muy sencillo en el que apuntamos al primer y al último hijo del elemento `<li>` en el elemento padre `#especial`:

```
<!doctype html>
<html>
<head>
   <meta charset="utf-8">
   <title>Mi página web</title>
   <style>
       #especial li:first-child {
           font-style: italic;
       }
       #especial li:last-child {
           font-weight: bold;
       }
   </style>
</head>
<body>
   <ul id="especial">
       <li>Lorem</li>
       <li>Ipsum</li>
       <li>Fusce</li>
       <li>Ligula</li>
   </ul>
</body>
</html>
```

A continuación se muestra la visualización obtenida:

- *Lorem*
- Ipsum
- Fusce
- **Ligula**

La pseudoclase `:nth-child()` permite crear cálculos para seleccionar los n hijos de un padre. El argumento que se pasa entre paréntesis va a indicar el cálculo que se debe hacer.

El valor único

– `:nth-child(2)` : apunta al segundo hijo.

A continuación se muestra un ejemplo:

```
<!doctype html>
<html>
<head>
   <meta charset="utf-8">
   <title>Mi página web</title>
   <style>
       #especial li:nth-child(2) {
           background-color: #ccc;
       }
   </style>
</head>
<body>
   <ul id=“especial”>
       <li>Lorem</li>
       <li>Ipsum</li>
       <li>Fusce</li>
       <li>Ligula</li>
       <li>Consectetur</li>
       <li>Justo</li>
       <li>Parturient</li>
       <li>Sit</li>
   </ul>
</body>
</html>
```

A continuación se muestra la visualización obtenida:

- Lorem
- Ipsum
- Fusce
- Ligula
- Consectetur
- Justo
- Parturient
- Sit

Los hijos pares e impares

– `:nth-child(odd)` y `:nth-child(even)` permite apuntar respectivamente a los hijos impares y pares. Es ideal para crear alternancias.

Retomando el código anterior, se muestra a continuación la regla modificada:

```
#especial li:nth-child(odd) {
   background-color: #ccc;
}
```

A continuación se muestra la visualización obtenida:

- Lorem
- Ipsum
- Fusce
- Ligula
- Consectetur
- Justo
- Parturient
- Sit

Los primeros hijos obtenidos usando cálculo

– `:nth-child(an+b)`. El argumento `n` representa un valor que empieza por `0` y que se incrementa en `1`. Observe que n puede ser positivo o negativo. Los argumentos `a` y `b` son valores que fija usted. Como `n`, estos valores pueden ser positivos o negativos.

A continuación se muestra un primer ejemplo:

```
#especial li:nth-child(n+3) {
   background-color: #ccc;
}
```

Este es el cálculo:

1. 0+3=3, el tercer hijo,
2. 1+3=4, el cuarto hijo,
3. 2+3=5, el quinto hijo, etc.

A continuación se muestra la visualización obtenida:

- Lorem
- Ipsum
- Fusce
- Ligula
- Consectetur
- Justo
- Parturient
- Sit

He aquí un segundo ejemplo.

```
#especial li:nth-child(-n+3) {
   background-color: #ccc;
}
```

A continuación se indica el cálculo:

1. -0+3=3, el tercer hijo,
2. -1+3=2, el segundo hijo,
3. -2+3=1, el primer hijo...
4. -2+3=0, ningún hijo,
5. -2+3=-1, ningún hijo...

A continuación se muestra la visualización obtenida:

- Lorem
- Ipsum
- Fusce
- Ligula
- Consectetur
- Justo
- Parturient
- Sit

Veamos un tercer ejemplo.

```
#especial li:nth-child(3n+1) {
   background-color: #ccc;
}
```

A continuación se indica el cálculo:

1. (3x0)+1=1, el primer hijo,
2. (3x1)+1=4, el cuarto hijo,
3. (3x2)+1=7, el séptimo hijo,
4. (3x3)+1=10, el décimo hijo, etc.

A continuación se muestra la visualización obtenida:

- Lorem
- Ipsum
- Fusce
- Ligula
- Consectetur
- Justo
- Parturient
- Sit

Los últimos hijos obtenidos por cálculo

– `:nth-last-child(an+b)`. Esto funciona exactamente igual que para los n primeros hijos vistos anteriormente.

Los hijos de un tipo dado

– `:first-of-type()` permite apuntar al primer hijo de un tipo dado.

– `:last-of-type()` permite apuntar al último hijo de un tipo dado.

– `:nth-of-type()` permite apuntar a los n hijos de un tipo dado.

– `:nth-first-of-type()` permite apuntar a los n primeros hijos de un tipo dado.

- `:nth-last-of-type()` permite apuntar a los n últimos hijos de un tipo dado.

Estas pseudoclases funcionan siempre según el mismo principio.

A continuación se muestra un ejemplo en el que apuntamos a las primeras celdas de datos, `<td>`, de una tabla:

```
<!doctype html>
<html>
<head>
   <meta charset="utf-8">
   <title>Mi página web</title>
   <style>
       #resultados {
           border: 1px solid black;
           border-collapse: collapse;
       }
       th, td {
           border: 1px solid black;
           width: 80px;
       }
       td:first-of-type {
           background-color: #ececec;
       }
   </style>
</head>
<body>
   <table id="resultados">
       <tr>
           <th>Enero</th><th>Febrero</th><th>Marzo</th>
       </tr>
       <tr>
           <td>12</td><td>15</td><td>19</td>
       </tr>
       <tr>
           <td>13</td><td>11</td><td>14</td>
       </tr>
       <tr>
           <td>11</td><td>18</td><td>12</td>
       </tr>
   </table>
</body>
</html>
```

A continuación se muestra la visualización obtenida:

Enero	Febrero	Marzo
12	15	19
13	11	14
11	18	12

Los elementos sin hermanos

- only-child permite apuntar a los elementos que no tienen hermanos, sea cual sea el tipo del elemento de destino.

Tomemos el ejemplo de un texto que contiene párrafos <p>, en los que tenemos resaltados usando <strong>. Deseamos resaltar estos elementos de especial énfasis, que solo se utilizan una vez en los párrafos.

A continuación se muestra el código utilizado:

```
<!DOCTYPE HTML>
<html>
<head>
   <meta charset="utf-8">
   <title>Mi página web</title>
   <style>
       strong:only-child {
           background-color: #bbb;
       }
   </style>
</head>
<body>
   <p>Donec id elit no mi porta <strong>gravida</strong> at eget
metus. Lorem ipsum dolor sit amet, consectetur adipiscing elit.
Integer posuere erat a ante venenatis dapibus <strong>posuere
velit</strong> aliquet. Nullam quis risus eget urna mollis ornare
vel eu leo. Nullam id <strong>dolor id</strong> nibh ultricies
vehicula ut id elit.</p>
   <p>Lorem ipsum dolor sit amet, consectetur adipiscing elit.
<strong>Cras mattis consectetur</strong> purus sit amet fermentum.
Fusce dapibus, tellus ac cursus commodo, tortor mauris condimentum
nibh, ut fermentum massa justo sit amet risus. Praesent commodo
cursus magna, vel scelerisque nisl consectetur et.</p>
</body>
</html>
```

A continuación se muestra la visualización obtenida:

Donec id elit non mi porta **gravida** at eget metus. Lorem ipsum dolor sit amet, consectetur adipiscing elit. Integer posuere erat a ante venenatis dapibus **posuere velit** aliquet. Nullam quis risus eget urna mollis ornare vel eu leo. Nullam id **dolor id** nibh ultricies vehicula ut id elit.

Lorem ipsum dolor sit amet, consectetur adipiscing elit. **Cras mattis consectetur** purus sit amet fermentum. Fusce dapibus, tellus ac cursus commodo, tortor mauris condimentum nibh, ut fermentum massa justo sit amet risus. Praesent commodo cursus magna, vel scelerisque nisl consectetur et.

Solo el segundo párrafo contiene un único marcado de especial énfasis `<strong>` que, por lo tanto, no tiene hermanos. No hay otros elementos de especial énfasis incluidos en este párrafo.

Los elementos sin hermanos del mismo tipo

- `only-of-type` permite apuntar a los elementos que no tienen hermanos del mismo tipo.

A continuación se muestra el código utilizado en este ejemplo:

```
<!DOCTYPE HTML>
<html>
<head>
   <meta charset="utf-8">
   <title>Mi página web</title>
   <style>
       strong:only-of-type {
           background-color: #bbb;
       }
   </style>
</head>
<body>
   <p>Donec id elit no mi porta <strong>gravida</strong> at eget
metus. Lorem ipsum dolor sit amet, consectetur adipiscing elit.
Integer posuere erat a ante venenatis dapibus <strong>posuere
velit</strong> aliquet. Nullam quis risus eget urna mollis ornare
vel eu leo. Nullam id <strong>dolor id</strong> nibh ultricies
vehicula ut id elit.</p>
   <p>Lorem ipsum dolor sit amet, consectetur adipiscing elit.
<strong>Cras mattis consectetur</strong> purus sit amet
fermentum. <em>Fusce dapibus</em>, tellus ac cursus commodo,
tortor mauris condimentum nibh, ut fermentum massa justo sit amet
risus. Praesent commodo cursus magna, vel scelerisque nisl
consectetur et.</p>
</body>
</html>
```

A continuación se muestra la visualización obtenida:

Donec id elit non mi porta **gravida** at eget metus. Lorem ipsum dolor sit amet, consectetur adipiscing elit. Integer posuere erat a ante venenatis dapibus **posuere velit** aliquet. Nullam quis risus eget urna mollis ornare vel eu leo. Nullam id **dolor id** nibh ultricies vehicula ut id elit.

Lorem ipsum dolor sit amet, consectetur adipiscing elit. **Cras mattis consectetur** purus sit amet fermentum. *Fusce dapibus*, tellus ac cursus commodo, tortor mauris condimentum nibh, ut fermentum massa justo sit amet risus. Praesent commodo cursus magna, vel scelerisque nisl consectetur et.

En el segundo párrafo, tenemos un elemento `<strong>` y un elemento `<em>`. La regla apunta al elemento `<strong>` que no tiene hermanos del mismo tipo. El primer elemento `<strong>` no tiene hermanos de tipo `<strong>` como él, por lo que la regla CSS se puede aplicar a este elemento.

Los elementos vacíos

– `empty` permite apuntar a los elementos que no tienen contenido.

En este ejemplo, vamos a formatear los ítems vacíos de una lista. A continuación se muestra el código utilizado:

```
<!doctype html>
<html>
<head>
   <meta charset="utf-8">
   <title>Mi página web</title>
   <style>
       #especial li:empty {
           background-color: #ccc;
       }
   </style>
</head>
<body>
   <ul id="especial">
       <li>Lorem</li>
       <li>Ipsum</li>
       <li></li>
       <li>Ligula</li>
       <li></li>
       <li>Justo</li>
       <li></li>
       <li>Sit</li>
   </ul>
</body>
</html>
```

A continuación se muestra la visualización obtenida:

- Lorem
- Ipsum
-
- Ligula
-
- Justo
-
- Sit

También puede utilizar esta pseudoclase en una tabla, para formatear de manera particular las celdas vacías, lo que es muy práctico.

5.8.8 La pseudoclase de negación

La pseudoclase `:not()` permite excluir un elemento de destino de un formato global, que se aplicará al resto de los elementos.

En este ejemplo, deseamos formatear todos los elementos incluidos en los párrafos, salvo el elemento `<strong>`.

A continuación se muestra el código utilizado:

```
<!DOCTYPE HTML>
<html>
<head>
   <meta charset="utf-8">
   <title>Mi página web</title>
   <style>
       #especial:not(strong) {
           background-color: #bbb;
       }
   </style>
</head>
<body>
   <p id="especial">Donec id elit no mi porta <u>gravida</u> at
eget metus. Lorem ipsum dolor sit amet, consectetur adipiscing
elit. Integer posuere erat a ante venenatis dapibus <strong>posuere
velit</strong> aliquet. Nullam quis risus eget urna mollis ornare
vel eu leo. Nullam id <em>dolor id</em> nibh ultricies vehicula ut
id elit. Lorem ipsum dolor sit amet, consectetur adipiscing elit.
<strong>Cras mattis consectetur</strong> purus sit amet fermentum.
```

```
<small>Fusce dapibus</small>, tellus ac cursus commodo, tortor
mauris condimentum nibh, ut fermentum massa justo sit amet risus.
Praesent commodo cursus magna, vel scelerisque nisl consectetur
et.</p>
   <p>Donec id elit no mi porta <u>gravida</u> at eget metus.
Lorem ipsum dolor sit amet, consectetur adipiscing elit. Integer
posuere erat a ante venenatis dapibus <strong>posuere velit
</strong> aliquet. Nullam quis risus eget urna mollis ornare vel
eu leo. Nullam id <em>dolor id</em> nibh ultricies vehicula ut id
elit. Lorem ipsum dolor sit amet, consectetur adipiscing elit.
<strong>Cras mattis consectetur</strong> purus sit amet fermentum.
<small>Fusce dapibus</small>, tellus ac cursus commodo, tortor
mauris condimentum nibh, ut fermentum massa justo sit amet risus.
Praesent commodo cursus magna, vel scelerisque nisl consectetur
et.</p>
</body>
</html>
```

La regla CSS apunta al selector de identificación `#especial`, que solo se corresponde con el primer párrafo. En este párrafo, apuntamos a todos los elementos incluidos, salvo al elemento `<strong>`. La regla aplica un fondo gris a estos otros elementos.

A continuación se muestra la visualización obtenida:

Donec id elit non mi porta gravida at eget metus. Lorem ipsum dolor sit amet, consectetur adipiscing elit. Integer posuere erat a ante venenatis dapibus **posuere velit** aliquet. Nullam quis risus eget urna mollis ornare vel eu leo. Nullam id *dolor id* nibh ultricies vehicula ut id elit. Lorem ipsum dolor sit amet, consectetur adipiscing elit. **Cras mattis consectetur** purus sit amet fermentum. Fusce dapibus, tellus ac cursus commodo, tortor mauris condimentum nibh, ut fermentum massa justo sit amet risus. Praesent commodo cursus magna, vel scelerisque nisl consectetur et.

Donec id elit non mi porta gravida at eget metus. Lorem ipsum dolor sit amet, consectetur adipiscing elit. Integer posuere erat a ante venenatis dapibus **posuere velit** aliquet. Nullam quis risus eget urna mollis ornare vel eu leo. Nullam id *dolor id* nibh ultricies vehicula ut id elit. Lorem ipsum dolor sit amet, consectetur adipiscing elit. **Cras mattis consectetur** purus sit amet fermentum. Fusce dapibus, tellus ac cursus commodo, tortor mauris condimentum nibh, ut fermentum massa justo sit amet risus. Praesent commodo cursus magna, vel scelerisque nisl consectetur et.

5.9 Los selectores de pseudoelemento

5.9.1 El pseudoelemento de primera línea

El pseudoelemento `:first-line` permite apuntar a la primera línea de un elemento y de manera dinámica. Es decir, que si la longitud de la ventana del navegador se reduce, el resaltado de la primera línea se mantiene.

A continuación se muestra el código utilizado en este ejemplo:

```
<!DOCTYPE HTML>
<html>
<head>
   <meta charset="utf-8">
   <title>Mi página web</title>
   <style>
       p:first-line {
           background-color: grey;
           color: white;
       }
   </style>
</head>
<body>
   <p>Donec id elit no mi porta gravida...</p>
   <p>Lorem ipsum dolor sit amet, consectetur...</p>
   <p>Integer posuere erat a ante venenatis...</p>
</body>
</html>
```

La regla CSS aplica un fondo gris y un color blanco al texto, a la primera línea de los párrafos.

A continuación se muestra la visualización obtenida con una longitud importante de la ventana del navegador:

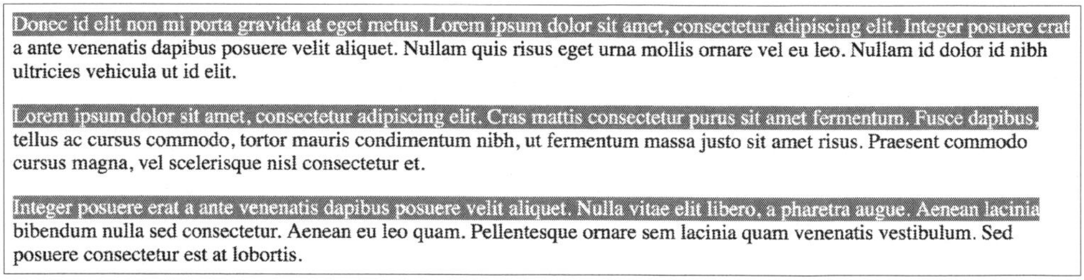

Donec id elit non mi porta gravida at eget metus. Lorem ipsum dolor sit amet, consectetur adipiscing elit. Integer posuere erat a ante venenatis dapibus posuere velit aliquet. Nullam quis risus eget urna mollis ornare vel eu leo. Nullam id dolor id nibh ultricies vehicula ut id elit.

Lorem ipsum dolor sit amet, consectetur adipiscing elit. Cras mattis consectetur purus sit amet fermentum. Fusce dapibus, tellus ac cursus commodo, tortor mauris condimentum nibh, ut fermentum massa justo sit amet risus. Praesent commodo cursus magna, vel scelerisque nisl consectetur et.

Integer posuere erat a ante venenatis dapibus posuere velit aliquet. Nulla vitae elit libero, a pharetra augue. Aenean lacinia bibendum nulla sed consectetur. Aenean eu leo quam. Pellentesque ornare sem lacinia quam venenatis vestibulum. Sed posuere consectetur est at lobortis.

Y esta es la visualización obtenida con una longitud más reducida de la ventana del navegador:

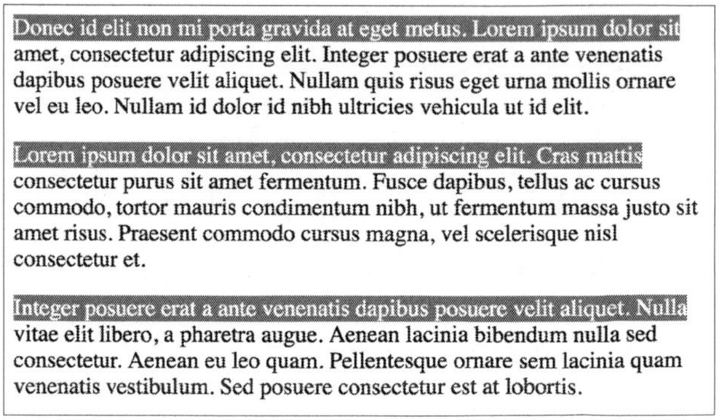

Donec id elit non mi porta gravida at eget metus. Lorem ipsum dolor sit amet, consectetur adipiscing elit. Integer posuere erat a ante venenatis dapibus posuere velit aliquet. Nullam quis risus eget urna mollis ornare vel eu leo. Nullam id dolor id nibh ultricies vehicula ut id elit.

Lorem ipsum dolor sit amet, consectetur adipiscing elit. Cras mattis consectetur purus sit amet fermentum. Fusce dapibus, tellus ac cursus commodo, tortor mauris condimentum nibh, ut fermentum massa justo sit amet risus. Praesent commodo cursus magna, vel scelerisque nisl consectetur et.

Integer posuere erat a ante venenatis dapibus posuere velit aliquet. Nulla vitae elit libero, a pharetra augue. Aenean lacinia bibendum nulla sed consectetur. Aenean eu leo quam. Pellentesque ornare sem lacinia quam venenatis vestibulum. Sed posuere consectetur est at lobortis.

5.9.2 El pseudoelemento de primera letra

El pseudoelemento `:first-letter` permite apuntar al primer carácter de un elemento. Esto ofrece la posibilidad de crear iniciales, por ejemplo.

A continuación se muestra el código utilizado:

```
<!DOCTYPE HTML>
<html>
<head>
   <meta charset="utf-8">
   <title>Mi página web</title>
   <style>
       p:first-letter {
           background-color: grey;
           color: white;
           font-size: 2em;
       }
   </style>
</head>
<body>
   <p>Donec id elit no mi porta...</p>
   <p>Lorem ipsum dolor sit amet...</p>
   <p>Integer posuere erat a ante...</p>
</body>
</html>
```

La regla apunta al primer carácter de los párrafos: `p:first-letter` y aplica un fondo gris, un color blanco para el texto y un tamaño de caracteres igual a 2em.

A continuación se muestra la visualización obtenida:

Donec id elit non mi porta gravida at eget metus. Lorem ipsum dolor sit amet, consectetur adipiscing elit. Integer posuere erat a ante venenatis dapibus posuere velit aliquet. Nullam quis risus eget urna mollis ornare vel eu leo. Nullam id dolor id nibh ultricies vehicula ut id elit.

Lorem ipsum dolor sit amet, consectetur adipiscing elit. Cras mattis consectetur purus sit amet fermentum. Fusce dapibus, tellus ac cursus commodo, tortor mauris condimentum nibh, ut fermentum massa justo sit amet risus. Praesent commodo cursus magna, vel scelerisque nisl consectetur et.

Integer posuere erat a ante venenatis dapibus posuere velit aliquet. Nulla vitae elit libero, a pharetra augue. Aenean lacinia bibendum nulla sed consectetur. Aenean eu leo quam. Pellentesque ornare sem lacinia quam venenatis vestibulum. Sed posuere consectetur est at lobortis.

5.9.3 Los pseudoelementos de contenido

Los pseudoelementos `::before` y `::after` permiten agregar dinámicamente contenido antes y después del contenido indicado en el elemento al que apunta la regla CSS. Observe bien el uso doble del carácter `:`.

En este ejemplo, en los enlaces `<a>`, vamos a agregar un espacio de no separación, el símbolo ¤ y, de nuevo, un espacio de no separación antes del enlace. Todo este contenido se formateará con un color blanco para el contenido y negro para el fondo.

Para los ítems `<li>` de las listas, agregamos simplemente una coma después del texto.

A continuación se muestra el código utilizado:

```
<!DOCTYPE HTML>
<html>
<head>
   <meta charset="utf-8">
   <title>Mi página web</title>
   <style>
       a {
           text-decoration: none;
       }
```

```
        a::before {
            content: "\00a0\00a4\00a0";
            color: #fff;
            background-color: #000;
        }
        li::after {
            content: ",";
        }
    </style>
</head>
<body>
    <p>Donec id elit no mi porta gravida at eget metus.
<a href="introducción.html">Lorem ipsum dolor</a> sit amet,
consectetur adipiscing elit.</p>
    <ul>
        <li>Lorem</li>
        <li>Ipsum</li>
        <li>Dolor</li>
    </ul>
</body>
</html>
```

No podemos colocar entidades de caracteres en `content:""`. Por este motivo, es necesario utilizar su sintaxis en Unicode. `\00a0` se corresponde con el espacio de no separación, es decir, con la entidad de caracteres ` `, y `\00a4` se corresponde con el símbolo deseado.

A continuación se muestra la visualización obtenida:

Donec id elit non mi porta gravida at eget metus. ¤Lorem ipsum dolor sit amet, consectetur adipiscing elit.

- Lorem,
- Ipsum,
- Dolor,

5.10 Las combinaciones de selectores

5.10.1 Los selectores combinados

Por el momento, salvo algunas excepciones, solo hemos utilizado selectores sencillos porque la estructura de los ejemplos también era sencilla. Cuando tenga sitios web complejos, la paginación utilizará una estructura donde se anidarán numerosos elementos HTML. En este caso, será necesario apuntar a los elementos anidados en una jerarquía de elementos. Para esto, vamos a utilizar combinaciones de selectores.

5.10.2 Las combinaciones descendientes

Los selectores descendientes permiten apuntar a un elemento incluido en otro elemento. Comience siempre la combinación partiendo del elemento de nivel más alto en la jerarquía y descienda a continuación hasta alcanzar el elemento deseado. Cada selector se separa del siguiente por un espacio simple.

A continuación se muestra el código utilizado en este ejemplo:

```
<!DOCTYPE HTML>
<html>
<head>
   <meta charset="utf-8">
   <title>Mi página web</title>
   <style>
       #introduccion p em {
           background-color: #ccc;
       }
   </style>
</head>
<body>
   <div id="introduccion">
       <p>Nullam quis risus eget urna <em>mollis ornare</em> vel
eu leo. Integer posuere erat a ante venenatis dapibus posuere velit
aliquet. Maecenas sed diam eget risus varius blandit sit amet no
magna.</p>
       <p>Cras mattis consectetur purus sit amet fermentum.
<em>Nullam quis risus</em> eget urna mollis ornare vel eu leo. Cum
sociis natoque penatibus y magnis dis parturient montes, nascetur
ridiculus mus.</p>
   </div>
   <div>
       <p>Donec id elit no mi porta gravida at eget metus.
```

```
<em>Integer posuere</em> erat a ante venenatis dapibus posuere
velit aliquet. Maecenas faucibus mollis interdum.</p>
        <p>Vivamus sagittis lacus vel...</p>
    </div>
</body>
</html>
```

La regla CSS apunta en primer lugar al elemento identificado por `#introduccion` y después a los párrafos `p` incluidos, terminando por los elementos `em` anidados.

A continuación se muestra la visualización obtenida:

> Nullam quis risus eget urna *mollis ornare* vel eu leo. Integer posuere erat a ante venenatis dapibus posuere velit aliquet. Maecenas sed diam eget risus varius blandit sit amet non magna.
>
> Cras mattis consectetur purus sit amet fermentum. *Nullam quis risus* eget urna mollis ornare vel eu leo. Cum sociis natoque penatibus et magnis dis parturient montes, nascetur ridiculus mus.
>
> Donec id elit non mi porta gravida at eget metus. *Integer posuere* erat a ante venenatis dapibus posuere velit aliquet. Maecenas faucibus mollis interdum.
>
> Vivamus sagittis lacus vel augue laoreet rutrum faucibus dolor auctor. Donec ullamcorper nulla non metus auctor fringilla. Cum sociis natoque penatibus et magnis dis parturient montes, nascetur ridiculus mus.

5.10.3 Las combinaciones de hijos

Las combinaciones de selectores de hijos permiten apuntar a todos los elementos hijo de un elemento padre. Puede tener varios niveles de anidación. Separe cada selector usando el símbolo >.

A continuación se muestra el código de este ejemplo:

```
<!DOCTYPE HTML>
<html>
<head>
    <meta charset="utf-8">
    <title>Mi página web</title>
    <style>
        div > p > em {
            background-color: #ccc;
        }
    </style>
</head>
<body>
    <div id="introduccion">
        <p>Nullam quis risus eget urna <em>mollis ornare</em> vel
eu leo. Integer posuere erat a ante venenatis dapibus posuere velit
```

```
aliquet. Maecenas sed diam eget risus varius blandit sit amet no
magna.</p>
        <p>Cras mattis consectetur purus sit amet fermentum.
<em>Nullam quis risus</em> eget urna mollis ornare vel eu leo. Cum
sociis natoque penatibus y magnis dis parturient montes, nascetur
ridiculus mus.</p>
   </div>
   <section>
       <div>
           <p id="continuacion">Donec id elit no mi porta gravida
at eget metus. <em>Integer posuere</em> erat a ante venenatis
dapibus po suere velit aliquet. Maecenas faucibus mollis
interdum.</p>
           <p>Vivamus sagittis lacus vel augue laoreet rutrum
faucibus dolor auctor. Donec ullamcorper nulla no metus auctor
fringilla. Cum sociis natoque penatibus y magnis dis parturient
montes, nascetur ridiculus mus.</p>
       </div>
   </section>
   <p>Cras mattis consectetur purus sit amet fermentum. <em>Nullam
quis risus</em> eget urna mollis ornare vel eu leo. Cum sociis
natoque penatibus y magnis dis parturient montes, nascetur
ridiculus mus.</p>
</body>
</html>
```

El selector combinado de hijos apunta en primer lugar a las capas `div`, después a los párrafos `p`, para alcanzar por último a los énfasis sencillos `em`.

A continuación se muestra la visualización obtenida:

Nullam quis risus eget urna *mollis ornare* vel eu leo. Integer posuere erat a ante venenatis dapibus posuere velit aliquet. Maecenas sed diam eget risus varius blandit sit amet non magna.

Cras mattis consectetur purus sit amet fermentum. *Nullam quis risus* eget urna mollis ornare vel eu leo. Cum sociis natoque penatibus et magnis dis parturient montes, nascetur ridiculus mus.

Donec id elit non mi porta gravida at eget metus. *Integer posuere* erat a ante venenatis dapibus posuere velit aliquet. Maecenas faucibus mollis interdum.

Vivamus sagittis lacus vel augue laoreet rutrum faucibus dolor auctor. Donec ullamcorper nulla non metus auctor fringilla. Cum sociis natoque penatibus et magnis dis parturient montes, nascetur ridiculus mus.

Cras mattis consectetur purus sit amet fermentum. *Nullam quis risus* eget urna mollis ornare vel eu leo. Cum sociis natoque penatibus et magnis dis parturient montes, nascetur ridiculus mus.

El primer bloque estructural está correctamente localizado: `<div id="introduccion"><p>...<em>`.

El segundo bloque también se responde con el criterio, incluso si los destinos están incluidos en un elemento padre adicional: `<section><div><p id="continuacion">...<em>`.

El tercer bloque no responde al criterio porque falta el elemento `<div>`: `<p>...<em>`.

Observe que, si los elementos utilizan un identificador, no afecta al selector combinado.

5.10.4 Las combinaciones de hermanos inmediatos

La combinación de selectores de hermanos inmediatos permite apuntar a un elemento HTML que sigue inmediatamente a otro elemento especificado. Separe los elementos implicados con el símbolo +.

A continuación se muestra el código de este ejemplo:

```
<!DOCTYPE HTML>
<html>
<head>
   <meta charset="utf-8">
   <title>Mi página web</title>
   <style>
       h1 + h2 {
           border-left: 5px solid #ccc;
           padding-left: 20px;
       }
   </style>
</head>
<body>
   <h1>Adipiscing Etiam Tristique</h1>
   <h2>Cursus Dolor Fusce</h2>
   <p>Nullam quis risus eget urna mollis...</p>
   <h2>Nullam Commodo</h2>
   <p>Cras mattis consectetur purus sit...</p>
   <h1>Integer posuere erat</h1>
   <h2>Cras mattis consectetur</h2>
   <p>Donec id elit no mi porta gravida...</p>
</body>
</html>
```

El objetivo aquí es formatear los elementos <h2> solo si van seguidos inmediatamente de un elemento <h1>. Por lo tanto, el selector es `h1 + h2`.

A continuación se muestra la visualización obtenida:

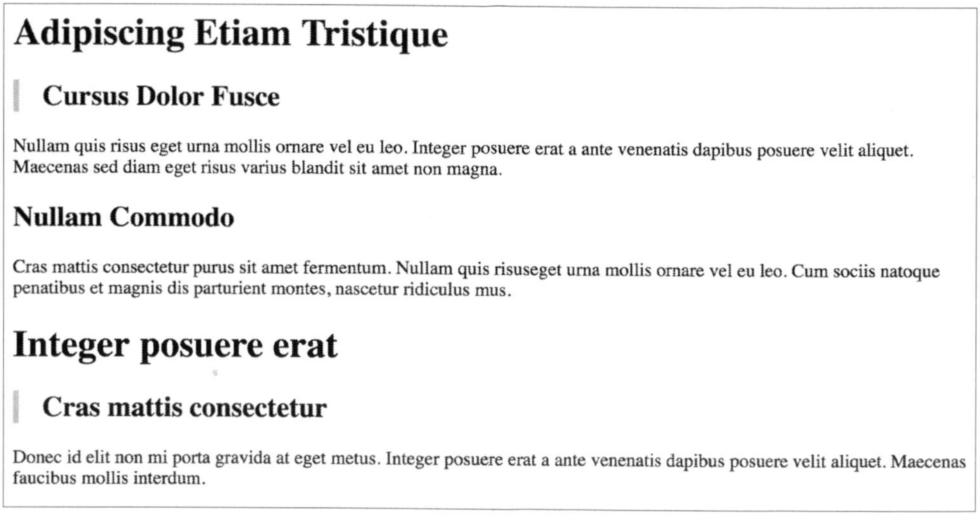

Adipiscing Etiam Tristique

Cursus Dolor Fusce

Nullam quis risus eget urna mollis ornare vel eu leo. Integer posuere erat a ante venenatis dapibus posuere velit aliquet. Maecenas sed diam eget risus varius blandit sit amet non magna.

Nullam Commodo

Cras mattis consectetur purus sit amet fermentum. Nullam quis risuseget urna mollis ornare vel eu leo. Cum sociis natoque penatibus et magnis dis parturient montes, nascetur ridiculus mus.

Integer posuere erat

Cras mattis consectetur

Donec id elit non mi porta gravida at eget metus. Integer posuere erat a ante venenatis dapibus posuere velit aliquet. Maecenas faucibus mollis interdum.

Tenemos un primer elemento <h1> que va inmediatamente seguido por un elemento <h2>. Por lo tanto, este último se formatea correctamente. El segundo elemento <h2> no se formatea porque no va seguido directamente de un elemento <h1>, ya que hay un elemento <p> justo antes.

Después tenemos de nuevo un elemento <h1> que va seguido de un elemento <h2> por lo que sí se formatea.

5.10.5 Las combinaciones de hermanos

Esta última combinación hace uso del mismo principio que el anterior, con la diferencia de que no es necesario que los dos elementos vayan inmediatamente seguidos. Debe utilizar el carácter ~ para separar los elementos en este selector.

A continuación se muestra el código de este ejemplo, que es similar al anterior salvo el nivel del selector:

```
<!DOCTYPE HTML>
<html>
<head>
   <meta charset="utf-8">
   <title>Mi página web</title>
   <style>
       h1 ~ h2 {
           border-left: 5px solid #ccc;
           padding-left: 20px;
       }
   </style>
</head>
<body>
   <h1>Adipiscing Etiam Tristique</h1>
   <h2>Cursus Dolor Fusce</h2>
   <p>Nullam quis risus eget urna mollis...</p>
   <h2>Nullam Commodo</h2>
   <p>Cras mattis consectetur purus sit...</p>
   <h1>Integer posuere erat</h1>
   <h2>Cras mattis consectetur</h2>
   <p>Donec id elit no mi porta gravida...</p>
</body>
</html>
```

A continuación se muestra la visualización obtenida:

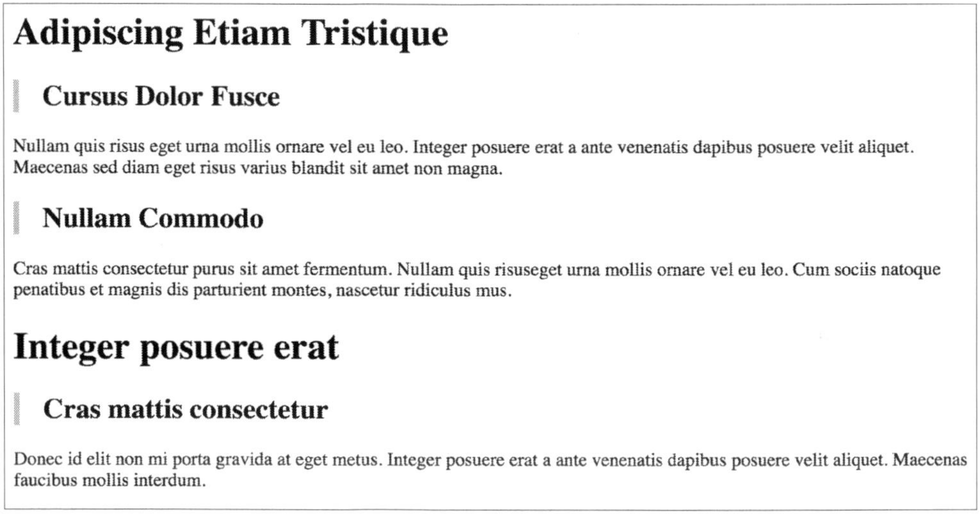

Adipiscing Etiam Tristique

Cursus Dolor Fusce

Nullam quis risus eget urna mollis ornare vel eu leo. Integer posuere erat a ante venenatis dapibus posuere velit aliquet. Maecenas sed diam eget risus varius blandit sit amet non magna.

Nullam Commodo

Cras mattis consectetur purus sit amet fermentum. Nullam quis risuseget urna mollis ornare vel eu leo. Cum sociis natoque penatibus et magnis dis parturient montes, nascetur ridiculus mus.

Integer posuere erat

Cras mattis consectetur

Donec id elit non mi porta gravida at eget metus. Integer posuere erat a ante venenatis dapibus posuere velit aliquet. Maecenas faucibus mollis interdum.

Esta vez, todos los elementos `<h2>` que siguen a un elemento `<h1>` se formatean. No importa si hay otros elementos entre los dos elementos del selector.

6. La aplicación de los estilos

6.1 La noción de herencia

En la aplicación de los estilos CSS, la noción de herencia es importante. Interviene cuando tiene elementos anidados unos en otros. La regla de la herencia indica que los elementos hijos heredan propiedades CSS de su padre.

A continuación se muestra este ejemplo muy sencillo:

```
<!doctype html>
<html lang="es">
<head>
   <meta charset="UTF-8">
   <title>Título de la página</title>
   <style>
       .especial {
           color: darkblue;
       }
   </style>
</head>
<body>
   <div class="especial">
       <p>Donec id elit no mi porta gravida at eget metus.
<strong>Duis mollis</strong>, es no commodo luctus, nisi erat
porttitor ligula</p>
   </div>
   <p>Eget lacinia odio sem nec elit. <strong>Etiam porta</strong>
sem malesuada magna mollis euismod.</p>
</body>
</html>
```

Tenemos un elemento `<div class="especial">`, que contiene un elemento `<p>`, que contiene a su vez un elemento `<strong>`. Tenemos una única regla CSS con el selector `.especial`, que aplica un color `darkblue` al texto. Esta regla se utiliza por el elemento `<div>`. Por lo tanto, este color azul oscuro se aplica al texto de `<div>` y, por herencia, al texto de sus elementos hijo: los párrafos `<p>` y los énfasis `<strong>`.

Si ahora agregamos esta regla CSS:

```
strong {
   color: crimson;
}
```

El color `crimson` se aplica a todos los elementos `<strong>` de la página porque tenemos un selector específico definido para este elemento. No hay más herencia porque este elemento `<strong>` tiene su propia regla CSS.

6.2 La especificidad de los selectores

6.2.1 El cálculo de la especificidad de los selectores

Ahora conoce todos los selectores disponibles para crear sus reglas CSS. En una estructura de página elaborada, van a intervenir muchas reglas y puede que algunas de ellas entren en conflicto, porque apuntan a los mismos elementos en la página, con las mismas propiedades. Por lo tanto, hay que aplicar criterios concretos para saber cuál es la propiedad que se debe aplicar. Es el objetivo del cálculo de la especificidad de los selectores.

Para este cálculo, hay tres criterios que intervienen:

- `a` indica el número de selectores de identificación.
- `b` da el número de selectores de clase, de atributo y de pseudoclase.
- `c` especifica el número de selectores de tipo (o de elemento) y de pseudoelemento.

Observación

Observe que el selector universal, `*`, siempre se ignora en este cálculo.

Observación

Es la concatenación de estos tres criterios, `a+b+c`, lo que da el valor de la especificidad de cada selector.

En caso de conflicto, se utiliza el selector con el valor de especificidad más elevado.

Veamos ejemplos concretos de selectores:

`li`: solo hay un selector de elemento. Por lo tanto, a=0, b=0 y c=1. Esto da una especificidad = **001**.

`ul li`: hay dos selectores de elemento. Por lo tanto, a=0, b=0 y c=2. Esto da una especificidad = **002**.

`ul ol+li`, hay tres selectores de elemento. Por lo tanto, a=0 b=0 y c=3. Esto da una especificidad = **003**.

`h1 + h2.intro`: hay un selector de clase (`.intro`) y dos selectores de elemento (`h1` y `h2`). Por lo tanto, a=0, b=1 y c=2. Esto da una especificidad = **012**.

`ul ol li.especial`: hay un selector de clase (`.especial`) y tres selectores de elemento (`ul`, `ol` y `li`). Por lo tanto, a=0, b=1 y c=3. Esto da una especificidad = **013**.

`p.resultado.importante`: hay un selector de elemento (`p`) y dos selectores de clase (`.resultado` e `.importante`). Por lo tanto, a=0, b=2 y c=1. Esto da una especificidad = **021**.

`#navbar`: solo hay un único selector de identificación. Por lo tanto, a=1, b=0 y c=0. Esto da una especificidad = **100**.

`#pie-de-pagina p.credito`: hay un selector de identificación (`#pie-de-pagina`), un selector de clase (`.credito`) y un selector de elemento (`p`). Por lo tanto, a=1, b=1 y c=1. Esto da una especificidad = **111**.

Observación

*Un último punto muy importante para el cálculo de las especificidades de los selectores es que los estilos en línea tienen un valor de especificidad por defecto de **1000**. Por lo tanto, el formato declarado en un elemento HTML con el atributo `style` será siempre el que se aplique en caso de conflicto.*

6.2.2 Un ejemplo de las especificidades de los selectores

Ahora vamos a tomar un ejemplo concreto muy sencillo. A continuación se muestra el código de este ejemplo:

```
<!doctype html>
<html lang="es">
<head>
   <meta charset="UTF-8">
   <title>Título de la página</title>
   <style>
      p {
         color: blueviolet;
      }
      strong {
         color: crimson;
      }
```

```
   </style>
</head>
<body>
   <p>Eget lacinia odio sem nec elit. <strong>Etiam porta</strong>
sem malesuada magna mollis euismod.</p>
   <p>Lorem ipsum dolor sit amet, <strong>consectetur</strong>
adipiscing elit.</p>
</body>
</html>
```

La problemática se plantea para la aplicación de los colores del texto de los párrafos y de los énfasis. Hay conflicto a nivel de la propiedad `color`.

En esta primera etapa, el color del texto de los dos párrafos <p> es `blueviolet`. Se indica en la regla CSS:

```
p {
   color: blueviolet;
}
```

En estos dos párrafos tenemos dos elementos `<strong>` incluidos, que aplican un color `crimson` a su contenido. Tenemos una regla específica con el selector `strong`.

```
strong {
   color: crimson;
}
```

El objetivo es aplicar otro color al texto del elemento `<strong>` en el segundo párrafo <p>. Para hacer esto, es necesario agregar una nueva clase a este elemento y definir un estilo dedicado.

A continuación se muestra el código HTML modificado:

```
<p>Eget lacinia odio sem nec elit. <strong>Etiam porta</strong> sem
malesuada magna mollis euismod.</p>
<p>Lorem ipsum dolor sit amet, <strong class="especial">
consectetur</strong> adipiscing elit.</p>
```

A continuación se muestra la nueva regla CSS:

```
.especial {
   color: gold;
}
```

Ahora, el color del texto del elemento <strong> en el segundo párrafo <p> es gold.

Calculamos las especificidades que intervienen:

– Para el primer párrafo, tenemos un único selector de elemento, strong. Por lo tanto, a=0, b=0 y c=1. Es decir: **001**.
– Para el segundo párrafo, tenemos un selector de clase, .especial, y el selector de elemento strong. Por lo tanto, a=0, b=1 y c=0. Es decir: **010**.

Vayamos ahora un poco más allá en la utilización y aplicación de las reglas CSS.

Vamos a modificar la regla CSS .especial añadiendo la propiedad que permite pasar el texto a mayúsculas:

```
.especial {
   color: gold;
   text-transform: uppercase;
}
```

Después añadimos un elemento <em> en el segundo párrafo con la clase .especial para tener un color dorado y mayúsculas:

```
<p>Lorem <em class="especial">ipsum dolor</em> sit amet,
<strong class="especial">consectetur</strong> adipiscing elit.</p>
```

Los textos de los elementos <em> y <strong> están dorados y en mayúsculas porque utilizan la misma regla CSS.

Ahora el objetivo es tener un color diferente para el texto del elemento <em>. Podemos definir una regla CSS con em como selector:

```
em {
   color: forestgreen;
}
```

En este caso, nada va a cambiar. En efecto, el valor de la especificidad del selector em es: a=0, b=0 y c=1, es decir, **001**. El valor de .especial es **010**. Por lo tanto, el color siempre es dorado. Para obtener un color forestgreen, es necesario modificar el selector:

```
em.especial {
   color: forestgreen;
}
```

Calculemos el valor de la especificidad: a=0, b=1 y c=1, es decir, **011**. Por lo tanto, el valor es más grande. Al final, el contenido siempre estará en mayúsculas, lo que proviene de la regla `.especial`, y el texto tendrá un color `forestgreen`. En efecto, para el color hay un conflicto entre las dos reglas, `.especial` y `em.especial`, pero como el valor de especificidad de `em.especial` es más importante (**011**) que el de `.especial` (**010**), se utiliza el color `forestgreen`.

6.3 La noción de importancia

Cuando aplica las reglas CSS a sus elementos, intervienen la herencia y el cálculo de la especificidad. Esto es lo que acabamos de ver con anterioridad. Pero en algunos casos complejos, es posible ignorar estos dos criterios de aplicación.

Tomemos un sencillo ejemplo. A continuación se muestra el código de esta página:

```
<!doctype html>
<html lang="es">
<head>
   <meta charset="UTF-8">
   <title>Título de la página</title>
   <style>
       #especial {
           color: crimson;
       }
       p.intro {
           color: goldenrod;
       }
       div.continuacion p {
           color: darkblue;
       }
   </style>
</head>
<body>
   <p id="especial">Eget lacinia odio sem nec elit. Etiam porta
sem malesuada magna mollis euismod.</p>
   <p class="intro">Praesent commodo cursus magna, vel
scelerisque nisl consectetur et.</p>
   <div class="continuacion">
       <p>Cum sociis natoque penatibus y magnis dis parturient
```

```
montes, nascetur ridiculus mus.</p>
    </div>
</body>
</html>
```

Tenemos tres contenedores:

- `<p id="especial">`, que utiliza el selector `#especial`, con valor de especificidad **100**.
- `<p class="intro">`, que utiliza el selector `p.intro`, con valor de especificidad **011**.
- `<div class="continuacion">`, que utiliza el selector `div.continuacion p`, para un valor de especificidad **012**.

La aplicación de los colores de los textos sigue las reglas de herencia para los elementos `<div>` padre y `<p>` hijo, y la aplicación estándar para los dos primeros párrafos:

- El primer párrafo utiliza el color `crimson`.
- El segundo párrafo aplica el color `goldenrod`.
- La anidación `<div><p>` utiliza el color `darkblue`.

Ahora vamos a añadir una nueva regla CSS:

```
p {
    color: forestgreen;
}
```

Para el formato, nada cambia. Este selector tiene un valor de especificidad de **001**, que es el valor más bajo.

Pero deseamos aplicar esta regla al conjunto de elementos `<p>` de la página. Para hacer esto, debemos utilizar el argumento `!importance`:

```
p {
    color: forestgreen !importance;
}
```

Con este argumento, el texto de todos los párrafos es de color `forestgreen`.

Observación

Es conveniente utilizar con precaución y cuidado el argumento `!importance` *porque modifica la aplicación estándar de la herencia, de la especificidad y de la cascada.*

6.4 La noción de cascada

6.4.1 Las prioridades en la cascada

Anteriormente, hemos mencionado que el origen de los estilos puede ser múltiple. Los estilos CSS pueden provenir de un archivo .css exterior, se pueden definir en la página e incluso en los elementos HTML. Por lo tanto, de nuevo, puede haber conflictos con las propiedades aplicar. Ahora es cuando interviene la noción de cascada, y no olvidemos que CSS significa Cascading Style Sheets, con la noción de cascada en este nombre.

La cascada permite definir el orden de aplicación de las propiedades cuando hay conflicto. De esta manera, el orden se define por prioridad creciente:

1. Origen exterior, desde un archivo .css externo.
2. Origen interno, con los estilos definidos en la página.
3. Origen en línea, con un estilo definido en el elemento HTML.

Imaginemos el siguiente escenario de varias etapas:

Tenemos un archivo **estilos .css** que contiene esta regla:

```
p {
   color: crimson;
}
```

Tenemos un archivo **.html** cuyo código se muestra a continuación:

```
<!doctype html>
<html lang="es">
<head>
   <meta charset="UTF-8">
   <title>Título de la página</title>
   <link href="estilos.css" rel="estilosheet">
</head>
```

```
<body>
   <p>Cum sociis natoque penatibus y magnis dis parturient montes,
nascetur ridiculus mus.</p>
   <p>Maecenas faucibus mollis interdum. Fusce Purus Vestibulum
Euismod.</p>
</body>
</html>
```

Para la primera etapa, el archivo **.css** está unido a este archivo **.html**.

El texto de los dos párrafos es de color `crimson` porque solo hay un origen de estilos.

Para la segunda etapa, agregamos una regla CSS al archivo **.html** en el elemento `<head>`:

```
<head>
   <meta charset="UTF-8">
   <title>Título de la página</title>
   <link href="estilos.css" rel="estilosheet">
   <style>
       p {
          color: forestgreen;
       }
   </style>
</head>
```

El color del texto de los dos párrafos pasa a `forestgreen`. En efecto, el orden de la cascada ha cambiado porque el origen interno es prioritario al origen externo.

Para esta tercera etapa, para el tercer párrafo, agregamos un estilo en línea:

```
<p style="color: darkblue">Maecenas faucibus mollis interdum. Fusce
Purus Vestibulum Euismod.</p>
```

El texto del primer párrafo continúa con un color `forestgreen`, pero el texto del segundo párrafo pasa a `darkblue` porque este color se define en un estilo en línea, que tiene la prioridad más alta en la cascada.

6.4.2 Los conflictos en la cascada

Continuamos con nuestro escenario anterior, estudiando la resolución de los conflictos en la cascada. Vamos a agregar una nueva regla al archivo **.html**:

```
<head>
   <meta charset="UTF-8">
   <title>Título de la página</title>
   <link href="estilos.css" rel="estilosheet">
   <style>
       p {
           color: forestgreen;
       }
       p {
           color: darkorchid;
       }
   </style>
</head>
```

Ahora hay dos reglas CSS que tienen el mismo selector `p`, con la utilización de la misma propiedad `color`. Por lo tanto, tenemos un conflicto. La regla es muy sencilla, es siempre la última regla declarada la que tiene prioridad. Por lo tanto, el texto del primer párrafo será de color `darkorchid`. El principio es estrictamente idéntico para un conflicto en un archivo **.css**.

6.5 El orden de aplicación de los estilos

Ahora que ha aprendido todos los criterios que intervienen en la aplicación de los estilos CSS, es momento de resumir todo esto para conocer el orden de aplicación de las propiedades de los estilos CSS.

A continuación se muestra este orden, por prioridad creciente:

1. Estilos definidos en el navegador.
2. Estilos definidos en la cascada.
3. Cálculo de la especificidad.
4. Argumento de importancia.

7. La versión 4 de los selectores

Acabamos de ver en detalle los selectores tal y como se definen en la versión 3 de la recomendación: https://www.w3.org/TR/selectors-3/. Pero como ya hemos indicado, los CSS evolucionan constantemente y, del mismo modo, lo hacen los selectores.

La versión 4 de los selectores está en estado **Working Draft** desde el 21 de noviembre de 2022: https://www.w3.org/TR/selectors-4/. En esta página, en el apartado Selectors Overview (https://www.w3.org/TR/selectors-4/#overview) hay una tabla que indica los distintos selectores junto a su versión en la columna **Level**. A continuación se muestra un fragmento de esta tabla:

Pattern	Represents	Section	Level
*	any element	§5.2 Universal selector	2
E	an element of type E	§5.1 Type (tag name) selector	1
E:not(*s1*, *s2*, …)	an E element that does not match either compound selector *s1* or compound selector *s2*	§4.3 The Negation (Matches-None) Pseudo-class: :not()	3/4
E:is(*s1*, *s2*, …)	an E element that matches compound selector *s1* and/or compound selector *s2*	§4.2 The Matches-Any Pseudo-class: :is()	4
E:where(*s1*, *s2*, …)	an E element that matches compound selector *s1* and/or compound selector *s2* but contributes no specificity.	§4.4 The Specificity-adjustment Pseudo-class: :where()	4
E:has(*rs1*, *rs2*, …)	an E element, if either of the relative selectors *rs1* or *rs2*, when evaluated with E as the :scope elements, match an element	§4.5 The Relational Pseudo-class: :has()	4

Por supuesto, la versión 4 se encuentra en estado **Working Draft** y no debe utilizarse en producción, sino únicamente para realizar pruebas a nivel local.

Capítulo 3-3
Los estilos para las fuentes de caracteres

1. El módulo CSS 3 para las fuentes de caracteres

El formato de las fuentes de caracteres con CSS forma parte de los módulos **CSS Fonts Module Level 3**, que el W3C ya terminó porque está en estado **Recommendation** desde el 20 de septiembre de 2018: https://www.w3.org/TR/css-fonts-3/.

2. Las fuentes de caracteres

2.1 Elegir una fuente de caracteres

Seleccionar una fuente de caracteres para formatear el texto sigue siendo una cuestión importante en el diseño de sus sitios web. En efecto, siempre es necesario pensar que, aunque una fuente de caracteres esté disponible en su máquina o en la del diseñador gráfico que se ocupa del diseño del sitio web, no tiene por qué estar en todas los máquinas de todos sus futuros visitantes; es imposible saberlo con certeza. Por lo tanto, hay que elegir una fuente de letra cuya presencia esté prácticamente asegurada en las máquinas de los internautas. Estas fuentes de caracteres forman las familias genéricas.

2.2 Las familias de caracteres genéricas

Tiene a su disposición tres familias genéricas usuales, cuyas fuentes de caracteres están instaladas en la mayoría de las plataformas:

- La familia de fuentes de longitud fija, con las fuentes de caracteres **Courier New** para Windows, **Courrier** para macOS y **Monospace** para Linux.
- La familia de fuentes con pie o serifa, con las fuentes de caracteres **Times** para Windows, **Times New Roman** para macOS y **Serif** para Linux.
- La familia de fuentes de palo seco, con las fuentes de caracteres **Arial** para Windows, **Helvetica** para macOS y **sans-serif** para Linux.

A estas tres familias históricas, se puede agregar dos fuentes de caracteres, especialmente creadas para la Web: **Verdana** (sin serifa) y **Georgia** (con serifa).

Por supuesto, estas posibilidades son bastante limitadas en términos de diseño. Con las CSS 3, puede incorporar fuentes de caracteres disponibles en la Web. De esta manera, el diseñador gráfico podrá elegir las fuentes de caracteres originales, que respondan al diseño del sitio web, y los visitantes descargarán bajo petición estas fuentes de caracteres.

2.3 Declarar una fuente de caracteres

Hay que utilizar la propiedad `font-family` para declarar una fuente de caracteres. A continuación se muestra la sintaxis que es preciso rellenar en una regla CSS:

```
<!doctype html>
<html lang="es">
<head>
   <meta charset="UTF-8">
   <title>Título de la página</title>
   <style>
       p.sin-serifa {
           font-family: verdana, arial, helvetica, sans-serif;
       }
       p.con-serifa {
          font-family: georgia, times, "times new roman", serif;
```

```
        }
        p.longitud-fija {
            font-family: "courier new", courier, monospace;
        }
    </style>
</head>
<body>
    <p class="sin-serifa">Cum sociis natoque penatibus et
magnis dis parturient montes, nascetur ridiculus mus.</p>
    <p class="con-serifa ">Vivamus sagittis lacus vel augue
laoreet rutrum faucibus dolor auctor.</p>
    <p class="longitud-fija">Cras mattis consectetur purus sit amet
fermentum. Inceptos Purus Consectetur Adipiscing.</p>
</body>
</html>
```

Se deben resaltar varias observaciones importantes:

- El nombre de las fuentes de caracteres no es sensible a la diferencia entre mayúsculas y minúsculas: `verdana` y `Verdana` son equivalentes.
- Las fuentes de caracteres cuyo nombre está formado por varias palabras se deben indicar entre comillas: `"Times New Roman"`, por ejemplo.
- Cada fuente de letra se separa de la siguiente por una comilla simple `,`.
- Cuando hay varias fuentes de caracteres indicadas en la propiedad `font-family`, el navegador utiliza la primera fuente de letra disponible en la máquina, en función del orden indicado en la lista.

A continuación se muestra la visualización obtenida:

Cum sociis natoque penatibus et magnis dis parturient montes, nascetur ridiculus mus.

Vivamus sagittis lacus vel augue laoreet rutrum faucibus dolor auctor.

Cras mattis consectetur purus sit amet fermentum. Inceptos Purus Consectetur Adipiscing.

2.4 Incorporar una fuente de caracteres

Puede utilizar fuentes de caracteres disponibles en la Web e incorporarlas con la regla `@font-face` para tener páginas web un poco más creativas.

Uno de los sitios web más conocidos que ofrecen fuentes de caracteres gratuitas es **Google Fonts**: https://fonts.google.com

A continuación se muestra la ficha para añadir la fuente de caracteres **Satisfy** en su variante **Regular 400**, con la regla `@import` seleccionada:

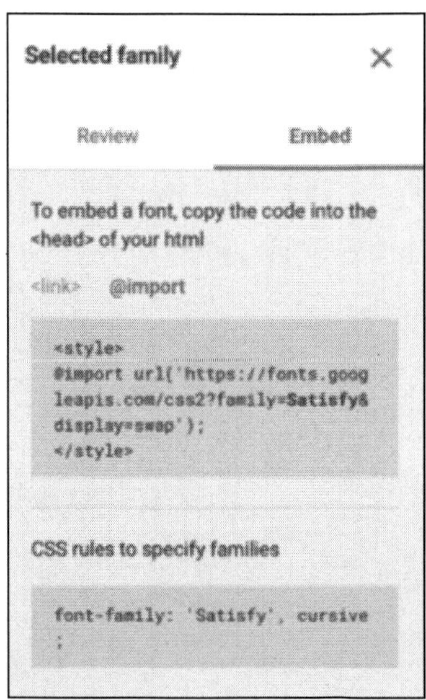

Al seleccionar la opción **@import**, se muestra un ejemplo de la sintaxis que hay que utilizar. Puede copiar y pegar esta sintaxis.

He aquí la sintaxis que hay que indicar en los estilos para incorporar la fuente y utilizarla en una regla:

```
<style>
   @import url('https://fonts.googleapis.com/css?family=Satisfy');
   p.satisfy {
       font-family: 'Satisfy', cursive;
   }
</style>
```

En la página HTML, un párrafo utiliza esta clase:

```
<p class="satisfy">Vivamus sagittis lacus vel augue laoreet rutrum
faucibus dolor auctor.</p>
```

A continuación se muestra la visualización obtenida:

Cum sociis natoque penatibus et magnis dis parturient montes, nascetur ridiculus mus.

Vivamus sagittis lacus vel augue laoreet rutrum faucibus dolor auctor.

Cras mattis consectetur purus sit amet fermentum. Inceptos Purus Consectetur Adipiscing.

Observación

Para concluir, observe que, si no especifica una fuente de caracteres, se usa la declarada por defecto en cada navegador donde se utiliza.

3. El tamaño de los caracteres

3.1 Los tamaños por defecto

Para el tamaño por defecto de los caracteres, los navegadores utilizan los valores propuestos por el W3C. Para los párrafos, elemento `<p>`, y para las citas, elemento `<blockquote>`, el tamaño de los caracteres por defecto es de 1em, es decir, 16 píxeles. Para el `<h1>`, es un tamaño de 2em, es decir, 32 píxeles, y para el `<h6>`, un tamaño de 0,75em, es decir, 12 píxeles.

A continuación se muestra una URL con la que puede conocer todos los tamaños de los caracteres (propiedad `font-size`) por defecto propuestos por el W3C: https://w3schools.com/cssref/css_default_values.php

Observación

Observe que los valores por defecto son los propuestos por el W3C y que cada navegador es libre de hacer lo que quiera. Por lo tanto, puede que estos tamaños decaracteres varíen un poco de un navegador a otro.

3.2 Modificar el tamaño de los caracteres

Para modificar el tamaño de los caracteres de un texto, la propiedad CSS utilizada es `font-size`. Para modificar este tamaño, puede optar por dos tipos de unidades: las unidades relativas y las unidades fijas.

Las unidades fijas son fijas, como su nombre indica, y no se adaptan al tamaño de las pantallas de difusión. Estas unidades son principalmente el píxel (`px`), el punto (`pt`), el centímetro (`cm`) y el milímetro (`mm`). También tiene toda una serie de tamaños predefinidos que van desde `xx-small` hasta `xx-large`. Estas últimas unidades son poco utilizadas, ya que no se adaptan al diseño web responsivo (responsive web design).

A continuación se muestra un primer ejemplo:

```
<!doctype html>
<html lang="es">
<head>
```

```
    <meta charset="UTF-8">
    <title>Título de la página</title>
    <style>
        .pequenio-tamanio {
            font-size: 9pt;
        }
        .gran-tamanio {
            font-size: 18pt;
        }
    </style>
</head>
<body>
    <p>Cum sociis natoque penatibus et
<span class="pequenio-tamanio"> magnis dis parturient montes</span>,
nascetur ridiculus mus.</p>
    <p>Cras mattis consectetur purus sit amet fermentum. <span
class="gran-tamanio">Inceptos Purus Consectetur</span>
Adipiscing.</p>
</body>
</html>
```

A continuación se muestra la visualización obtenida:

Cum sociis natoque penatibus et magnis dis parturient montes, nascetur ridiculus mus.

Cras mattis consectetur purus sit amet fermentum. Inceptos Purus Consectetur Adipiscing.

Las unidades relativas son las más utilizadas porque se adaptan al responsive web design y, por lo tanto, a la visualización en distintos tamaños de pantalla. Las unidades más habituales son em y %. Para definir tamaños proporcionales, es necesaria una referencia. Habitualmente, esta referencia es el tamaño de caracteres definido en las preferencias de los navegadores. También se puede establecer definiendo el tamaño de los caracteres en el elemento <body> mediante CSS.

A continuación se muestra un sencillo ejemplo:

```
<!doctype html>
<html lang="es">
<head>
    <meta charset="UTF-8">
    <title>Título de la página</title>
    <style>
```

```
        body {
            font-size: 1em;
        }
        .pequenio-tamanio {
            font-size: .6em;
        }
        .gran-tamanio {
            font-size: 1.8em;
        }
    </style>
</head>
<body>
    <p>Cum sociis natoque penatibus et <span
class="pequenio-tamanio">magnis dis parturient montes</span>,
nascetur ridiculus mus.</p>
    <p>Cras mattis consectetur purus sit amet fermentum.
<span class="gran-tamanio">Inceptos Purus Consectetur</span>
Adipiscing.</p>
</body>
</html>
```

A continuación se muestra la visualización obtenida:

Cum sociis natoque penatibus et magnis dis parturient montes, nascetur ridiculus mus.

Cras mattis consectetur purus sit amet fermentum. Inceptos Purus Consectetur Adipiscing.

Esta es la relación del tamaño normalmente utilizada en las preferencias de los navegadores: **1em= 16px**.

Observación

Atención: tenga en cuenta la herencia y la cascada cuando haya elementos anidados.

Consideremos este ejemplo:

```
<!doctype html>
<html lang="es">
<head>
    <meta charset="UTF-8">
    <title>Título de la página</title>
    <style>
        body {
            font-size: 1em;
```

```
        }
        .gran-tamanio {
            font-size: 1.8em;
        }
    </style>
</head>
<body>
    <div class="gran-tamanio">
        <p>Cum sociis natoque penatibus et <span
class="gran-tamanio">magnis dis parturient montes</span>,
nascetur ridiculus mus.</p>
    </div>
</body>
</html>
```

A continuación se muestra la visualización obtenida:

Cum sociis natoque penatibus et magnis dis parturient montes, nascetur ridiculus mus.

Los elementos <div> y <span> utilizan la clase `.gran-tamanio`. El elemento <span> está dentro de un <p>, que a su vez está dentro de un <div>. Por lo tanto, el tamaño de los caracteres se aplica dos veces en la cascada, por herencia. En el elemento <div>, el tamaño es de `1.8em`, es decir, proporcionalmente **16 x 1,8 = 28,8px**. Después en el elemento <span> tenemos de nuevo la aplicación de la regla CSS; el tamaño se convierte en **28,8 x 1,8 = 51,84px**.

Para terminar con las unidades relativas, también puede usar dos valores proporcionales al elemento padre: `smaller` y `larger`.

Aquí puede ver el código de este ejemplo:

```
<!doctype html>
<html lang="fr">
<head>
  <meta charset="UTF-8">
  <title>Título de la página</title>
    <style>
      .mas-grande {
        font-size: larger ;
      }
```

```
        .mas-pequena {
          font-size: smaller ;
        }
    </style>
</head>
<body>
<p>Cum sociis natoque penatibus et <span class="plus-grand">
magnis dis parturient montes</span>, nascetur ridiculus mus.</p>
<p>Lorem ipsum dolor sit amet, <span class="plus-petit">
consectetur adipiscing elit</span>. Sed posuere consectetur est
at lobortis.</p>
</body>
</html>
```

Esta es la imagen que se obtiene:

Cum sociis natoque penatibus et magnis dis parturient montes, nascetur ridiculus mus.

Lorem ipsum dolor sit amet, consectetur adipiscing elit. Sed posuere consectetur est at lobortis.

El valor relativo larger da un tamaño multiplicado por **1,2**. El valor relativo `smaller` da un tamaño multiplicado por **0,8333**.

Para evitar estos eventuales problemas de cascada, también puede utilizar la unidad `rem`, que significa `root em`. Esta vez, la referencia se hace respecto al elemento raíz de las páginas web, es decir, el elemento principal `<html>`. Pero la referencia real es como para la unidad `em` el tamaño de los caracteres indicado en las preferencias de cada navegador, es decir. 16 píxeles.

La unidad `em` se calcula con valores relativos que dependen del contexto y tiene en cuenta la herencia. La unidad `rem` se calcula con valores absolutos que no depen-den del contexto y no tiene en cuenta la herencia.

A continuación se muestra el código utilizado para este ejemplo:

```
<!doctype html>
<html lang=“es”>
<head>
   <meta charset="UTF-8">
   <title>Título de la página</title>
   <style>
       .gran-tamanio {
           font-size: 1.8rem;
```

```
        }
    </style>
</head>
<body>
    <div class="gran-tamanio">
        <p>Cum sociis natoque penatibus et <span
class="gran-tamanio">magnis dis parturient montes</span>,
nascetur ridiculus mus.</p>
    </div>
</body>
</html>
```

A continuación se muestra la visualización obtenida:

Cum sociis natoque penatibus et magnis dis parturient montes, nascetur ridiculus mus.

En este ejemplo, vea que no hay aplicación de la herencia; el tamaño de los caracteres en el elemento `<p>` y en el elemento `<span>` es idéntico. Es de **1,8 x 16 = 28,8px**. Por lo tanto, con el uso de la unidad `rem`, el tamaño de los caracteres se mantiene proporcional al definido en las preferencias de los navegadores, pero ya no se aplica. La unidad `rem` es absoluta y no relativa.

Observación

Para terminar, observe que, si no indica un tamaño de caracteres, se utilizará el tamaño por defecto declarado en cada navegador. Normalmente es de 16 píxeles, es decir, 1em.

4. El formato de los caracteres

4.1 El peso de los caracteres

Para los tipógrafos, poner el texto en negrita significa otorgar un peso a los caracteres. Con el CSS, se utiliza la propiedad `font-weight`.

Esta propiedad acepta varios tipos de valores:

- Los valores nominales: `normal` para no aplicar negrita, `bold` para aplicar negrita, `bolder` para una negrita más marcada que la del elemento padre, y `lighter`, menos importante que la del padre.
- Los valores numéricos: de `100` a `900`, de menor a mayor peso.

Prácticamente la totalidad de las fuentes de caracteres tienen el estilo negrita (`bold`), pero no todas tienen variantes para `bolder` y `lighter`. Por otra parte, pocas fuentes de caracteres tienen variaciones numéricas de `100` a `900`.

A continuación se muestra un ejemplo con la fuente de letra **Helvetica Neue**, que tiene numerosas variantes de negrita:

```
<!doctype html>
<html lang="es">
<head>
   <meta charset="UTF-8">
   <title>Título de la página</title>
   <style>
       body {
           font-family: "Helvetica Neue";
       }
       .normal {
           font-weight: normal;
       }
       .mas-negrita {
           font-weight: bolder;
       }
       .mas-fina {
           font-weight: lighter;
       }
       .ultra-fina {
           font-weight: 100;
```

```
        }
        .ultra-negrita {
            font-weight: 900;
        }
    </style>
</head>
<body>
    <p class="normal">Cum sociis natoque penatibus y <span
class="mas-negrita">magnis dis parturient montes</span>, nascetur
ridiculus mus. <span class="mas-fina">Lorem Pharetra
Sollicitudin</span>.</p>
    <p>Lorem ipsum dolor sit amet, <span class="ultra-
fina">consectetur adipiscing elit</span>. Sed posuere
consectetur es at lobortis.<span class="ultra-negrita">Lorem Quam
Malesuada Cras</span>.</p>
</body>
</html>
```

A continuación se muestra la visualización obtenida:

Cum sociis natoque penatibus et **magnis dis parturient montes**, nascetur ridiculus mus. Lorem Pharetra Sollicitudin.

Lorem ipsum dolor sit amet, consectetur adipiscing elit. Sed posuere consectetur est at lobortis.**Lorem Quam Malesuada Cras**.

4.2 La cursiva de los caracteres

Para poner el texto en cursiva se utiliza la propiedad `font-style`. Acepta tres valores:

- `normal` elimina la cursiva.
- `italic` utiliza la variación cursiva de la fuente de letra si esta la tiene, que no es el caso de manera sistemática para todas las fuentes de caracteres.
- `oblique` inclina la fuente de caracteres «normal», si esta no tiene la variante cursiva y lo permite.

4.3 La anchura de los caracteres

En tipografía, la anchura expresa la longitud de los caracteres. Los caracteres más apretados se califican como comprimidos (*condensed* en inglés) y los más largos, como extendidos (*expanded* en inglés).

Con el CSS, se utiliza la propiedad `font-stretch`. Tiene varios valores nominales: `normal` (con el ancho normal) `ultra-condensed`, `extra-condensed`, `condensed`, `semi-condensed`, `semi-expanded`, `expanded`, `extra-expanded` y `ultra-expanded`.

Observe que pocas fuentes de caracteres tienen tantas variaciones de anchura. Es conveniente verificar que la fuente de caracteres que va a utilizar tiene estas variaciones.

4.4 Las versalitas

La propiedad `font-variant` permite aplicar versalitas al texto con el valor `small-caps`. El valor `normal` permite volver a unas mayúsculas/minúsculas estándares.

A continuación se muestra un ejemplo muy sencillo:

```
<!doctype html>
<html lang="es">
<head>
   <meta charset="UTF-8">
   <title>Título de la página</title>
   <style>
       .versalitas{
           font-variant: small-caps;
       }
   </style>
</head>
<body>
   <p>Cum sociis natoque penatibus et <span
class="versalitas">magnis dis parturient montes</span>,nascetur
ridiculus
mus.</p>
</body>
</html>
```

A continuación se muestra la visualización obtenida:

Cum sociis natoque penatibus et MAGNIS DIS PARTURIENT MONTES, nascetur ridiculus mus.

5. La sintaxis de acceso directo

Para más facilidad, puede agrupar todas estas propiedades de tipo `font-property` en una sola con el acceso directo `font`.

A continuación se muestra el orden de las propiedades que se debe respetar: `font-style | font-variant | font-weight | font-size | font-family`.

Cada valor se separa del siguiente por un espacio simple.

A continuación se muestra un sencillo ejemplo:

```
<!doctype html>
<html lang="es">
<head>
   <meta charset="UTF-8">
   <title>Título de la página</title>
   <style>
       body {
           font-size: 1em;
       }
       .especial-font {
           font: italic small-caps 1.5em "Helvetica Neue";
       }
   </style>
</head>
<body>
   <p>Cum sociis natoque penatibus et <span
class="especial-font">magnis dis parturient montes</span>,
nascetur ridiculus mus.</p>
</body>
</html>
```

A continuación se muestra la visualización obtenida:

Cum sociis natoque penatibus et *MAGNIS DIS PARTURIENT MONTES*, nascetur ridiculus mus.

6. El módulo CSS 4 para las fuentes de caracteres

El W3C ya trabaja en la próxima versión de CSS para las fuentes de caracteres. El módulo **CSS 4** está en estado Working Draft desde el 21 de diciembre de 2021: https://www.w3.org/TR/css-fonts-4/. De momento, tiene la posibilidad de añadir, entre otras, estas propiedades: `font-variation-settings` y `font-optical-sizing`.

Como siempre, los módulos en estado Working Draft no deben utilizarse en producción, sino únicamente para realizar pruebas a nivel local.

Capítulo 3-4
Los estilos para el texto

1. La aplicación de los estilos

En este capítulo, vamos a recorrer las principales propiedades CSS que permiten aplicar formato a los textos. Podremos aplicar estos estilos a elementos HTML muy diferentes. Para aplicar estilos a una selección de texto, vamos a utilizar elementos HTML de tipo `inline`, como `<span>`, `<a>`, `<code>`, etc. Para una aplicación a todo el texto de un elemento HTML, vamos a utilizar elementos de tipo `block`, como `<p>`, `<h1>` a `<h6>`, `<blockquote>`, etc. También puede aplicar estos estilos a los textos ubicados en las listas, tablas y formularios.

Los estilos que vamos a estudiar aplican un color y decoraciones al texto, cambian las mayúsculas/minúsculas de los caracteres, etc.

2. El color del texto

La propiedad `color` es la que permite modificar el color del texto. Vaya al capítulo Definir los estilos CSS, en la sección La notación de los colores, para revisar las notaciones usadas para los colores.

En este ejemplo muy sencillo, aplicamos dos colores, con dos notaciones diferentes, a dos elementos <span>:

```
<!doctype html>
<html lang="es">
<head>
   <meta charset="UTF-8">
   <title>Título de la página</title>
   <style>
       .azul {
           color: blue;
       }
       .azul-oscuro {
           color: rgb(10,21,252);
       }
   </style>
</head>
<body>
   <p>Aenean lacinia <span class="azul">bibendum nulla</span> sed
consectetur. Curabitur <span class="azul-oscuro">blandit tempus
</span> porttitor.</p>
</body>
</html>
```

3. Las declaraciones

3.1 El módulo CSS

Las declaraciones de texto forman parte de los módulos **Text Decoration Module Level 3**, que está en **Candidate Recommendation** a fecha 5 de mayo de 2022: https://www.w3.org/TR/css-text-decor-3/

3.2 Las líneas para el texto

Las declaraciones permiten aplicar una línea encima, debajo o sobre el texto, y podemos agregar un color y un tipo a estas líneas.

A continuación se muestran las tres propiedades que se pueden utilizar:

- `text-decoration-line` para definir la posición de la línea. Los valores posibles son: `none`, `underline`, `overline`, `line-through`, `underline overline` y `underline line-through`.
- `text-decoration-color` para elegir el color de la línea.
- `text-decoration-style` para aplicar un tipo de línea (de puntos, de rayas, etc.) esta propiedad puede utilizar los siguientes valores: `solid`, `double`, `dotted`, `dashed` y `wavy`.

También puede utilizar la sintaxis abreviada: `text-decoration`.

Los valores se indican en este orden: `text-decoration-line text-decoration-style text-decoration-color`. Los valores simplemente se separan con un espacio.

A continuación se muestra un sencillo ejemplo:

```
<!doctype html>
<html lang="es">
<head>
   <meta charset="UTF-8">
   <title>Título de la página</title>
   <style>
       .importante {
           text-decoration: underline doble #000;
       }
   </style>
</head>
<body>
   <p>Aenean lacinia <span class="importante">bibendum nulla</span>
sed consectetur. Curabitur blandit tempus porttitor.</p>
</body>
</html>
```

A continuación se muestra la visualización obtenida:

Aenean lacinia <u>bibendum nulla</u> sed consectetur. Curabitur blandit tempus porttitor.

3.3 Las líneas decorativas

Las líneas decorativas permiten dibujos en vez de líneas propiamente dichas como acabamos de ver.

- La propiedad `text-emphasis-style` permite elegir el dibujo que desea utilizar en forma de nombre predefinido, así como también en forma de una entidad de caracteres.
- La propiedad `text-emphasis-color` aplica un color al dibujo.

También puede utilizar la sintaxis abreviada `text-emphasis: text-emphasis-style text-emphasis-color`.

Estas propiedades están bastante bien reconocidas en noviembre de 2023. A continuación se muestra la compatibilidad de esta propiedad en el sitio web **Can I Use**:

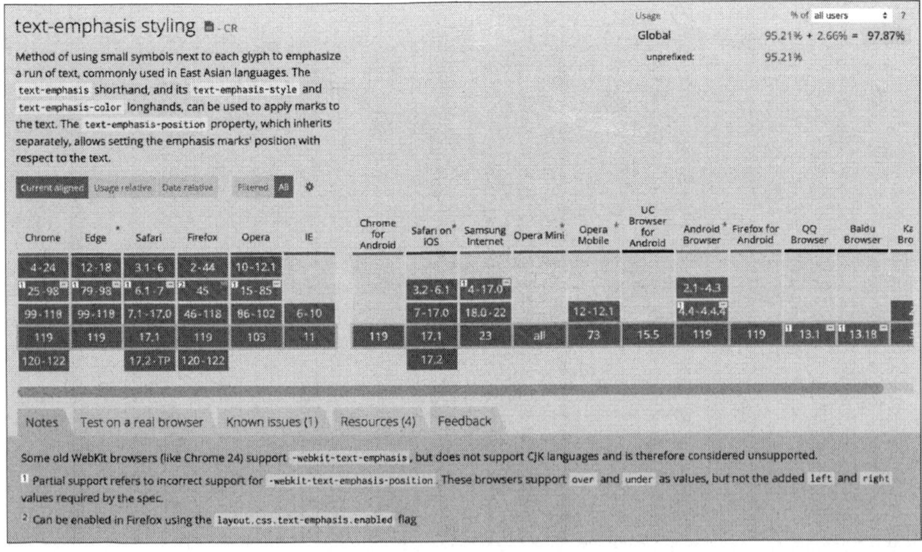

Veamos un sencillo ejemplo:

```
<!doctype html>
<html lang="es">
<head>
   <meta charset="UTF-8">
   <title>Título de la página</title>
   <style>
       .importante {
           text-emphasis-style: triangle;
           text-emphasis-color: blue;
       }
   </style>
</head>
<body>
   <p>Aenean lacinia <span class="importante">bibendum nulla</span>
sed consectetur. Curabitur blandit tempus porttitor.</p>
</body>
</html>
```

A continuación se muestra la visualización obtenida con Mozilla Firefox:

Aenean lacinia bibendum nulla sed consectetur. Curabitur blandit tempus porttitor.

En este ejemplo, puede ver que el dibujo, un triángulo, se ubica encima de cada carácter.

3.4 El sombreado

La propiedad `text-shadow` es el último formato de este módulo. Permite aplicar un sombreado al texto, con cinco valores:

- `color` determina el color del sombreado.
- `1e valor` indica el degradado horizontal del sombreado.
- `2e valor` especifica el degradado vertical del sombreado.
- `3e valor` indica el tamaño de la difuminación del sombreado.
- `4e valor` especifica la dirección del sombreado, que, por defecto, es hacia el exterior.

A continuación se muestra un sencillo ejemplo:

```
<!doctype html>
<html lang=“es”>
<head>
   <meta charset="UTF-8">
   <title>Título de la página</title>
   <style>
       .sombreado {
           text-shadow: #000 8px 5px;
       }
   </style>
</head>
<body>
   <h1 class="sombreado">Aenean lacinia bibendum nulla sed
consectetur</h1>
</body>
</html>
```

A continuación se muestra la visualización obtenida:

Aenean lacinia bibendum nulla sed consectetur

4. El formato del texto

4.1 El módulo CSS

Todo el formato del texto que veremos en este apartado forma parte del módulo **Text Module Level 3**, que se encontraba en estado **Candidate Recommendation Draft** desde el 3 de septiembre de 2023:
https://www.w3.org/TR/css-text-3/.

4.2 El cambio entre mayúsculas/minúsculas

La propiedad `text-transform` permite cambiar las mayúsculas/minúsculas de los caracteres. Este cambio se hace sea cual sea la escritura inicial del texto. Esta propiedad acepta varios valores:

- `capitalize` para pasar las primeras letras de cada palabra a mayúsculas.
- `uppercase` para transformar todos los caracteres a mayúsculas.
- `lowercase` para pasar todos los caracteres a minúsculas.
- `none` para eliminar cualquier cambio de mayúsculas/minúsculas ya aplicado.

A continuación se muestra un sencillo ejemplo:

```
<!doctype html>
<html lang="es">
<head>
   <meta charset="UTF-8">
   <title>Título de la página</title>
   <style>
       .mayusculas {
           text-transform: uppercase;
       }
       .mayusculas-palabras {
           text-transform: capitalize;
       }
   </style>
</head>
<body>
   <p>Aenean lacinia <span class="mayusculas">bibendum nulla
</span> sed consectetur. <span class="mayusculas-palabras">Curabitur
blandit tempus porttitor</span>.</p>
</body>
</html>
```

A continuación se muestra la visualización obtenida:

Aenean lacinia BIBENDUM NULLA sed consectetur. Curabitur Blandit Tempus Porttitor.

4.3 Los espacios entre los caracteres y las palabras

La propiedad `letter-spacing` permite modificar el espacio entre los caracteres, y la propiedad `word-spacing` lo aplica a nivel de las palabras. Puede utilizar valores positivos para espaciar las letras o las palabras o utilizar valores negativos para acercarlas. Observe que solo puede utilizar valores absolutos.

A continuación se muestran algunos sencillos ejemplos:

```
<!doctype html>
<html lang="es">
<head>
   <meta charset="UTF-8">
   <title>Título de la página</title>
   <style>
       .letras-espacios {
           letter-spacing: 5px;
       }
       .letras-estrecho {
           letter-spacing: -2px;
       }
       .palabras-espacios {
           word-spacing: 10px;
       }
       .palabras-estrecho {
           word-spacing: -2px;
       }
   </style>
</head>
<body>
   <p>Aenean lacinia bibendum nulla sed consectetur. Curabitur
blandit tempus porttitor.</p>
   <p>Aenean lacinia <span class="letras-espacios">bibendum
nulla</span> sed consectetur. <span class="letras-estrecho">
Curabitur blandit tempus porttitor</span>.</p>
   <p>Maecenas sed diam eget risus varius blandit sit amet no
magna.</p>
   <p class="palabras-espacios">Maecenas sed diam eget risus varius
blandit sit amet no magna.</p>
   <p class="palabras-estrecho">Maecenas sed diam eget risus varius
blandit sit amet no magna.</p>
</body>
</html>
```

A continuación se muestra la visualización obtenida:

Aenean lacinia bibendum nulla sed consectetur. Curabitur blandit tempus porttitor.

Aenean lacinia b i b e n d u m n u l l a sed consectetur. Curabiturblanditempusporttitor.

Maecenas sed diam eget risus varius blandit sit amet non magna.

Maecenas sed diam eget risus varius blandit sit amet non magna.

Maecenas sed diam eget risus varius blandit sit amet non magna.

4.4 Los espacios en blanco

El HTML ignora los espacios sucesivos y las tabulaciones, los espacios en blancos en la terminología del W3C. Si hay varios espacios entre dos palabras, solo se utiliza y se muestra uno. Con la propiedad `white-space`, podrá gestionar de manera más concreta estos espacios. También puede gestionar el retorno de carro estándar con el elemento `<br>`, y el salto de línea con la entidad de caracteres `
`.

La propiedad `white-space` acepta varios valores:

- `normal` utiliza la gestión de los espacios estándares que acabamos de mencionar.
- `nowrap` agrupa los espacios sucesivos en uno solo y los retornos de carro se eliminan. Por lo tanto, todo el texto permanece en la misma línea.
- `pre` conserva todos los espacios y tabulaciones. Los saltos de línea se hacen con `<br>` y `
`.
- `pre-wrap` es idéntico al valor anterior, con un salto de línea automático.
- `pre-line` agrupa los espacios múltiples, los saltos de línea se hacen con `<br>` y `
` y se pasa a la siguiente línea automáticamente.

A continuación se muestran algunos sencillos ejemplos:

```
<!doctype html>
<html lang="es">
<head>
   <meta charset="UTF-8">
   <title>Título de la página</title>
   <style>
       .blancos-pre {
           white-space: pre;
       }
       .sin-salto-linea {
           white-space: nowrap;
       }
   </style>
</head>
<body>
   <p>Resultados:</p>
   <p class="blancos-pre">
       Enero Febrero Marzo
       123       234       345
       265       275       217
   </p>
   <p class="sin-salto-linea">Aenean lacinia bibendum nulla sed
consectetur. Nullam quis risus eget urna mollis ornare vel eu leo.
Aenean lacinia bibendum nulla sed consectetur. Lorem ipsum dolor
sit amet, consectetur adipiscing elit.</p>
</body>
</html>
```

A continuación se muestra la visualización obtenida:

Resultados:

```
    Enero Febrero Marzo
    123    234    345
    265    275    217
```

Aenean lacinia bibendum nulla sed consectetur. Nullam quis risus eget urna mollis ornare vel eu leo. Aenean lacinia bibendum nulla sed consectetur. Lorem ipsum dolor sit amet, consectetur adipiscing elit.

4.5 Las alineaciones del texto

La propiedad `text-align` permite especificar la alineación del texto en los elementos HTML de tipo `block`, como `<p>`, `<blockquote>`, etc. Tenemos estos valores a nuestra disposición, como en los procesadores de texto:

- `left`: alineación a la izquierda.
- `center`: alineación al centro.
- `right`: alineación a la derecha.
- `justify`: alineación justificada.

A continuación se muestra un sencillo ejemplo:

```
<!doctype html>
<html lang="es">
<head>
   <meta charset="UTF-8">
   <title>Título de la página</title>
   <style>
       .centro {
           text-align: center;
       }
       .derecha {
           text-align: right;
       }
       .justificado {
           text-align: justify;
       }
   </style>
</head>
<body>
   <h1 class="centro">Vestibulum Cursus Tortor Aenean</h1>
   <h2 class="derecha">Pharetra Consectetur Ullamcorper Ipsum</h2>
   <p>Nullam id dolor id nibh ultricies vehicula ut id elit...</p>
   <p class="justificado">Donec ullamcorper nulla no metus...</p>
</body>
</html>
```

A continuación se muestra la visualización obtenida:

Vestibulum Cursus Tortor Aenean

Pharetra Consectetur Ullamcorper Ipsum

Nullam id dolor id nibh ultricies vehicula ut id elit. Nulla vitae elit libero, a pharetra augue. Donec id elit non mi porta gravida at eget metus. Etiam porta sem malesuada magna mollis euismod. Curabitur blandit tempus porttitor. Donec ullamcorper nulla non metus auctor fringilla. Fusce dapibus, tellus ac cursus commodo, tortor mauris condimentum nibh, ut fermentum massa justo sit amet risus.

Donec ullamcorper nulla non metus auctor fringilla. Fusce dapibus, tellus ac cursus commodo, tortor mauris condimentum nibh, ut fermentum massa justo sit amet risus. Aenean lacinia bibendum nulla sed consectetur. Nullam quis risus eget urna mollis ornare vel eu leo. Aenean lacinia bibendum nulla sed consectetur. Lorem ipsum dolor sit amet, consectetur adipiscing elit.

4.6 Indentación de la primera línea

La propiedad `text-indent` permite indentar la primera línea de texto. El valor es la longitud que se desea aplicar a la indentación con la unidad que se quiera.

A continuación se muestra dos sencillos ejemplos:

```
<!doctype html>
<html lang="es">
<head>
   <meta charset="UTF-8">
   <title>Título de la página</title>
   <style>
       .indentacion-corta {
           text-indent: 30px;
       }
       .indentacion-larga {
           text-indent: 5em;
       }
   </style>
</head>
<body>
   <p class="indentacion-corta">Nullam id dolor id...</p>
   <p class="indentacion-larga">Donec ullamcorper nulla...</p>
```

```
</body>
</html>
```

A continuación se muestra la visualización obtenida:

Nullam id dolor id nibh ultricies vehicula ut id elit. Nulla vitae elit libero, a pharetra augue. Donec id elit non mi porta gravida at eget metus. Etiam porta sem malesuada magna mollis euismod. Curabitur blandit tempus porttitor. Donec ullamcorper nulla non metus auctor fringilla. Fusce dapibus, tellus ac cursus commodo, tortor mauris condimentum nibh, ut fermentum massa justo sit amet risus.

Donec ullamcorper nulla non metus auctor fringilla. Fusce dapibus, tellus ac cursus commodo, tortor mauris condimentum nibh, ut fermentum massa justo sit amet risus. Aenean lacinia bibendum nulla sed consectetur. Nullam quis risus eget urna mollis ornare vel eu leo. Aenean lacinia bibendum nulla sed consectetur. Lorem ipsum dolor sit amet, consectetur adipiscing elit.

4.7 La partición de palabras al final de línea

La propiedad `hyphens` permite gestionar las particiones de palabras al final de línea. Esta propiedad acepta tres valores:

- `none`: no se aplica ninguna partición.
- `manual`: hay una separación por sílabas solo si las palabras que se pueden cortar al final de la línea lo sugieren. La indicación de partición se hace con las dos entidades de caracteres: guión "suave" `` y "fuerte" (que se muestra siempre, pase lo que pase) `‐`.
- `auto`: es el navegador el que decide dónde aplicar las particiones.

A continuación se muestra un sencillo ejemplo:

```
<!doctype html>
<html lang="es">
<head>
   <meta charset="UTF-8">
   <title>Título de la página</title>
   <style>
       p {
           width: 300px;
           border: 1px solid #000;
       }
       .particion-auto {
           hyphens: auto;
```

```
        }
        .particion-sin {
            hyphens: none;
        }
    </style>
</head>
<body>
    <p class="particion-auto">Nullam id dolor id nibh...</p>
    <p class="particion-sin">Nullam id dolor id nibh...</p>
</body>
</html>
```

A continuación se muestra la visualización obtenida:

Nullam id dolor id nibh ultricies vehicula ut id
elit. Nulla vitae elit libero, a pharetra augue.
Donec id elit non mi porta gravida at eget metus. Etiam porta sem malesuada magna mollis
euismod. Curabitur blandit tempus porttitor.
Donec ullamcorper nulla non metus auctor
fringilla. Fusce dapibus, tellus ac cursus commodo, tortor mauris condimentum nibh, ut fermentum massa justo sit amet risus.

Nullam id dolor id nibh ultricies vehicula ut id
elit. Nulla vitae elit libero, a pharetra augue.
Donec id elit non mi porta gravida at eget
metus. Etiam porta sem malesuada magna
mollis euismod. Curabitur blandit tempus
porttitor. Donec ullamcorper nulla non metus
auctor fringilla. Fusce dapibus, tellus ac
cursus commodo, tortor mauris condimentum
nibh, ut fermentum massa justo sit amet risus.

5. Otras propiedades para el texto

5.1 El interlineado

La altura del interlineado forma parte de la definición de las CSS 2.1 (https://www.w3.org/TR/CSS21/visudet.html#propdef-line-height). Esta propiedad se puede integrar en la sintaxis abreviada de `font`: https://www.w3.org/TR/css-fonts-3/, en el módulo **Fonts Module Level 3**. A continuación se muestra la sintaxis del acceso directo: `font: font-style font-variant font-weight font-size/line-height font-family`.

Esta propiedad `line-height` acepta numerosos valores:

- valor numérico sin unidad: esto define el valor multiplicador del tamaño de los caracteres utilizado en el texto.
- valor numérico fijo en `px`, por ejemplo: esto indica un interlineado fijo.
- valor numérico expresado en `em`, por ejemplo: esto determina el interlineado proporcional al tamaño de los caracteres utilizado en el texto.

A continuación se muestra un sencillo ejemplo:

```
<!doctype html>
<html lang="es">
<head>
   <meta charset="UTF-8">
   <title>Título de la página</title>
   <style>
       .interlineado-fijo {
           line-height: 14px;
       }
       .interlineado-multi {
           line-height: 1.2;
       }
       .interlineado-relativo {
           line-height: 1.5em;
       }
   </style>
</head>
<body>
```

```
   <p class="interlineado-fijo">Nullam id ... eget metus.
<span style="font-size: 24px">Etiam porta sem malesuada</span>
magna mollis...</p>
   <p class="interlineado-multi">Nullam id ... eget metus.
<span style="font-size: 24px">Etiam porta sem malesuada</span>
magna mollis...</p>
   <p class="interlineado-relativo">Nullam id ... eget metus.
<span style="font-size: 24px">Etiam porta sem malesuada</span>
magna mollis...</p>
</body>
</html>
```

A continuación se muestra la visualización obtenida:

Nullam id dolor id nibh ultricies vehicula ut id elit. Nulla vitae elit libero, a pharetra augue. Donec id elit non mi porta gravida at eget metus. Etiam porta sem malesuada magna mollis euismod. Curabitur blandit tempus porttitor. Donec ullamcorper nulla non metus auctor fringilla. Fusce dapibus, tellus ac cursus commodo, tortor mauris condimentum nibh, ut fermentum massa justo sit amet risus.

Nullam id dolor id nibh ultricies vehicula ut id elit. Nulla vitae elit libero, a pharetra augue. Donec id elit non mi porta gravida at eget metus. Etiam porta sem malesuada magna mollis euismod. Curabitur blandit tempus porttitor. Donec ullamcorper nulla non metus auctor fringilla. Fusce dapibus, tellus ac cursus commodo, tortor mauris condimentum nibh, ut fermentum massa justo sit amet risus.

Nullam id dolor id nibh ultricies vehicula ut id elit. Nulla vitae elit libero, a pharetra augue. Donec id elit non mi porta gravida at eget metus. Etiam porta sem malesuada magna mollis euismod. Curabitur blandit tempus porttitor. Donec ullamcorper nulla non metus auctor fringilla. Fusce dapibus, tellus ac cursus commodo, tortor mauris condimentum nibh, ut fermentum massa justo sit amet risus.

5.2 Desbordamiento de texto

Podemos perfectamente ocultar un desbordamiento de texto en un bloque con la propiedad `white-space: nowrap`. Si lo que viene a continuación del texto no está visible, es útil indicarlo al usuario. Para esto, podemos utilizar la propiedad `text-overflow`. Esta propiedad forma parte del módulo **Basic User Interface Module Level 3 (CSS3 UI)**, que está como **Recommendation** desde el 21 de junio de 2018 (https://www.w3.org/TR/css-ui-3/).

Esta propiedad `text-overflow` acepta dos valores:

- `clip`: no hay ninguna indicación para señalar el desbordamiento de texto.
- `ellipsis`: el navegador inserta el carácter puntos suspensivos.

A continuación se muestra un sencillo ejemplo:

```
<!doctype html>
<html lang="es">
<head>
   <meta charset="UTF-8">
   <title>Título de la página</title>
   <style>
       p {
           width: 500px;
           white-space: nowrap;
           overflow: hidden;
           border: 1px solid #000;
       }
       .continuacion-clip {
           text-overflow: clip;
       }
       . continuacion-puntos {
           text-overflow: ellipsis;
       }
   </style>
</head>
<body>
   <p class=" continuacion-visible">Nullam id dolor id nibh ultricies
vehicula ut id elit. Nulla vitae elit libero, a pharetra augue.</p>
   <p class=" continuacion-puntos">Nullam id dolor id nibh ultricies
vehicula ut id elit. Nulla vitae elit libero, a pharetra augue.</p>
</body>
</html>
```

A continuación se muestra la visualización obtenida:

Nullam id dolor id nibh ultricies vehicula ut id elit. Nulla vitae elit libero, a ph

Nullam id dolor id nibh ultricies vehicula ut id elit. Nulla vitae elit libero, a...

6. El módulo CSS 4 para dar formato al texto

Ya se está preparando la próxima versión de los CSS para dar formato al texto. El módulo **CSS Text Module Level 4** se encuentra en estado Working Draft desde el 20 de octubre de 2023: https://www.w3.org/TR/css-text-4/.

Capítulo 3-5
Los estilos para los contenedores de texto

1. Los títulos, los párrafos y las citas

Recordemos que los contenedores para los títulos son los elementos que van de `<h1>` a `<h6>`. El elemento `<p>` permite mostrar los párrafos, y `<blockquote>`, las citas.

En todos estos elementos, podemos aplicar las propiedades CSS para el texto que hemos visto en el capítulo anterior. Para estos contenedores, no hay propiedades específicas, al contrario de lo que sucede con las listas, las tablas y los formularios, como vamos a ver en las siguientes secciones.

2. Las listas

2.1 Los elementos de las listas y los estilos

Recordemos que las listas con viñetas se insertan con el elemento `<ul>` y las listas numeradas con `<ol>`. Cada ítem de estas dos listas se añade con un elemento `<li>`. Las listas de definiciones se utilizan con los elementos `<dl>`, `<dt>` y `<dd>`. En todos estos elementos, puede perfectamente aplicar los estilos CSS para el texto que hemos estudiado en el capítulo anterior.

Observe que el W3C ofrece módulos dedicados al formato de las listas. Tenemos **Lists and Counters Module Level 3** (https://www.w3.org/TR/css-lists-3/), que está en **Working Draft** a fecha 17 de noviembre de 2020. Este módulo se clasifica en la categoría **Refining**, lo que quiere decir que todavía no es utilizable en la actualidad. El módulo **Counter Styles Level 3** está en **Candidate Recommendation Snapshot** a fecha 27 de julio de 2021: https://www.w3.org/TR/css-counter-styles-3/

Por lo tanto, es un poco más reconocido por los navegadores. Este módulo permite generar contadores de lista personalizados.

2.2 Los estilos de enumeración

El símbolo de enumeración ubicado delante de cada ítem de una lista numerada o con viñetas se puede elegir con la propiedad `list-style-type`. Observe bien que esta propiedad ya formaba parte de los CSS 2.1 (https://www.w3.org/TR/CSS2/generate.html#propdef-list-style-type).

Para las listas con viñetas, puede utilizar estos valores:

- `disc`: viñeta negra completa, que es el valor por defecto.
- `circle`: viñeta con hueco, blanco en su centro.
- `square`: cuadrado negro y completo.

Para las listas numeradas, puede utilizar estos valores principales:

- `decimal`: cifras enteras, que es el valor por defecto.
- `decimal-leading-zero`: cifras enteras, pero con un `0` como prefijo.
- `lower-roman`: cifras romanas minúsculas.
- `upper-roman`: cifras romanas mayúsculas.
- `lower-alpha` o `lower-latin`: letras minúsculas.
- `upper-alpha` o `upper-latin`: letras mayúsculas.

A continuación se muestra un sencillo ejemplo:

```
<!doctype html>
<html lang="es">
<head>
   <meta charset="UTF-8">
   <title>Título de la página</title>
   <style>
       .lista-circulo {
           list-style-type: circle;
       }
       .lista-cuadrado {
           list-style-type: square;
       }
       .lista-alpha {
           list-style-type: lower-alpha;
       }
       .lista-romana {
           list-style-type: upper-roman;
       }
   </style>
</head>
<body>
   <p>Primera lista:</p>
   <ul class="lista-circulo">
       <li>Manzanas</li>
       <li>Fresas</li>
       <li>Piñas</li>
   </ul>
   <p>Segunda lista:</p>
   <ul class="lista-cuadrado">
       <li>Manzanas</li>
       <li>Fresas</li>
       <li>Piñas</li>
   </ul>
   <p>Tercera lista:</p>
   <ol class="lista-alpha">
       <li>Manzanas</li>
       <li>Fresas</li>
       <li>Piñas</li>
   </ol>
   <p>Cuarta lista:</p>
   <ol class="lista-romana">
       <li>Manzanas</li>
```

```
        <li>Fresas</li>
        <li>Piñas</li>
    </ol>
</body>
</html>
```

A continuación se muestra la visualización obtenida:

Primera lista:

- Manzanas
- Fresas
- Piñas

Segunda lista:

- Manzanas
- Fresas
- Piñas

Tercera lista:

a. Manzanas
b. Fresas
c. Piñas

Cuarta lista:

I. Manzanas
II. Fresas
III. Piñas

2.3 La enumeración con una imagen

En lugar de tener una enumeración en forma de símbolo, cifra o letra, se puede optar por una pequeña imagen. En este caso, hay que utilizar la propiedad `list-style-image`, indicando como valor la URL de acceso al archivo de la imagen.

A continuación se muestra un sencillo ejemplo:

```
<!doctype html>
<html lang="es">
<head>
   <meta charset="UTF-8">
   <title>Título de la página</title>
   <style>
       .lista-imagen {
           list-style-Imagen: url(copo.png);
       }
   </style>
</head>
<body>
   <ul class="lista-imagen">
       <li>Manzanas</li>
       <li>Fresas</li>
       <li>Piñas</li>
   </ul>
</body>
</html>
```

A continuación se muestra la visualización obtenida:

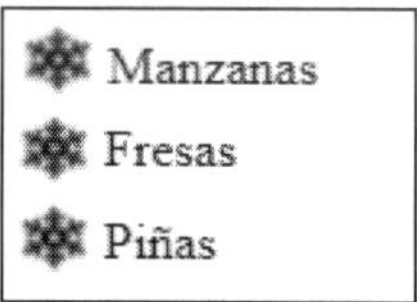

2.4 La posición del símbolo

Un ítem de lista puede contener más o menos texto. En el caso de que el texto sea muy largo, puede elegir la posición de la enumeración con la propiedad `list-style-position`. El valor `inside` permite mostrar la enumeración en el texto del ítem; el valor `outside`, el espacio fuera del texto.

A continuación se muestra un sencillo ejemplo:

```
<!doctype html>
<html lang="es">
<head>
   <meta charset="UTF-8">
   <title>Título de la página</title>
   <style>
       .posicion-interna {
           list-style-position: inside;
       }
       .posicion-externa {
           list-style-position: outside;
       }
   </style>
</head>
<body>
   <p>Primera lista:</p>
   <ul class="posicion-interna">
       <li>Donec sed odio dui. Duis mollis...</li>
       <li>Aenean eu leo quam. Pellentesque...</li>
   </ul>
   <p>Segunda lista:</p>
   <ul class="posicion-externa">
       <li>Donec sed odio dui. Duis mollis...</li>
       <li>Aenean eu leo quam. Pellentesque...</li>
   </ul>
</body>
</html>
```

A continuación se muestra la visualización obtenida:

Primera lista:

- Donec sed odio dui. Duis mollis, est non commodo luctus, nisi erat portitor ligula, eget lacinia odio sem nec elit. Vivamus sagitis lacus augue laoreet rutrum faucibus dolor auctor. Vivamus sagitis lacus vel augue laoreet rutrum faucibus dolor auctor
- Aenean eu leo queam. Pellentesque ornare sem lacinia quam venetatis vestibulum. Etiam porta sem malesuada magna mollis euismod. Integer posuere erat a ante venetatis dapibus posuere velit aliquet. Cum sociis natoque penatibus et magnis dis parturient montes, nascetur ridiculus mus.

Segunda lista:

- Donec sed odio dui. Duis mollis, est non commodo luctus, nisi erat portitor ligula, eget lacinia odio sem nec elit. Vivamus sagitis lacus augue laoreet rutrum faucibus dolor auctor. Vivamus sagitis lacus vel augue laoreet rutrum faucibus dolor auctor
- Aenean eu leo queam. Pellentesque ornare sem lacinia quam venetatis vestibulum. Etiam porta sem malesuada magna mollis euismod. Integer posuere erat a ante venetatis dapibus posuere velit aliquet. Cum sociis natoque penatibus et magnis dis parturient montes, nascetur ridiculus mus.

2.5 La sintaxis de acceso directo

Acabamos de estudiar tres propiedades relacionadas con las listas. Para más facilidad, podemos utilizar una sintaxis abreviada, solo con la propiedad `list-style`.

A continuación se muestra el orden de entrada de las propiedades:

`list-style: list-style-type list-style-position list-style-image`

He aquí un ejemplo:

```
.lista-copo {
   list-style: circle url(copo.png) inside;
}
```

En este ejemplo, puede parecer sorprendente indicar al mismo tiempo una enumeración con una viñeta predefinida (`circulo`) y una imagen (`copo.png`). Esto puede ser una buena práctica porque, si la imagen no está disponible, se utilizará el símbolo de la enumeración.

3. Las tablas

3.1 El texto en las tablas

Todas las propiedades CSS que acabamos de ver para el texto se pueden aplicar a los contenidos textuales de las celdas de las tablas.

Observación

Observe que las propiedades CSS aplicables a las tablas que vamos a estudiar ya formaban parte del CSS 2.1.

3.2 El borde de la tabla

Podemos aplicar bordes a las tablas y a las celdas de las tablas. Vamos a empezar agregando un borde a la tabla. Este borde se va a situar únicamente alrededor de la tabla.

A continuación se muestra el código HTML de la tabla que se utilizará:

```
<table id="resultados">
   <tr>
       <th>Enero</th>
       <th>Febrero</th>
       <th>Marzo</th>
   </tr>
   <tr>
       <td>123</td>
       <td>134</td>
       <td>156</td>
   </tr>
   <tr>
       <td>213</td>
       <td>256</td>
       <td>273</td>
   </tr>
   <tr>
       <td>321</td>
       <td>351</td>
       <td>372</td>
   </tr>
</table>
```

En este ejemplo, usaremos la propiedad `border` para aplicar al borde:

```
<style>
   #resultados {
       border: 1px solid #333;
   }
</style>
```

Con la sintaxis corta, esta propiedad utiliza tres valores:

- `1px` indica la anchura del borde.
- `solid` especifica el tipo de borde. Aquí es un trazo continuo.
- `#333` indica el color del borde, un gris oscuro en este ejemplo.

A continuación se muestra la visualización obtenida:

Enero	Febrero	Marzo
123	134	156
213	256	273
321	351	372

3.3 Los bordes de las celdas

Vamos a utilizar de nuevo la propiedad `border` para aplicar un borde a las celdas, con los selectores `th` y `td`:

```
#resultados th, #resultados td {
   border: 1px solid #333;
}
```

A continuación se muestra la visualización obtenida:

Enero	Febrero	Marzo
123	134	156
213	256	273
321	351	372

Puede ver que el borde de la tabla y los bordes de las celdas son independientes. Pero vamos a poder fusionar todos estos bordes con la propiedad `border-collapse: collapse` situada en el borde de la tabla.

```
#resultados {
   border-collapse: collapse;
   border: 1px solid #333;
}
```

A continuación se muestra la visualización obtenida:

Enero	Febrero	Marzo
123	134	156
213	256	273
321	351	372

3.4 El espacio interno de las celdas

La propiedad `padding` gestiona el espacio entre un contenido y su contenedor. Podemos utilizarla para aumentar el espacio interno de las celdas, de modo que el contenido no esté demasiado cerca de los bordes.

```
#resultados th, #resultados td {
   border: 1px solid #333;
   padding: 5px;
}
```

A continuación se muestra la visualización obtenida:

Enero	Febrero	Marzo
123	134	156
213	256	273
321	351	372

3.5 Las celdas vacías

Puede no fusionar los bordes de las celdas y de la tabla con la propiedad `border-collapse: separate;`. Si tiene celdas vacías, sin contenido, puede especificar la visualización deseada para los bordes y el fondo con la propiedad `empty-cells`. Esta acepta dos valores:

- `show`: se muestran los bordes y el fondo de las celdas vacías.
- `hide`: se ocultan los bordes y el fondo de las celdas vacías.

A continuación se muestran las reglas CSS utilizadas en este ejemplo:

```
#resultados {
   border-collapse: separate;
   border: 1px solid #333;
}
#resultados th, #resultados td {
   border: 1px solid #333;
   padding: 5px;
   background-color: #eee;
   empty-cells: hide;
}
```

A continuación se muestra la visualización obtenida:

Enero	Febrero	Marzo
123	134	156
213	256	273
321		372

3.6 El título de la tabla

El elemento <caption> permite agregar un título para una tabla:

```
<table id="resultados">
   <caption>Resultados 2018</caption>
   ...
</table>
```

A continuación se muestra la visualización obtenida por defecto, con el título de la tabla ubicado encima de ella:

Resultados 2018

Enero	Febrero	Marzo
123	134	156
213	256	273
321	351	372

La propiedad `caption-side` permite situar el título de la tabla en varios lugares diferentes: `top` para una visualización encima y `bottom` para una visualización debajo. Esta propiedad se añade a la regla CSS que gestiona la visualización de la tabla:

```
#resultados {
   border-collapse: collapse;
   border: 1px solid #333;
   caption-side: bottom;
}
```

A continuación se muestra la visualización obtenida:

Enero	Febrero	Marzo
123	134	156
213	256	273
321	351	372

Resultados 2018

4. Los formularios

4.1 El formato del texto de los campos

Todos los elementos textuales HTML que intervienen en los formularios pueden utilizar las propiedades CSS dedicadas al texto que hemos visto anteriormente.

Además, todos los campos pueden utilizar las propiedades de las cajas que vamos a ver en el próximo capítulo: borde, fondo, relleno...

4.2 Los estados activo e inactivo de los objetos

Anteriormente hemos estudiado las pseudoclases `:enabled`, `:disabled` y `:checked`. Vamos a poder utilizar estas clases en las reglas CSS para formatear los objetos de formulario, en función de su estado.

A continuación se muestra el formulario utilizado:

```
<form id="formulario" method="#" action="#">
   <p>
       <label for="nombre">Su nombre: </label>
       <input type="text" id="nombre">
   </p>
   <p>
       <label for="edad">Su edad: </label>
       <input type="text" id="edad" disabled>
   </p>
   <p>
       <input type="radio" name="sexo" id="hombre" value="hombre">
       <label for="hombre">Hombre</label>
       <br>
       <input type="radio" name="sexo" id="mujer" value="mujer">
       <label for="mujer">Mujer</label>
   </p>
   <p>
       <input type="checkbox" id="acuerdo" />
      <label for="acuerdo">Estoy de acuerdo con las condiciones</label>
   </p>
</form>
```

Detallemos este formulario. Tenemos:

- Un campo de entrada **Su nombre**, que está activo por defecto.
- Un campo de entrada **Su edad**, que está inactivo, con el atributo booleano `disabled`.
- Un grupo de botones de radio, con dos opciones: **Hombre** y **Mujer**.
- Una casilla de selección.

Vamos a utilizar la pseudoclase `:enabled` para aplicar un color de fondo al primer campo que esté activo por defecto y que por consiguiente, utiliza esta pseudoclase.

A continuación se muestra la regla CSS:

```
:enabled {
   background-color: lightgreen;
}
```

Usamos la propiedad `background-color` para aplicar un color de fondo verde claro.

El segundo campo está inactivo porque tiene el atributo `disabled`. Usando el mismo principio, le aplicamos un color de fondo rojo claro:

```
:disabled {
   background-color: lightcoral;
}
```

Cuando el usuario seleccione uno de los botones de radio, pasaremos el texto a cursiva. Para esto, en el selector utilizamos la pseudoclase `:checked`:

```
#hombre:checked+label, #mujer:checked+label {
   font-style: italic;
}
```

Para terminar, con la misma pseudoclase, cuando el usuario marque la casilla de selección, aplicaremos un color de fondo y la negrita al texto:

```
#acuerdo:checked+label {
   background-color: lightblue;
   font-weight: bold;
}
```

A continuación se muestra la visualización obtenida durante la carga de la página:

Su nombre:

Su edad:

Hombre
Mujer

Estoy de acuerdo con las condiciones

A continuación se muestra la visualización obtenida después de las selecciones de un botón de radio y de la casilla de selección:

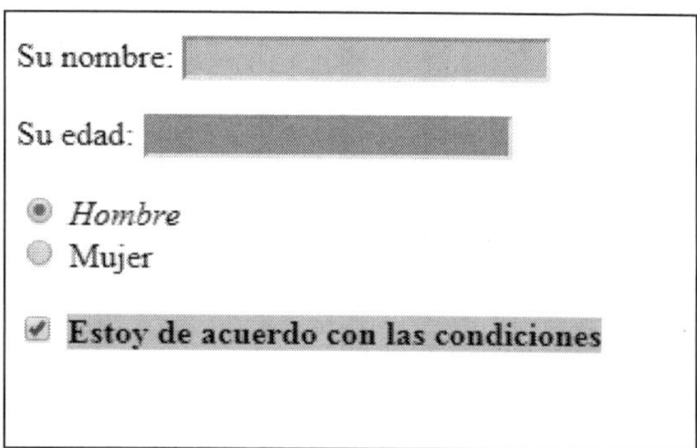

4.3 Los campos obligatorios

Puede indicar si algunos campos son obligatorios con el atributo `required`. Por defecto, los campos son no obligatorios. A pesar de todo, podemos especificar este estado con el atributo `optional`. Vamos a resaltar los campos obligatorios con un color de fondo rojo claro y los campos no obligatorios con un color amarillo claro.

A continuación se muestra el código HTML utilizado para el formulario:

```
<form id="formulario" method="#" action="#">
   <p>
       <label for="nombre">Su nombre: </label>
       <input type="text" id="nombre" required>
   </p>
   <p>
       <label for="apellido">Su apellido: </label>
       <input type="text" id="apellido">
   </p>
   <p>
       <label for="mail">Su mail: </label>
       <input type="text" id="mail" required>
   </p>
   <p>
       <label for="direcciones">Sus direcciones: </label>
       <input type="text" id="direcciones">
   </p>
```

```
    <p>
        <input type="submit" name="envio" id="envio" value="Enviar">
         
        <input type="reset" name="Cancelar" id="Cancelar" value="Cancelar">
    </p>
</form>
```

Detallemos esta sencilla estructura:

- Tenemos dos campos de entrada obligatorios, **Su nombre** y **Su mail**. Estos dos campos tienen el atributo `required`.
- Los otros dos campos, **Su apellido** y **Sus direcciones**, no son obligatorios. Observe que no tienen el atributo `optional`, que es el atributo por defecto.

A continuación se muestran las reglas CSS utilizadas:

```
<style>
    input:required {
        background-color: lightcoral;
    }
    input:optional {
        background-color: lightyellow;
    }
    #envio, #Cancelar {
        background: none;
    }
</style>
```

- Para las dos primeras reglas CSS, utilizamos los selectores `input:required` para los campos obligatorios e `input:optional` para los campos no obligatorios. El color del fondo es `lightcoral` para los campos obligatorios y `lightyellow` para los campos opcionales.
- Atención, los dos botones son objetos de tipo `input`, por lo que es conveniente distinguirlos con su identificador. No se les aplica ningún fondo.

A continuación se muestra la visualización obtenida:

Su nombre:

Su apellido:

Su mail:

Sus direcciones:

Enviar Cancelar

4.4 La longitud de las etiquetas y de los campos

En los ejemplos anteriores, la visualización de los campos del formulario no era muy elaborada. En este nuevo ejemplo, vamos a mostrar las etiquetas y los campos de entrada con longitudes similares, con el objetivo de tener una alineación de los objetos.

Para el tratamiento de las etiquetas con el elemento `<label>`, vamos a modificar su tipo de visualización a fin de poder utilizar la propiedad `width`, que determina la longitud de los elementos. Para hacer esto, utilizamos la propiedad `display` con el valor `inline-block`. Esto permite obtener un elemento de tipo `block`, que se muestra en la línea.

```
label {
   display: inline-block;
   width: 120px;
}
```

Para los campos de entrada `input`, utilizamos sin problema la propiedad `width`:

```
input {
   width: 200px;
}
```

Se aplica lo mismo para los dos botones identificados:

```
#Envio, #Cancelar {
   width: 100px;
}
```

A continuación se muestra la visualización obtenida:

Su nombre:
Su apellido:
Su mail:
Sus direcciones:
Enviar
Cancelar

4.5 Formatear el foco de los campos

Puede resaltar el campo de entrada activo utilizando la pseudoclase `:focus` en un selector.

A continuación se muestra la regla CSS utilizada:

```
input:focus {
   outline: solid 3px lightgreen;
   outline-offset: 2px;
}
```

En este ejemplo, vamos a utilizar las propiedades `outline` para aplicar un borde al campo activo y la propiedad `outline-offset` para indicar el desplazamiento de este respecto al contorno del campo.

A continuación se muestra la visualización obtenida cuando un campo está activo, es decir, cuando tiene el foco:

Su nombre:

Su apellido:

Su mail:

Sus direcciones:

Enviar Cancelar

Capítulo 3-6
Los estilos para los paneles

1. El concepto del modelo de panel

La noción de panel es un principio fundamental en el diseño de las páginas HTML y de su formato en CSS.

Un panel es un contenedor rectangular que puede albergar todo tipo de contenido: texto, imágenes, tablas, formularios, así como otros paneles. Estos paneles tienen varias características estructurales:

- Un contenido (`content`) que puede ser de cualquier tipo, como acabamos de mencionar. Es la zona correspondiente a la línea fina en el siguiente esquema.
- Un relleno interno (`padding`) que determina el espacio entre el contenido y el límite del panel. Es la zona entre el contenido (línea fina) y el borde (línea gruesa) en el siguiente esquema.
- Un borde (`border`) que se aplica al límite del panel. Es la línea gruesa en el siguiente esquema.
- Un margen (`margin`) que define el espacio entre el límite del panel y el resto de los elementos, alrededor de este panel. Es la zona entre el punteado exterior y el borde en el siguiente esquema.

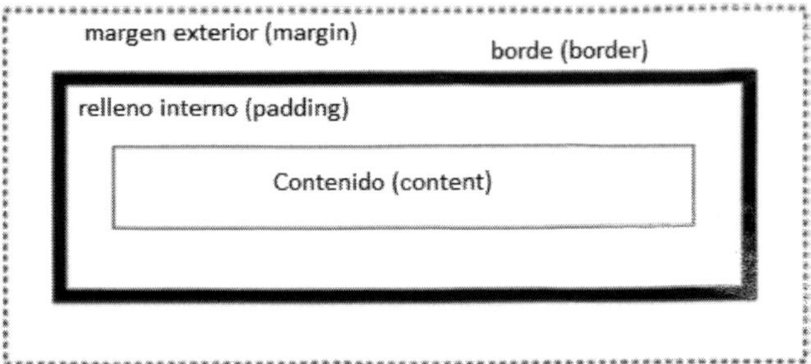

2. Las visualizaciones de los paneles

2.1 Los diferentes tipos de visualización

HTML 4.1 especifica perfectamente el tipo de visualización de los paneles. Teníamos dos tipos principales: la visualización en bloque (`block`) y la visualización en línea (`inline`).

La visualización (propiedad `display`) en bloque (valor `block`) especifica que cada elemento se muestra en su propia línea, sobre toda la longitud disponible en la ventana del navegador o bien en el elemento padre cuando hay anidaciones. La mayor parte de los elementos de contenido utilizan el modo bloque. Los elementos en bloque se muestran unos debajo de otros. A continuación indicamos una URL que lista los elementos HTML 4 que se muestran en bloque: http://htmlhelp.com/reference/html40/block.html

La visualización (propiedad `display`) en línea (valor `inline`) indica que los elementos se muestran en una misma línea. Esto afecta principalmente a los elementos de formato. A continuación indicamos una URL que lista los elementos HTML 4 que se muestran en línea:
http://htmlhelp.com/reference/html40/inline.html

Además de estos dos principales tipos de visualización, hay muchos otros tipos. La siguiente URL de **W3 Schools** reúne todos los tipos de visualización de tipo `display`: https://www.w3schools.com/cssref/pr_class_display.asp. Aquí encontramos principalmente las visualizaciones dedicadas a las tablas (`table-`), a las rejillas (`grid`) y a la paginación flexible (`flex`).

A continuación se muestra la tabla de resumen:

CSS Syntax

```
display: value;
```

Property Values

Value	Description	Play it
inline	Displays an element as an inline element (like <span>). Any height and width properties will have no effect	Demo ›
block	Displays an element as a block element (like <p>). It starts on a new line, and takes up the whole width	Demo ›
contents	Makes the container disappear, making the child elements children of the element the next level up in the DOM	
flex	Displays an element as a block-level flex container	
grid	Displays an element as a block-level grid container	
inline-block	Displays an element as an inline-level block container. The element itself is formatted as an inline element, but you can apply height and width values	
inline-flex	Displays an element as an inline-level flex container	
inline-grid	Displays an element as an inline-level grid container	
inline-table	The element is displayed as an inline-level table	
list-item	Let the element behave like a <li> element	Demo ›
run-in	Displays an element as either block or inline, depending on context	
table	Let the element behave like a <table> element	
table-caption	Let the element behave like a <caption> element	
table-column-group	Let the element behave like a <colgroup> element	
table-header-group	Let the element behave like a <thead> element	
table-footer-group	Let the element behave like a <tfoot> element	
table-row-group	Let the element behave like a <tbody> element	
table-cell	Let the element behave like a <td> element	
table-column	Let the element behave like a <col> element	
table-row	Let the element behave like a <tr> element	
none	The element is completely removed	
initial	Sets this property to its default value. Read about *initial*	
inherit	Inherits this property from its parent element. Read about *inherit*	

2.2 La visualización en bloque

La visualización en bloque se utiliza en los contenedores de texto (<p>, de <h1> hasta <h6>, <ul>...) y los elementos de estructura (<nav>, <main>, <div>...). Por lo tanto, estos elementos se muestran en toda la longitud disponible en la ventana del navegador o de su elemento padre.

Además, cada elemento tiene un relleno interno, `padding`, y un margen exterior, `margin`, perfectamente definidos. Esto permite espaciar verticalmente cada elemento.

A continuación se muestran, por ejemplo, los márgenes antes y después de aplicarlos a los elementos <p>
(http://w3c.github.io/html-reference/p.html#p):

Typical default display properties

```
p{
  display: block;
  margin-before: 1em;
  margin-after: 1em;
  margin-start: 0;
  margin-end: 0; }
```

Seguidamente se muestran los márgenes para el elemento <h1>
(http://w3c.github.io/html-reference/h1.html#h1):

Typical default display properties

```
h1 {
  display: block;
  font-size: 2em;
  margin-before: 0.67em;
  margin-after: 0.67em;
  margin-start: 0;
  margin-end: 0;
  font-weight: bold; }
```

He aquí un ejemplo muy sencillo, que ilustra los márgenes encima y debajo de los elementos en visualización `block`:

```
<!doctype html>
<html lang="es">
<head>
   <meta charset="UTF-8">
   <title>Título de la página</title>
</head>
<body>
   <h1>Dapibus Mollis Dolor Vehicula</h1>
   <p>Duis mollis, est non commodo luctus..</p>
   <p>Aenean lacinia bibendum nulla..</p>
</body>
</html>
```

A continuación se muestra la visualización obtenida, con la representación de los espacios entre los elementos:

Dapibus Mollis Dolor Vehicula

Duis mollis, est non commodo luctus, nisi erat porttitor ligula, eget lacinia odio sem nec elit. Donec sed odio dui. Cum sociis natoque penatibus et magnis dis parturient montes, nascetur ridiculus mus.

Aenean lacinia bibendum nulla sed consectetur. Lorem ipsum dolor sit amet, consectetur adipiscing elit. Duis mollis, est non commodo luctus, nisi erat porttitor ligula, eget lacinia odio sem nec elit.

2.3 La visualización en línea

La visualización en línea se utiliza principalmente para los elementos de formato. Cada elemento se muestra en la línea. Debe saber que los elementos en línea no utilizan las mismas propiedades que los elementos en bloque. Por ejemplo, las propiedades de margen superior e inferior no están accesibles a los elementos en línea.

Veamos un sencillo ejemplo de utilización de la propiedad `border` para resaltar dos elementos HTML mostrados en modo en línea:

```
<!doctype html>
<html lang="es">
<head>
   <meta charset="UTF-8">
   <title>Título de la página</title>
   <style>
       strong, a {
           border: 1px solid #333;
       }
   </style>
</head>
<body>
   <p>Venenatis <strong>dapibus posuere</strong> velit aliquet.
Nullam <a href="inscripcion.html">Vivamus sagittis</a> lacus vel
augue.</p>
</body>
</html>
```

A continuación se muestra la visualización obtenida:

Venenatis **dapibus posuere** velit aliquet. Nullam Vivamus sagittis lacus vel augue.

2.4 Cambiar el tipo de visualización

Ahora vamos a estudiar una situación clásica de desarrollo web donde es útil cambiar de tipo de visualización. Cuando desea crear una barra de navegación con enlaces, es perfectamente apropiado utilizar una lista `<ul>` de enlaces `<a>` en cada ítem `<li>` de esta lista.

A continuación se muestra la estructura que podemos tener:

```
<ul id="navbar">
   <li><a href="#">Commodo</a></li>
   <li><a href="#">Ligula</a></li>
   <li><a href="#">Dapibus</a></li>
   <li><a href="#">Fringilla</a></li>
</ul>
```

Esta es la visualización inicial obtenida:

- Commodo
- Ligula
- Dapibus
- Fringilla

Ahora vamos a crear las reglas CSS para formatear estos enlaces:

```
<style>
   #navbar li {
       list-style: none;
   }
   #navbar a {
       text-decoration: none;
   }
</style>
```

A continuación se muestra la visualización obtenida:

Commodo
Ligula
Dapibus
Fringilla

Ahora deseamos mostrar todos los enlaces unos junto a otros. Por defecto, los elementos `<li>` son de tipo `block` y, por lo tanto, se muestran unos debajo de otros. Por lo tanto, tenemos que utilizar la propiedad `display` para cambiar esta visualización y aplicar el valor `inline-block` para obtener una visualización en línea, conservando las propiedades dedicadas a la visualización en bloque.

```
<style>
   #navbar li {
       list-style: none;
       display: inline-block;
       width: 75px;
       border: 1px solid #000;
       margin-right: 10px;
```

```
        padding: 3px;
        background-color: #eee;
        text-align: center;
    }
    #navbar a {
        text-decoration: none;
        color: #000;
    }
</style>
```

Detallemos las propiedades utilizadas para los elementos `<li>` de la lista:

- `list-style: none`: permite no mostrar las declaraciones de las enumeraciones. Por lo tanto, no tendremos los enlaces `<a>` anidados subrayados.
- `display: inline-block`: obliga pasar de una visualización en bloque a una visualización en línea.
- `width: 75px`: longitud idéntica de todos los ítems.
- `border: 1px solid #000`: borde alrededor de los ítems.
- `margin-right: 10px`: margen a la derecha de 10 píxeles para espaciar cada ítem.
- `padding: 3px`: espacio interior de 3 píxeles para tener más espacio entre los enlaces y el borde.
- `background-color: #eee`: color de fondo gris.
- `text-align: center`: texto de los enlaces en alineación centrada.

Para los enlaces `<a>`:

- `text-decoration: none`: sin subrayado.
- `color: #000`: color de los enlaces negro.

A continuación se muestra la visualización obtenida:

Commodo	Ligula	Dapibus	Fringilla

3. Los márgenes externos

3.1 El margen global y los márgenes diferenciados

Los márgenes externos permiten definir el espacio alrededor de los paneles. Hay cuatro márgenes posibles: en la parte superior, a la derecha, en la parte inferior y a la izquierda. Si quiere aplicar el mismo valor en los cuatro lados, utilice la propiedad `margin`. Si desea diferenciar los valores de los cuatro lados, utilice las propiedades:

`margin-top`, `margin-right`, `margin-bottom` y `margin-left`.

A continuación se muestra un sencillo ejemplo de aplicación de estas propiedades:

```
<!doctype html>
<html lang="es">
<head>
   <meta charset="UTF-8">
   <title>Título de la página</title>
   <style>
       #p-uno {
           margin: 30px;
       }
       #p-dos {
           margin-top: 30px;
           margin-right: 50px;
           margin-bottom: 40px;
           margin-left: 60px;
       }
   </style>
</head>
<body>
   <p>Aenean eu leo quam. Pellentesque ornare...</p>
   <p id="p-uno">Lorem ipsum dolor sit amet...</p>
   <p id="p-dos">Cras mattis consectetur purus...</p>
   <p>Sed posuere consectetur es at lobortis...</p>
</body>
</html>
```

A continuación se muestra la visualización obtenida:

Aenean eu leo quam. Pellentesque ornare sem lacinia quam venenatis vestibulum. Cras justo odio, dapibus ac facilisis in, egestas eget quam.

Lorem ipsum dolor sit amet, consectetur adipiscing elit. Duis mollis, est non commodo luctus, nisi erat porttitor ligula, eget lacinia odio sem nec elit. Aenean eu leo quam. Pellentesque ornare sem lacinia quam venenatis vestibulum.

Cras mattis consectetur purus sit amet fermentum. Aenean lacinia bibendum nulla sed consectetur. Nullam id dolor id nibh ultricies vehicula ut id elit.

Sed posuere consectetur est at lobortis. Cras justo odio, dapibus ac facilisis in, egestas eget quam. Morbi leo risus, porta ac consectetur ac, vestibulum at eros.

Observación

Atención, observe bien que los márgenes superior e inferior de dos elementos consecutivos se fusionan y no se acumulan.

En este ejemplo, el párrafo `#p-uno` tiene un margen inferior de 30 píxeles y el párrafo siguiente, `#p-dos`, tiene un margen superior de 30 píxeles. El espacio entre los dos párrafos no es de 30px + 30px = 60px, sino de 30 píxeles, con la fusión de los dos márgenes. Si los valores son diferentes, el navegador debe aplicar el valor más elevado.

3.2 Las sintaxis abreviadas

Si debe aplicar valores diferentes a cada lado de un panel, puede utilizar esta sintaxis: `margin: 20px 30px 10px 5px;`. Los valores se aplican respectivamente en la parte superior, a la derecha, en la parte inferior y a la izquierda.

Si los márgenes de cada lado opuesto son idénticos, puede utilizar esta sintaxis: `margin: 20px 30px;`. Los márgenes en la parte superior e inferior son de 20 píxeles, mientras que a la derecha e izquierda son de 30 píxeles.

4. Los bordes

Tiene la posibilidad de aplicar bordes a los cuatro lados de los paneles con la propiedad `border`. Si desea aplicar bordes diferentes a cada lado del panel, utilice las propiedades `border-top`, `border-right`, `border-bottom` y `border-left`.

Los bordes utilizan tres propiedades individuales: `border-style` para el tipo de borde, `border-width` para la anchura y `border-color` para el color. A continuación se muestran los valores posibles para la propiedad `border-style`: `dotted`, `dashed`, `solid`, `double`, `groove`, `ridge`, `inset` y `outset`.

Por supuesto, puede utilizar propiedades diferentes para cada lado o idénticas para todos los bordes. En estas sintaxis abreviadas, el orden de los valores importa poco: `border: 3px #c00 solid;` es equivalente a `border: solid 3px #c00;`

A continuación se muestra un sencillo ejemplo:

```
<!doctype html>
<html lang="es">
<head>
   <meta charset="UTF-8">
   <title>Título de la página</title>
   <style>
       #p-uno {
           border: solid 3px #aaa;
       }
       #p-dos {
           border-top: 3px dashed darkblue;
           border-right: 5px dotted darkgreen;
           border-bottom: 4px solid crimson;
           border-left: 10px double purple;
       }
   </style>
</head>
<body>
   <p id="p-uno">Lorem ipsum dolor sit amet...</p>
   <p id="p-dos">Cras mattis consectetur purus...</p>
</body>
</html>
```

A continuación se muestra la visualización obtenida:

Lorem ipsum dolor sit amet, consectetur adipiscing elit. Duis mollis, est non commodo luctus, nisi erat porttitor ligula, eget lacinia odio sem nec elit. Aenean eu leo quam. Pellentesque ornare sem lacinia quam venenatis vestibulum.

Cras mattis consectetur purus sit amet fermentum. Aenean lacinia bibendum nulla sed consectetur. Nullam id dolor id nibh ultricies vehicula ut id elit.

Los bordes forman parte del módulo **Backgrounds and Borders Module Level 3**, que está en **Candidate Recommendation Draft** a fecha 14 de febrero de 2023: https://www.w3.org/TR/css-backgrounds-3/

5. Los rellenos internos

El relleno interno, propiedad `padding`, determina el espacio entre el contenido y el borde. Puede tener un relleno idéntico en los cuatro lados con la propiedad `padding` o diferenciar los cuatro lados con las propiedades `padding-top`, `padding-right`, `padding-bottom` y `padding-left`.

A continuación se muestra un sencillo ejemplo:

```
<!doctype html>
<html lang="es">
<head>
   <meta charset="UTF-8">
   <title>Título de la página</title>
   <style>
       p {
           border: 1px solid black;
       }
       #p-uno {
           padding: 10px;
       }
       #p-dos {
           padding-top: 10px;
           padding-right: 20px;
           padding-bottom: 30px;
           padding-left: 40px;
       }
   </style>
</head>
```

```
<body>
   <p id="p-uno">Lorem ipsum dolor sit amet...</p>
   <p id="p-dos">Cras mattis consectetur purus...</p>
</body>
</html>
```

A continuación se muestra la visualización obtenida:

Lorem ipsum dolor sit amet, consectetur adipiscing elit. Duis mollis, est non commodo luctus, nisi erat porttitor ligula, eget lacinia odio sem nec elit. Aenean eu leo quam. Pellentesque ornare sem lacinia quam venenatis vestibulum.

Cras mattis consectetur purus sit amet fermentum. Aenean lacinia bibendum nulla sed consectetur. Nullam id dolor id nibh ultricies vehicula ut id elit. Nullam id dolor id nibh ultricies vehicula ut id elit. Venenatis Ultricies Porta Nullam Quam.

6. La longitud y la altura de los paneles

6.1 Las dimensiones del contenido

La longitud y la altura del contenido de los paneles se indican con las propiedades `width` y `height`. Estas dimensiones se aplican estricta y exclusivamente al contenido de los paneles.

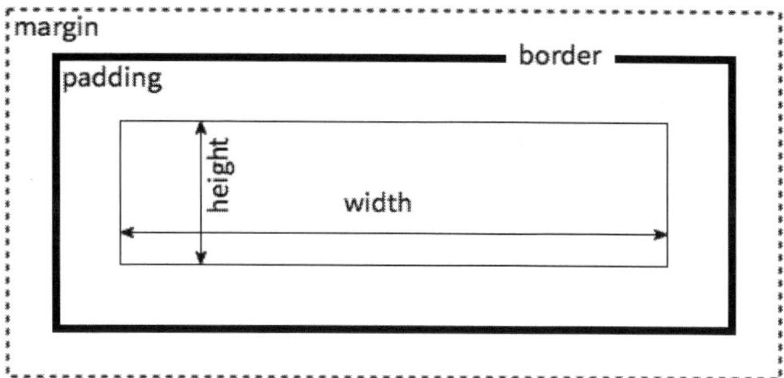

Estas dimensiones se calculan siempre respecto al elemento padre, que puede ser el elemento <body>, es decir, la longitud de la ventana del navegador. Si la longitud del elemento incluido es superior a la de su elemento padre, el elemento hijo conserva sus dimensiones y «desborda» a su elemento padre. Si estas dimensiones no se registran, el panel ocupa toda el espacio disponible en su elemento padre.

A continuación se muestra un sencillo ejemplo:

```
<!doctype html>
<html lang="es">
<head>
   <meta charset="UTF-8">
   <title>Título de la página</title>
   <style>
       p {
           border: 1px solid black;
       }
       #p-uno {
           width: 600px;
           height: 150px;
       }
       #p-dos {
           width: 400px;
           height: 125px;
       }
   </style>
</head>
<body>
   <p>Vestibulum id ligula porta felis...</p>
   <p id="p-uno">Lorem ipsum dolor sit amet...</p>
   <p id="p-dos">Cras mattis consectetur...</p>
</body>
</html>
```

A continuación se muestra la visualización obtenida:

Vestibulum id ligula porta felis euismod semper. Aenean lacinia bibendum nulla sed consectetur. Nullam quis risus eget urna mollis ornare vel eu leo. Etiam porta sem malesuada magna mollis euismod. Cras justo odio, dapibus ac facilisis in, egestas eget quam. Aenean lacinia bibendum nulla sed consectetur.

Lorem ipsum dolor sit amet, consectetur adipiscing elit. Duis mollis, est non commodo luctus, nisi erat porttitor ligula, eget lacinia odio sem nec elit. Aenean eu leo quam. Pellentesque ornare sem lacinia quam venenatis vestibulum.

Cras mattis consectetur purus sit amet fermentum. Aenean lacinia bibendum nulla sed consectetur. Nullam id dolor id nibh ultricies vehicula ut id elit. Nullam id dolor id nibh ultricies vehicula ut id elit. Venenatis Ultricies Porta Nullam Quam.

El primer párrafo no tiene longitud especificada; por lo tanto, ocupa toda la longitud disponible en su elemento padre, que aquí es el elemento `<body>`. Los otros dos párrafos tienen una longitud especificada que utilizan. El párrafo `#p-uno` tiene una longitud de 600 píxeles en su elemento padre, el `<body>`.

6.2 Las dimensiones de visualización

El espacio ocupado por un panel se calcula acumulando todas estas propiedades: longitud (`width`) y altura (`height`), relleno (`padding`), borde (`border`) y margen (`margin`).

La longitud de un panel se calcula sumando la longitud (`width`), el relleno horizontal (`padding-left` y `padding-right`) y los bordes horizontales (`border-left` y `border-right`).

La altura de un panel se calcula sumando la altura (`height`), el relleno vertical (`padding-top` y `padding-bottom`) y los bordes verticales (`border-top` y `border-bottom`).

Para el cálculo de la longitud que ocupa, añada los márgenes horizontales (`margin-left` y `margin-right`).

Para el cálculo de la altura que ocupa, añada los márgenes horizontales (`margin-top` y `margin-bottom`).

A continuación se muestra un esquema con todas las dimensiones:

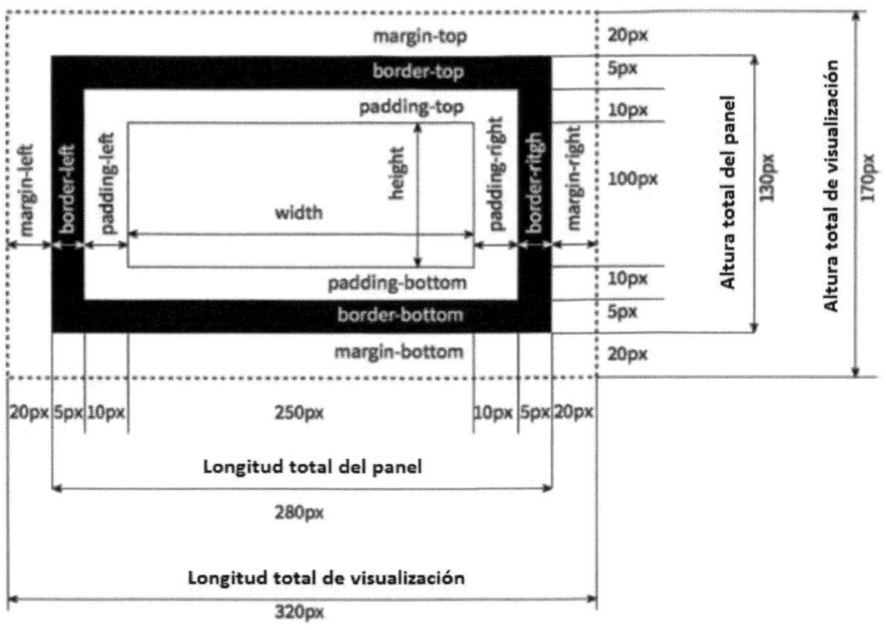

Para el cálculo de la longitud del panel, tenemos:

- `border-left: 5px.`
- `padding-left: 10px.`
- `width: 250px.`
- `padding-right: 10px.`
- `border-right: 5px.`

Es decir: 5+10+250+10+5=280px. Por lo tanto, este panel tiene una longitud total de 280 píxeles.

Para el cálculo de la altura del panel, tenemos:

- `border-top: 5px.`
- `padding-top: 10px.`
- `height: 100px.`
- `padding-bottom: 10px.`
- `border-bottom: 5px.`

Es decir: 5+10+100+10+5=130px. Por lo tanto, este panel ocupa una altura total de 130 píxeles.

Para el cálculo de la longitud de visualización, tenemos:

- `margin-left: 20px.`
- `border-left: 5px.`
- `padding-left: 10px.`
- `width: 250px.`
- `padding-right: 10px.`
- `border-right: 5px.`
- `margin-right: 20px.`

Es decir: 20+5+10+250+10+5+20=320px. Por lo tanto, este panel ocupa una longitud total de visualización de 320 píxeles.

Para el cálculo de la altura de visualización, tenemos:

- `margin-top: 20px.`
- `border-top: 5px.`
- `padding-top: 10px.`
- `height: 100px.`
- `padding-bottom: 10px.`
- `border-bottom: 5px.`
- `margin-bottom: 20px.`

Es decir: 20+5+10+100+10+5+20=170px. Por lo tanto, este panel ocupa una altura total de visualización de 170 píxeles.

Estos eran los cálculos utilizados con CSS 2.1. Con CSS 3, se ha introducido una nueva propiedad, llamada `box-sizing`, que permite cambiar estos cálculos. Esta propiedad acepta dos valores principales:

- `content-box`: es el valor por defecto, que permite conservar el modo de cálculo clásico. La longitud y la altura de un panel se calculan con las dimensiones del contenido, del relleno y de los bordes.
- `border-box`: las dimensiones indicadas del panel; incluyen el relleno y los bordes.

A continuación se muestra un ejemplo concreto que utiliza estos dos valores:

```
<!doctype html>
<html lang="es">
<head>
   <meta charset="UTF-8">
   <title>Título de la página</title>
   <style>
       #p-uno {
           box-sizing: content-box;
           width: 600px;
           height: 150px;
           padding: 20px;
           border: 10px solid #000;
       }
       #p-dos {
           box-sizing: border-box;
           width: 600px;
           height: 150px;
           padding: 20px;
           border: 10px solid #000;
       }
   </style>
</head>
<body>
   <p id="p-uno">Lorem ipsum dolor sit amet...</p>
   <p id="p-dos">Lorem ipsum dolor sit amet...</p>
</body>
</html>
```

Las dos reglas CSS utilizan los mismos valores para las dimensiones de los elementos que forman los paneles. Solo el valor de `box-sizing` es diferente.

El primer panel, `#p-uno`, utiliza `box-sizing: content-box`. La longitud calculada del panel utiliza los bordes, el relleno y el contenido. Si aumentamos la longitud del borde o del relleno, la longitud del panel aumenta en consecuencia. El principio es el mismo para la altura.

El segundo panel, `#p-dos`, utiliza `box-sizing: border-box`. La longitud del panel se calcula únicamente basándose en la longitud del contenido. Si aumentamos la longitud del borde o del relleno, la longitud del panel permanece fija. El principio es el mismo para la altura.

A continuación se muestra la visualización obtenida:

Lorem ipsum dolor sit amet, consectetur adipiscing elit. Duis mollis, est non commodo luctus, nisi erat porttitor ligula, eget lacinia odio sem nec elit. Aenean eu leo quam. Pellentesque ornare sem lacinia quam venenatis vestibulum.

Lorem ipsum dolor sit amet, consectetur adipiscing elit. Duis mollis, est non commodo luctus, nisi erat porttitor ligula, eget lacinia odio sem nec elit. Aenean eu leo quam. Pellentesque ornare sem lacinia quam venenatis vestibulum.

7. Los fondos

7.1 El color de fondo

Las propiedades de color y de imágenes de fondo forman parte del módulo **Backgrounds and Borders Module Level 3**, que está en **Candidate Recommendation Draft** a fecha de 14 de febrero de 2023:
https://www.w3.org/TR/css-backgrounds-3/

La propiedad `background-color` permite aplicar un color de fondo al panel. Puede utilizar todas las notaciones de los colores que hemos visto anteriormente: en hexadecimal, con los nombres, `rgb()`, `rgba()`, `hsl()` y `hsla()`.

A continuación se muestra un sencillo ejemplo:

```
<!doctype html>
<html lang="es">
<head>
   <meta charset="UTF-8">
   <title>Título de la página</title>
   <style>
       p {
           width: 600px;
           padding: 20px;
           border: 10px solid #000;
       }
       #p-uno {
           background-color: #7be;
       }
       #p-dos {
           background-color: rgb(200,200,200);
       }
   </style>
</head>
<body>
   <p id="p-uno">Lorem ipsum dolor sit amet...</p>
   <p id="p-dos">Lorem ipsum dolor sit amet...</p>
</body>
</html>
```

A continuación se muestra la visualización obtenida:

Lorem ipsum dolor sit amet, consectetur adipiscing elit. Duis mollis, est non commodo luctus, nisi erat porttitor ligula, eget lacinia odio sem nec elit. Aenean eu leo quam. Pellentesque ornare sem lacinia quam venenatis vestibulum.

Lorem ipsum dolor sit amet, consectetur adipiscing elit. Duis mollis, est non commodo luctus, nisi erat porttitor ligula, eget lacinia odio sem nec elit. Aenean eu leo quam. Pellentesque ornare sem lacinia quam venenatis vestibulum.

7.2 Las imágenes de fondo

La propiedad `background` es la forma abreviada que permite aplicar un fondo a un panel. Esta propiedad utiliza estas propiedades individuales:

- `background-image` indica la ruta de acceso al archivo de la imagen, con el argumento `url()`.
- `background-position` indica la posición original de la imagen en el panel. Por defecto, la imagen se sitúa en la parte superior izquierda del panel. Con esta propiedad, puede modificar la posición con un valor numérico o estos valores predefinidos: `left`, `center`, `right`, `top` y `bottom`.
- `background-size` determina cómo la imagen se redimensiona para ocupar la totalidad del espacio disponible en el panel. El valor `contain` permite redimensionar la imagen de forma proporcional y hacer que sea totalmente visible. El valor `cover` funciona de la misma manera, salvo que una parte de la imagen puede ser no visible.
- `background-repeat` permite determinar si la imagen se repite y de qué manera. Los principales valores son:
  - `repeat-x`: repetición horizontal.
  - `repeat-y`: repetición vertical.
  - `repeat`: repetición en las dos direcciones.
  - `no-repeat`: sin repetición.

- background-attachment especifica si la imagen está fija durante la utilización de la barra de desplazamiento, con el valor fixed, o si la imagen se mueve al mismo tiempo que el desplazamiento, con el valor scroll.

A continuación se muestra un primer ejemplo sencillo, con una imagen que se repite por defecto:

```
<!doctype html>
<html lang="es">
<head>
   <meta charset="UTF-8">
   <title>Título de la página</title>
   <style>
       p {
           width: 600px;
           padding: 20px;
           border: 5px solid #000;
       }
       #p-uno {
           background-Imagen: url(sunflower.gif);
       }
   </style>
</head>
<body>
   <p id="p-uno">Lorem ipsum dolor sit amet...</p>
</body>
</html>
```

A continuación se muestra la visualización obtenida:

Lorem ipsum dolor sit amet, consectetur adipiscing elit. Duis mollis, est non commodo luctus, nisi erat porttitor ligula, eget lacinia odio sem nec elit. Aenean eu leo quam. Pellentesque ornare sem lacinia quam venenatis vestibulum.

Veamos ahora un segundo ejemplo, con una imagen que es más grande que el panel. Las dimensiones de la imagen son: 800 x 480 píxeles.

A continuación se muestra la regla CSS:

```
#p-dos {
   background: url(venecia.jpg) center top;
}
```

Utilizamos la sintaxis abreviada `background` con el valor `url()` para indicar la ruta de acceso a la imagen y los valores `center top` para posicionar la imagen en el centro horizontalmente y en la parte superior verticalmente.

A continuación se muestra la visualización obtenida:

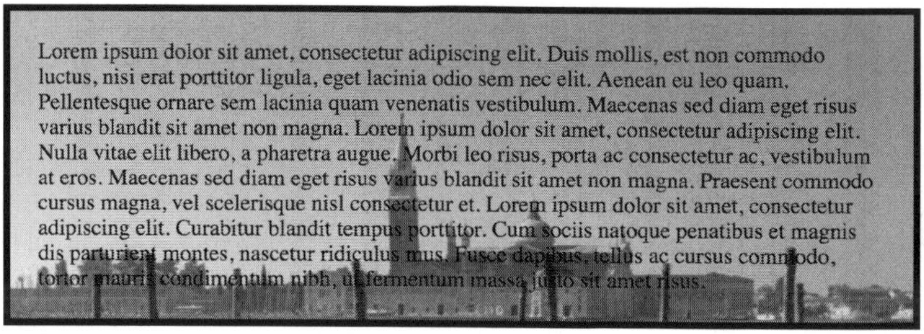

Deseamos ahora que la imagen se adapte al espacio disponible en el panel, con la propiedad `background-size`.

Con el valor `contain`, la imagen se redimensiona de forma proporcional y es completamente visible, repitiéndose en una dirección:

```
#p-dos {
   background: url(venecia.jpg) center top;
   background-size: contain;
}
```

El código HTML implicado:

```
<p id="p-dos">Lorem ipsum dolor sit amet...</p>
```

A continuación se muestra la visualización obtenida:

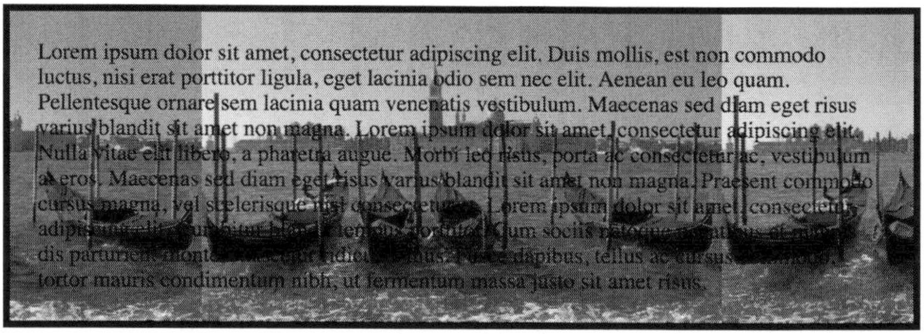

Con el valor `cover`, la imagen se redimensiona de forma proporcional y no está forzosamente visible de manera completa:

```
#p-dos {
   background: url(venecia.jpg) center top;
   background-size: cover;
}
```

Observe que la propiedad `background-size` se especifica fuera de la propiedad abreviada `background`. En efecto, algunos navegadores no la interpretan correctamente cuando se inserta ahí.

A continuación se muestra la visualización obtenida: la imagen es completamente visible en el sentido horizontal, pero no es totalmente visible en el sentido vertical.

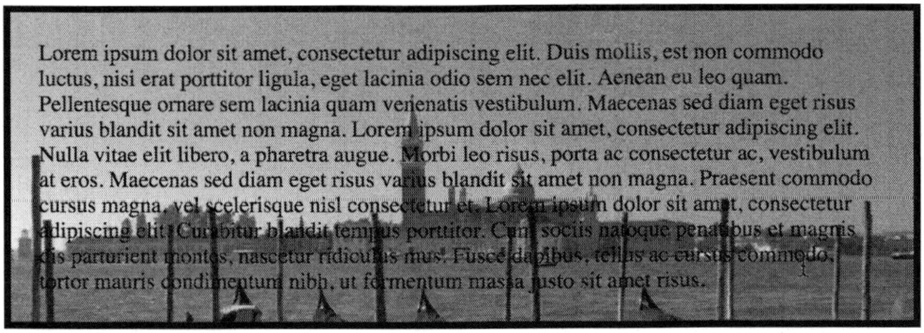

Lorem ipsum dolor sit amet, consectetur adipiscing elit. Duis mollis, est non commodo luctus, nisi erat porttitor ligula, eget lacinia odio sem nec elit. Aenean eu leo quam. Pellentesque ornare sem lacinia quam venenatis vestibulum. Maecenas sed diam eget risus varius blandit sit amet non magna. Lorem ipsum dolor sit amet, consectetur adipiscing elit. Nulla vitae elit libero, a pharetra augue. Morbi leo risus, porta ac consectetur ac, vestibulum at eros. Maecenas sed diam eget risus varius blandit sit amet non magna. Praesent commodo cursus magna, vel scelerisque nisl consectetur et. Lorem ipsum dolor sit amet, consectetur adipiscing elit. Curabitur blandit tempus porttitor. Cum sociis natoque penatibus et magnis dis parturient montes, nascetur ridiculus mus. Fusce dapibus, tellus ac cursus commodo, tortor mauris condimentum nibh, ut fermentum massa justo sit amet risus.

7.3 Los degradados de colores

Los degradados de colores forman parte del módulo **CSS Image Module Level 3**, que está en **Candidate Recommendation Draft** desde el 17 de diciembre de 2020: https://www.w3.org/TR/css3-images/

Tenemos dos tipos de degradados a nuestra disposición: los degradados lineales y los degradados radiales. Estos degradados se usan como valor de la propiedad `background`.

Los degradados lineales se utilizan con la función `linear-gradient()`, que acepta varios atributos separados por una coma:

- El ángulo del degradado se determina con un valor numérico o con los siguientes valores predefinidos: `left`, `right`, `top` y `bottom`, precedidos por la palabra clave `to`.
- Los colores sucesivos del degradado.

Los degradados radiales se utilizan con la función `radial-gradient()`, que acepta varios atributos separados por una coma:

- La posición del degradado retoma los principios del posicionamiento de las imágenes.
- La forma del degradado se determina con los valores `circle` y `ellipse`.
- El tamaño del degradado se fija usando palabras clave predefinidas o valores numéricos.

A continuación se muestran algunos ejemplos sencillos:

```
<!doctype html>
<html lang="es">
<head>
   <meta charset="UTF-8">
   <title>Título de la página</title>
   <style>
       p {
           width: 600px;
           padding: 20px;
           border: 5px solid #000;
       }
       #p-uno {
           background: linear-gradient(45deg, white, blue);
       }
       #p-dos {
           background: linear-gradient(to top, white, blue, yellow);
       }
       #p-tres {
           background: radial-gradient(circle, white, red, yellow);
       }
   </style>
</head>
<body>
   <p id="p-uno">Lorem ipsum dolor sit amet...</p>
   <p id="p-dos">Lorem ipsum dolor sit amet...</p>
```

```
    <p id="p-tres">Lorem ipsum dolor sit amet...</p>
</body>
</html>
```

A continuación se muestra la visualización obtenida:

Lorem ipsum dolor sit amet, consectetur adipiscing elit. Duis mollis, est non commodo luctus, nisi erat porttitor ligula, eget lacinia odio sem nec elit. Aenean eu leo quam. Pellentesque ornare sem lacinia quam venenatis vestibulum.

Lorem ipsum dolor sit amet, consectetur adipiscing elit. Duis mollis, est non commodo luctus, nisi erat porttitor ligula, eget lacinia odio sem nec elit. Aenean eu leo quam. Pellentesque ornare sem lacinia quam venenatis vestibulum.

Lorem ipsum dolor sit amet, consectetur adipiscing elit. Duis mollis, est non commodo luctus, nisi erat porttitor ligula, eget lacinia odio sem nec elit. Aenean eu leo quam. Pellentesque ornare sem lacinia quam venenatis vestibulum.

7.4 La opacidad de los paneles

La propiedad `opacity` permite aplicar una transparencia a la totalidad de los componentes de los paneles y a todos los hijos incluidos en este panel. Esto es lo que marca la diferencia con las propiedades `rgba()` y `hsla()`. La propiedad `opacity` forma parte de módulo **Color Module Level 3**, que está en **Recommendation** desde el 18 de enero de 2022:
https://www.w3.org/TR/css-color-3/

El valor de la transparencia se expresa con un valor numérico, que va desde `0` para una transparencia completa hasta `1` para una opacidad completa. No olvide que los valores decimales se obtienen con el carácter punto `.`, como separador.

A continuación se muestra un sencillo ejemplo:

```
<!doctype html>
<html lang="es">
<head>
    <meta charset="UTF-8">
    <title>Título de la página</title>
```

```
    <style>
        p {
            width: 600px;
            padding: 20px;
            border: 5px solid #000;
            background-color: #eee;
        }
        #p-uno {
            opacity: 1;
        }
        #p-dos {
            opacity: .5;
        }
        #p-tres {
            opacity: .25;
        }
    </style>
</head>
<body>
    <p id="p-uno">Lorem ipsum dolor sit amet...</p>
    <p id="p-dos">Lorem ipsum dolor sit amet...</p>
    <p id="p-tres">Lorem ipsum dolor sit amet...</p>
</body>
</html>
```

A continuación se muestra la visualización obtenida:

Lorem ipsum dolor sit amet, consectetur adipiscing elit. Duis mollis, est non commodo luctus, nisi erat porttitor ligula, eget lacinia odio sem nec elit. Aenean eu leo quam. Pellentesque ornare sem lacinia quam venenatis vestibulum.

Lorem ipsum dolor sit amet, consectetur adipiscing elit. Duis mollis, est non commodo luctus, nisi erat porttitor ligula, eget lacinia odio sem nec elit. Aenean eu leo quam. Pellentesque ornare sem lacinia quam venenatis vestibulum.

Lorem ipsum dolor sit amet, consectetur adipiscing elit. Duis mollis, est non commodo luctus, nisi erat porttitor ligula, eget lacinia odio sem nec elit. Aenean eu leo quam. Pellentesque ornare sem lacinia quam venenatis vestibulum.

8. Las esquinas redondeadas de los paneles

La propiedad `border-radius` permite aplicar a los paneles esquinas redondeadas de varios tipos diferentes. Esta propiedad forma parte de módulo **Backgrounds and Borders Module Level 3**, que está en **Candidate Recommendation Draft** a fecha 14 de febrero de 2023:
https://www.w3.org/TR/css-backgrounds-3/

La propiedad `border-radius` es la sintaxis abreviada de las cuatro propiedades individuales que permite aplicar redondeos específicos a las cuatro esquinas de un panel:

`border-top-left-radius`, `border-top-right-radius`, `border-bottom-right-radius` y `border-bottom-left-radius`.

El radio del redondeo de cada esquina se expresa con un valor numérico. Si solo especifica un único valor, se aplica a todas las esquinas. Si indica dos valores, se aplican a las esquinas en la parte superior izquierda y la parte inferior derecha, y en la parte superior derecha y en la parte inferior izquierda.

A continuación se muestran algunos ejemplos sencillos:

```
<!doctype html>
<html lang="es">
<head>
   <meta charset="UTF-8">
   <title>Título de la página</title>
   <style>
       p {
           width: 600px;
           padding: 20px;
           border: 5px solid #000;
       }
       #p-uno {
           border-radius: 20px;
       }
       #p-dos {
           border-radius: 10px 20px 30px 40px;
       }
       #p-tres {
           border-radius: 10px 30px;
       }
   </style>
</head>
```

```
<body>
   <p id="p-uno">Lorem ipsum dolor sit amet...</p>
   <p id="p-dos">Lorem ipsum dolor sit amet...</p>
   <p id="p-tres">Lorem ipsum dolor sit amet...</p>
</body>
</html>
```

A continuación se muestra la visualización obtenida:

Lorem ipsum dolor sit amet, consectetur adipiscing elit. Duis mollis, est non commodo luctus, nisi erat porttitor ligula, eget lacinia odio sem nec elit. Aenean eu leo quam. Pellentesque ornare sem lacinia quam venenatis vestibulum.

Lorem ipsum dolor sit amet, consectetur adipiscing elit. Duis mollis, est non commodo luctus, nisi erat porttitor ligula, eget lacinia odio sem nec elit. Aenean eu leo quam. Pellentesque ornare sem lacinia quam venenatis vestibulum.

Lorem ipsum dolor sit amet, consectetur adipiscing elit. Duis mollis, est non commodo luctus, nisi erat porttitor ligula, eget lacinia odio sem nec elit. Aenean eu leo quam. Pellentesque ornare sem lacinia quam venenatis vestibulum.

Observación

Observe que puede aplicar esquinas redondeadas a las tablas.

9. El sombreado de los paneles

La propiedad `box-shadow` permite aplicar un sombreado a los paneles. Esta propiedad forma parte del módulo **Backgrounds and Borders Module Level 3**, que está en **Candidate Recommendation Draft** a fecha de 14 de febrero de 2023: https://www.w3.org/TR/css-backgrounds-3/

La propiedad `box-shadow` utiliza varios valores:

- `horizontal offset`: desplazamiento del sombreado hacia la parte derecha.
- `vertical offset`: desplazamiento del sombreado hacia la parte inferior.
- `blur radius`: tamaño del difuminado de la sombra. Este valor es opcional. El valor por defecto es 0.
- `spread distance`: determina el punto a partir del cual el sombreado se desvanece. Este valor es opcional.
- `color`: color del sombreado. Este valor es opcional. El color es negro por defecto.
- `inset`: permite aplicar el sombreado hacia el interior del panel.

A continuación se muestran algunos ejemplos sencillos:

```
<!doctype html>
<html lang="es">
<head>
   <meta charset="UTF-8">
   <title>Título de la página</title>
   <style>
       p.cuadrado {
           width: 600px;
           padding: 20px;
           border: 5px solid #000;
           background-color: #eee;
       }
       #p-uno {
           box-shadow: 10px 10px;
       }
       #p-dos {
           box-shadow: 10px 10px 5px #bbb;
       }
       #p-tres {
           box-shadow: 20px 10px 10px #bbb inset;
       }
   </style>
</head>
<body>
   <p class="cuadrado" id="p-uno">Lorem ipsum dolor sit amet...</p>
   <p> </p>
   <p class="cuadrado" id="p-dos">Lorem ipsum dolor sit amet...</p>
```

```
    <p> </p>
    <p class="cuadrado" id="p-tres">Lorem ipsum dolor sit amet...</p>
</body>
</html>
```

Lorem ipsum dolor sit amet, consectetur adipiscing elit. Duis mollis, est non commodo luctus, nisi erat porttitor ligula, eget lacinia odio sem nec elit. Aenean eu leo quam. Pellentesque ornare sem lacinia quam venenatis vestibulum.

Lorem ipsum dolor sit amet, consectetur adipiscing elit. Duis mollis, est non commodo luctus, nisi erat porttitor ligula, eget lacinia odio sem nec elit. Aenean eu leo quam. Pellentesque ornare sem lacinia quam venenatis vestibulum.

Lorem ipsum dolor sit amet, consectetur adipiscing elit. Duis mollis, est non commodo luctus, nisi erat porttitor ligula, eget lacinia odio sem nec elit. Aenean eu leo quam. Pellentesque ornare sem lacinia quam venenatis vestibulum.

Capítulo 3-7
La estructuración de la página con paneles

1. Los objetivos

Las primeras páginas web estaban formadas principalmente de texto con algunas ilustraciones. Estas páginas eran lineales y tenían como principal objetivo compartir información. La composición de la página importaba poco.

Después llegó el momento de las primeras composiciones, con ayuda de las tablas. Este uso no adecuado permitía ubicar texto e imágenes en las celdas de la tabla para simular una estructuración con ayuda de una rejilla de composición.

Para terminar, con el CSS 2.1, llegaron las verdaderas funcionalidades de estructuración, usando los paneles posicionales.

Actualmente, la llegada de los módulos **Flexbox** y **Grid** permite a los diseñadores entrar en una nueva era de la composición, con funcionalidades muy avanzadas. Vamos a dedicar un capítulo a estas dos nuevas técnicas de paginación muy eficaces.

2. El posicionamiento de los paneles

2.1 Las posiciones de los paneles

El posicionamiento de los paneles formaba parte integrante de CSS 2.1: https://www.w3.org/TR/CSS2/visuren.html#propdef-position.

Actualmente, el W3C trabaja sobre el módulo dedicado a **Positioned Layout Module Level 3**, que sigue siendo un **Working Draft** a fecha 3 de abril de 2023: https://www.w3.org/TR/css-position-3/

Por lo tanto, es un módulo no preparado para la producción, solo se puede usar para las pruebas en local.

La propiedad `position` del CSS 2.1 acepta varios valores:

- `static` es el posicionamiento estándar y por defecto de todos los paneles que se muestran en el flujo normal de la página, en la ventana del navegador.
- `relative` permite posicionar un elemento de manera relativa a otro elemento. Este posicionamiento se hace también en el flujo habitual de la página.
- `absolute` implica que el elemento implicado ha salido del flujo normal de la página y se muestra encima de este flujo. Su posición se determina respecto al elemento padre, que puede ser la ventana del navegador.
- `fixed` da el mismo resultado que el posicionamiento absoluto, con la diferencia de que el elemento permanece fijo en la ventana del navegador cuando el usuario mueve la página.

El posicionamiento de los elementos HTML implicados se hace con las siguientes propiedades:

- `top`: posición respecto al lado superior del elemento.
- `right`: posición respecto al lado derecho del elemento.
- `bottom`: posición respecto al lado inferior del elemento.
- `left`: posición respecto al lado izquierdo del elemento.

Puede utilizar valores numéricos positivos o negativos.

2.2 La posición relativa

La posición relativa se hace tomando como referencia la posición normal del elemento en el flujo. A continuación se muestra un ejemplo de posicionamiento relativo:

```
<!doctype html>
<html lang="es">
<head>
   <meta charset="UTF-8">
   <title>Título de la página</title>
   <style>
       span.especial {
           position: relative;
           background-color: #eee;
           border: 1px solid #000;
           left: 5px;
           top: -5px;
       }
   </style>
</head>
<body>
   <p>Lorem ipsum dolor sit amet, consectetur adipiscing elit.
<span class="especial">Duis mollis</span>, est non commodo
luctus...</p>
</body>
</html>
```

A continuación se muestra la visualización obtenida:

Lorem ipsum dolor sit amet, consectetur adipiscing elit. Duis mollis est non commodo luctus, nisi erat porttitor ligula, eget lacinia odio sem nec elit. Aenean eu leo quam. Pellentesque ornare sem lacinia quam venenatis vestibulum.

El elemento se posiciona respecto a su posición normal, en el flujo estándar de la página. En este ejemplo, el elemento se desplaza 5 píxeles hacia la derecha, desde su lado izquierdo y -5 píxeles hacia arriba, desde su lado superior.

2.3 La posición absoluta

Los elementos situados en posición absoluta salen del flujo normal y se muestran encima de este. A continuación se muestra un ejemplo de posición absoluta:

```
<!doctype html>
<html lang="es">
<head>
   <meta charset="UTF-8">
   <title>Título de la página</title>
   <style>
       #especial {
           position: absolute;
           border: 5px solid #000;
           background-color: #eee;
           width: 400px;
           left: 75px;
           top: 150px;
       }
       #especial p {
           margin: 0;
       }
       #imagen {
           position: absolute;
           left: 30px;
           top: 50px;
       }
       #manzana {
           position: absolute;
       }
   </style>
</head>
<body>
   <div id="imagen"><img src="hipopotamo.jpg"></div>
   <div id="especial">
       <p id="manzana"><img src="manzana.gif"></p>
       <p>Vestibulum id ligula porta felis euismod semper...</p>
   </div>
   <p>Lorem ipsum dolor sit amet, consectetur adipiscing elit...</p>
</body>
</html>
```

A continuación se muestra la visualización obtenida:

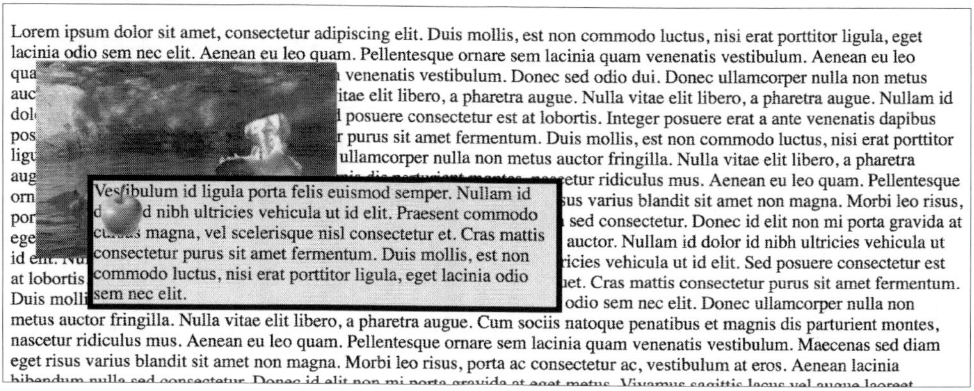

Detallemos el posicionamiento de los elementos:

Empecemos por el elemento `<div id="imagen">`, que permite la visualización de una imagen. La regla CSS utilizada espacia este elemento en posición absoluta, que hace salir al panel de la imagen del flujo estándar. Por lo tanto, esta imagen se muestra encima del texto. Esta imagen se posiciona a 30 píxeles a la izquierda y a 50 píxeles de la parte superior respecto a la ventana del navegador.

A continuación, tenemos un panel `<div id="especial">`. Este panel también está en posición absoluta y se posiciona a 150 píxeles de la parte superior y a 75 píxeles de la parte izquierda. Como se declara después del panel de la imagen en el código de la página, se muestra encima de este.

Este panel de texto contiene una imagen en un párrafo. La posición de este párrafo es absoluta, pero respecto a su elemento padre, el panel `<div>`. Por lo tanto, la imagen se sitúa por defecto a 0 píxeles de la izquierda y de la parte superior.

2.4 La posición fija

Los elementos situados en posición fija salen del flujo normal y se muestran encima de este. Cuando el usuario mueve la página, los elementos fijos permanecen en la misma posición en la ventana del navegador. A continuación se muestra un ejemplo de posición absoluta:

```
<!doctype html>
<html lang="es">
<head>
   <meta charset="UTF-8">
   <title>Título de la página</title>
   <style>
       #especial {
           position: fixed;
           border: 1px solid #000;
           background-color: #eee;
           padding: 10px;
           top: 0;
           left: 0;
           width: 100%;
       }
       #especial p {
           text-align: center;
       }
       #texto {
           margin-top: 100px;
       }
   </style>
</head>
<body>
   <div id="especial">
       <p>Vestibulum id ligula porta felis euismod semper. Nullam
id dolor id nibh ultricies vehicula ut id elit.</p>
   </div>
   <p id="texto">Lorem ipsum dolor sit amet...</p>
</body>
</html>
```

A continuación se muestra la visualización obtenida durante la carga de la página:

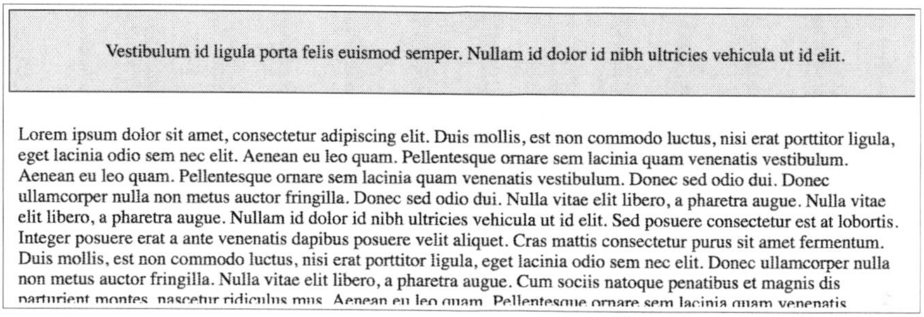

Vestibulum id ligula porta felis euismod semper. Nullam id dolor id nibh ultricies vehicula ut id elit.

Lorem ipsum dolor sit amet, consectetur adipiscing elit. Duis mollis, est non commodo luctus, nisi erat porttitor ligula, eget lacinia odio sem nec elit. Aenean eu leo quam. Pellentesque ornare sem lacinia quam venenatis vestibulum. Aenean eu leo quam. Pellentesque ornare sem lacinia quam venenatis vestibulum. Donec sed odio dui. Donec ullamcorper nulla non metus auctor fringilla. Donec sed odio dui. Nulla vitae elit libero, a pharetra augue. Nulla vitae elit libero, a pharetra augue. Nullam id dolor id nibh ultricies vehicula ut id elit. Sed posuere consectetur est at lobortis. Integer posuere erat a ante venenatis dapibus posuere velit aliquet. Cras mattis consectetur purus sit amet fermentum. Duis mollis, est non commodo luctus, nisi erat porttitor ligula, eget lacinia odio sem nec elit. Donec ullamcorper nulla non metus auctor fringilla. Nulla vitae elit libero, a pharetra augue. Cum sociis natoque penatibus et magnis dis parturient montes, nascetur ridiculus mus. Aenean eu leo quam. Pellentesque ornare sem lacinia quam venenatis

Y esta es la visualización obtenida con la utilización de la barra de desplazamiento:

Vestibulum id ligula porta felis euismod semper. Nullam id dolor id nibh ultricies vehicula ut id elit.

elit libero, a pharetra augue. Nullam id dolor id nibh ultricies vehicula ut id elit. Sed posuere consectetur est at lobortis. Integer posuere erat a ante venenatis dapibus posuere velit aliquet. Cras mattis consectetur purus sit amet fermentum. Duis mollis, est non commodo luctus, nisi erat porttitor ligula, eget lacinia odio sem nec elit. Donec ullamcorper nulla non metus auctor fringilla. Nulla vitae elit libero, a pharetra augue. Cum sociis natoque penatibus et magnis dis parturient montes, nascetur ridiculus mus. Aenean eu leo quam. Pellentesque ornare sem lacinia quam venenatis vestibulum. Maecenas sed diam eget risus varius blandit sit amet non magna. Morbi leo risus, porta ac consectetur ac, vestibulum at eros. Aenean lacinia bibendum nulla sed consectetur. Donec id elit non mi porta gravida at eget metus. Vivamus sagittis lacus vel augue laoreet rutrum faucibus dolor auctor. Nullam id dolor id nibh ultricies vehicula ut id elit. Nulla vitae elit libero, a pharetra augue. Nullam id dolor id nibh ultricies vehicula ut id elit. Sed posuere consectetur est at lobortis. Integer posuere erat a ante venenatis dapibus posuere velit aliquet. Cras mattis consectetur

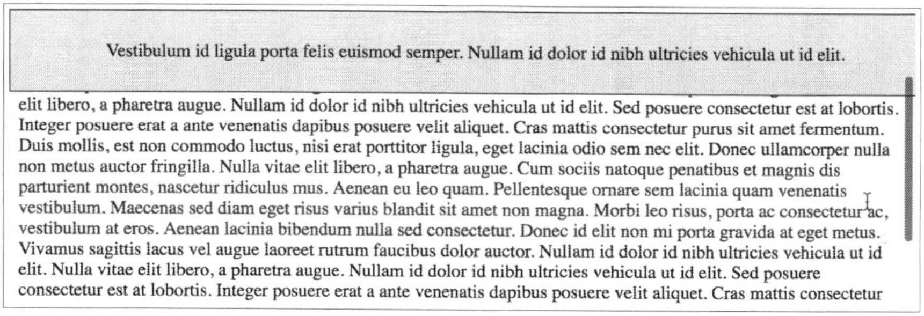

El panel `<div id="especial">` permanece posicionado en la parte superior de la pantalla durante el uso de la barra de desplazamiento.

3. El flotamiento de los paneles

3.1 Rodear una imagen con texto

El objetivo inicial del flotamiento de los paneles era la alineación del texto alrededor de una imagen. Como sucede habitualmente, esta funcionalidad se ha acabado usando para otros fines, como el de la composición de página. Esto sigue siendo posible pero con numerosas limitaciones que es necesario saber evitar.

Es necesario utilizar la propiedad CSS 2.1 `float`. Acepta estos valores:

- `left`: el elemento se ubica a su izquierda en su elemento padre y los elementos siguientes lo rodean a su derecha.
- `right`: el elemento se ubica a su derecha en su elemento padre y los elementos siguientes lo rodean a su izquierda.

A continuación se muestra un sencillo ejemplo:

```
<!doctype html>
<html lang="es">
<head>
   <meta charset="UTF-8">
   <title>Título de la página</title>
   <style>
      #hipopotamo img {
         float: left;
         margin-right: 20px;
      }
      #tigre img {
         float: right;
         margin-left: 20px;
      }
   </style>
</head>
<body>
   <div id="hipopotamo">
      <h1>Vestibulum id ligula porta</h1>
      <p><img src="hipopotamo.jpg"></p>
      <p>Lorem ipsum dolor sit amet...</p>
   </div>
   <div id="tigre">
      <h1>Pellentesque ornare sem lacinia</h1>
      <p><img src="tigre.jpg"></p>
      <p>Quam venenatis vestibulum...</p>
   </div>
</body>
</html>
```

A continuación se muestra la visualización obtenida:

Vestibulum id ligula porta

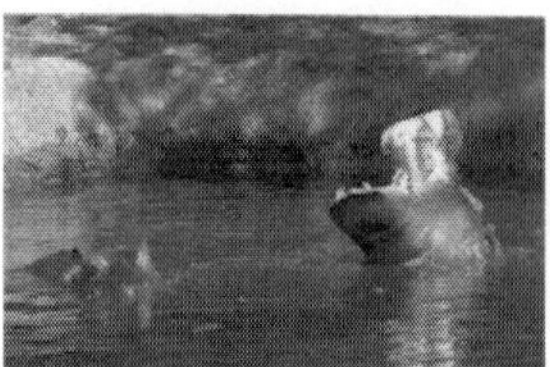

Lorem ipsum dolor sit amet, consectetur adipiscing elit. Duis mollis, est non commodo luctus, nisi erat porttitor ligula, eget lacinia odio sem nec elit. Aenean eu leo quam. Pellentesque ornare sem lacinia quam venenatis vestibulum. Aenean eu leo quam. Pellentesque ornare sem lacinia quam venenatis vestibulum. Donec sed odio dui. Donec ullamcorper nulla non metus auctor fringilla. Donec sed odio dui. Nulla vitae elit libero, a pharetra augue. Nulla vitae elit libero, a pharetra augue. Nullam id dolor id nibh ultricies vehicula ut id elit. Sed posuere consectetur est at lobortis. Integer posuere erat a ante venenatis dapibus posuere velit aliquet. Cras mattis consectetur purus sit amet fermentum. Duis mollis, est non commodo luctus, nisi erat porttitor ligula, eget lacinia odio sem nec elit. Donec ullamcorper nulla non metus auctor fringilla. Nulla vitae elit libero, a pharetra augue. Cum sociis natoque penatibus et magnis dis parturient montes, nascetur ridiculus mus. Aenean eu leo quam. Donec sed odio dui. Donec ullamcorper nulla non metus auctor fringilla. Donec sed odio dui. Nulla vitae elit libero, a pharetra augue. Nulla vitae elit libero, a pharetra augue. Nullam id dolor id nibh ultricies vehicula ut id elit. Sed posuere consectetur est at lobortis. Integer posuere erat a ante venenatis dapibus posuere velit aliquet. Cras mattis consectetur purus sit amet fermentum. Duis mollis, est non commodo luctus, nisi erat porttitor ligula, eget lacinia odio sem nec elit. Donec ullamcorper nulla non metus auctor fringilla. Nulla vitae elit libero, a pharetra augue. Cum sociis natoque penatibus et magnis dis parturient montes, nascetur ridiculus mus. Aenean eu leo quam.

Pellentesque ornare sem lacinia

Quam venenatis vestibulum. Maecenas sed diam eget risus varius blandit sit amet non magna. Morbi leo risus, porta ac consectetur ac, vestibulum at eros. Aenean lacinia bibendum nulla sed consectetur. Donec id elit non mi porta gravida at eget metus. Vivamus sagittis lacus vel augue laoreet rutrum faucibus dolor auctor. Nullam id dolor id nibh ultricies vehicula ut id elit. Nulla vitae elit libero, a pharetra augue. Nullam id dolor id nibh ultricies vehicula ut id elit. Sed posuere consectetur est at lobortis. Integer posuere erat a ante venenatis dapibus posuere velit aliquet. Cras mattis consectetur purus sit amet fermentum. Donec sed odio dui. Donec ullamcorper nulla non metus auctor fringilla. Donec sed odio dui. Nulla vitae elit libero, a pharetra augue. Nulla vitae elit libero, a pharetra augue. Nullam id dolor id nibh ultricies vehicula ut id elit. Sed posuere consectetur est at lobortis. Integer posuere erat a ante venenatis dapibus posuere velit aliquet. Cras mattis consectetur purus sit amet fermentum. Duis mollis, est non commodo luctus, nisi erat porttitor ligula, eget lacinia odio sem nec elit. Donec ullamcorper nulla non metus auctor fringilla. Nulla vitae elit libero, a pharetra augue. Cum sociis natoque penatibus et magnis dis parturient montes, nascetur ridiculus mus. Aenean eu leo quam.

La imagen del hipopótamo, `<img src="hipopotamo.jpg">`, flota a su izquierda en su elemento padre, el panel `<div id="hipopotamo">`. El párrafo que sigue a esta imagen la rodea por su derecha y continúa por la parte inferior. El principio es el mismo para la imagen del tigre, con un flotamiento a la derecha.

3.2 Prohibir la flotación

Si desea detener el flotamiento alrededor de una imagen, utilice la propiedad `clear`. Esta propiedad acepta varios valores:

- `left` para prohibir el flotamiento a la izquierda.
- `right` para prohibir el flotamiento a la derecha.

– `both` para prohibir el flotamiento hacia los dos lados.

A continuación, se muestra un ejemplo en el que el flotamiento se aplica a todos los elementos que siguen a la imagen:

```
<!doctype html>
<html lang="es">
<head>
   <meta charset="UTF-8">
   <title>Título de la página</title>
   <style>
       #hipopotamo img {
           float: left;
           margin-right: 20px;
       }
   </style>
</head>
<body>
   <div id="hipopotamo">
       <h1>Vestibulum id ligula porta</h1>
       <p><img src="hipopotamo.jpg"></p>
       <p>Lorem ipsum dolor sit amet, consectetur adipiscing
elit...</p>
       <h1>Pellentesque ornare sem lacinia</h1>
       <p>Quam venenatis vestibulum. Maecenas sed diam eget...</p>
   </div>
</body>
</html>
```

A continuación se muestra la visualización inicial obtenida:

Vestibulum id ligula porta

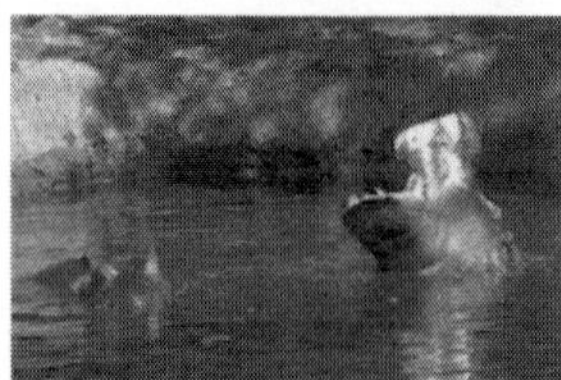

Lorem ipsum dolor sit amet, consectetur adipiscing elit. Duis mollis, est non commodo luctus, nisi erat porttitor ligula, eget lacinia odio sem nec elit. Aenean eu leo quam. Pellentesque ornare sem lacinia quam venenatis vestibulum. Aenean eu leo quam. Curabitur blandit tempus porttitor.

Pellentesque ornare sem lacinia

Quam venenatis vestibulum. Maecenas sed diam eget risus varius blandit sit amet non magna. Morbi leo risus, porta ac consectetur ac, vestibulum at eros. Aenean lacinia bibendum nulla sed consectetur. Donec id elit non mi porta gravida at eget metus. Vivamus sagittis lacus vel augue laoreet rutrum faucibus dolor auctor. Nullam id dolor id nibh ultricies vehicula ut id elit.

Vamos a crear una clase llamada `.stop-flotamiento` que va a prohibir esta flotación y la aplica sobre el elemento `<h1>`:

```
<!doctype html>
<html lang=“es”>
<head>
   <meta charset="UTF-8">
   <title>Título de la página</title>
   <style>
       #hipopotamo img {
           float: left;
           margin-right: 20px;
       }
       .stop-flotamiento {
           clear: both;
       }
   </style>
</head>
<body>
   <div id="hipopotamo">
       <h1>Vestibulum id ligula porta</h1>
       <p><img src="hipopotamo.jpg"></p>
       <p>Lorem ipsum dolor sit amet, consectetur adipiscing elit...</p>
       <h1 class="stop-flotamiento">Pellentesque ornare sem lacinia</h1>
       <p>Quam venenatis vestibulum. Maecenas sed diam eget...</p>
   </div>
</body>
</html>
```

A continuación se muestra la visualización final obtenida:

Vestibulum id ligula porta

Lorem ipsum dolor sit amet, consectetur adipiscing elit. Duis mollis, est non commodo luctus, nisi erat porttitor ligula, eget lacinia odio sem nec elit. Aenean eu leo quam. Pellentesque ornare sem lacinia quam venenatis vestibulum. Aenean eu leo quam. Curabitur blandit tempus porttitor.

Pellentesque ornare sem lacinia

Quam venenatis vestibulum. Maecenas sed diam eget risus varius blandit sit amet non magna. Morbi leo risus, porta ac consectetur ac, vestibulum at eros. Aenean lacinia bibendum nulla sed consectetur. Donec id elit non mi porta gravida at eget metus. Vivamus sagittis lacus vel augue laoreet rutrum faucibus dolor auctor. Nullam id dolor id nibh ultricies vehicula ut id elit.

4. La superposición de los paneles

Hemos visto que con el posicionamiento absoluto los paneles se superponen siguiendo el orden de declaración en el código.

A continuación se muestra un sencillo ejemplo:

```
<!doctype html>
<html lang="es">
<head>
   <meta charset="UTF-8">
   <title>Título de la página</title>
   <style>
       #uno, #dos, #tres {
           position: absolute;
           border: 1px solid #000;
           background-color: #eee;
           width: 400px;
       }
       #uno {
           left: 40px;
           top: 40px;
       }
       #dos  {
           left: 80px;
           top: 80px;
       }
       #tres {
           left: 120px;
           top: 120px;
       }
   </style>
</head>
<body>
   <div id="uno">
       Vestibulum id ligula porta felis euismod...
   </div>
   <div id="dos">
       Cras mattis consectetur purus sit amet...
   </div>
   <div id="tres">
       Lorem ipsum dolor sit amet, consectetur...
   </div>
   <p>Pellentesque ornare sem lacinia quam...</p>
```

```
</body>
</html>
```

He aquí la visualización obtenida:

Pellentesque ornare sem lacinia quam venenatis vestibulum. Aenean eu leo quam. Pellentesque ornare sem lacinia quam venenatis
vesti Vestibulum id ligula porta felis euismod semper. Nullam id s auctor fringilla. Donec sed odio dui. Nulla vitae elit libero, a
phar dolor id nibh ultricies vehicula ut id elit. Praesent commodo lolor id nibh ultricies vehicula ut id elit. Sed posuere consectetur est
at lo cursus uet. Cras mattis consectetur purus sit amet fermentum. Duis
moll Cras mattis consectetur purus sit amet fermentum. Duis sem nec elit. Donec ullamcorper nulla non metus auctor
fringilla. N mollis, est non commodo luctus, nisi erat porttitor ligula, eget tibus et magnis dis parturient montes, nascetur ridiculus mus.
Aenean eu lacinia Lorem ipsum dolor sit amet, consectetur adipiscing elit. Duis n. Maecenas sed diam eget risus varius blandit sit amet
non magna. Mor mollis, est non commodo luctus, nisi erat porttitor ligula, eget lacinia bibendum nulla sed consectetur. Donec id elit
non mi porta gra lacinia odio sem nec elit. Aenean eu leo quam. um faucibus dolor auctor. Nullam id dolor id nibh
ultricies vehicula ut id elit. Nulla vitae elit libero, a pharetra augue. Nullam id dolor id nibh ultricies vehicula ut id elit. Sed posuere

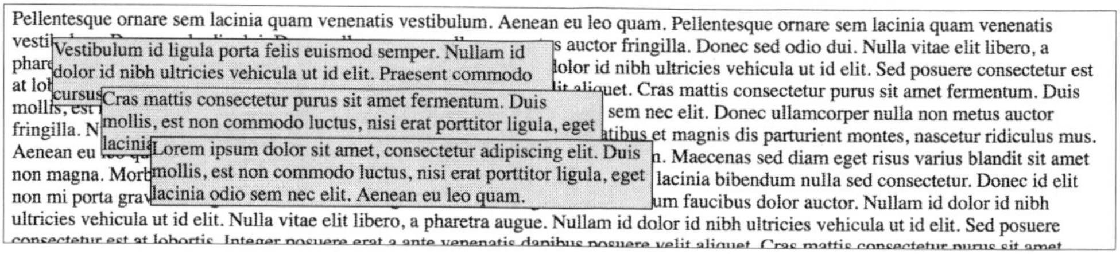

El panel #uno se muestra en primer lugar, después el panel #dos y, para terminar, se muestra el panel #tres encima de los otros porque es el último en ser declarado en el código.

Si desea modificar este orden de declaración, utilice la propiedad z-index. El elemento que tiene el valor más grande se mostrará en la parte superior de la pila. En este sencillo ejemplo, es suficiente con utilizar la propiedad z-index: 1 para el panel #dos para que se muestre en la parte superior de la pila. El resto de los paneles que no tienen propiedad z-index utilizan la superposición normal por orden de declaración en el código.

A continuación se muestra la regla CSS modificada:

```
#dos  {
   left: 80px;
   top: 80px;
   z-index: 1;
}
```

Y esta es la visualización obtenida:

Pellentesque ornare sem lacinia quam venenatis vestibulum. Aenean eu leo quam. Pellentesque ornare sem lacinia quam venenatis
vesti Vestibulum id ligula porta felis euismod semper. Nullam id s auctor fringilla. Donec sed odio dui. Nulla vitae elit libero, a
phar dolor id nibh ultricies vehicula ut id elit. Praesent commodo lolor id nibh ultricies vehicula ut id elit. Sed posuere consectetur est
at lo cursus uet. Cras mattis consectetur purus sit amet fermentum. Duis
moll Cras mattis consectetur purus sit amet fermentum. Duis sem nec elit. Donec ullamcorper nulla non metus auctor
fringilla. N mollis, est non commodo luctus, nisi erat porttitor ligula, eget tibus et magnis dis parturient montes, nascetur ridiculus mus.
Aenean eu lacinia odio sem nec elit. Duis n. Maecenas sed diam eget risus varius blandit sit amet
non magna. Mor mollis, est non commodo luctus, nisi erat porttitor ligula, eget lacinia bibendum nulla sed consectetur. Donec id elit
non mi porta gra lacinia odio sem nec elit. Aenean eu leo quam. um faucibus dolor auctor. Nullam id dolor id nibh
ultricies vehicula ut id elit. Nulla vitae elit libero, a pharetra augue. Nullam id dolor id nibh ultricies vehicula ut id elit. Sed posuere

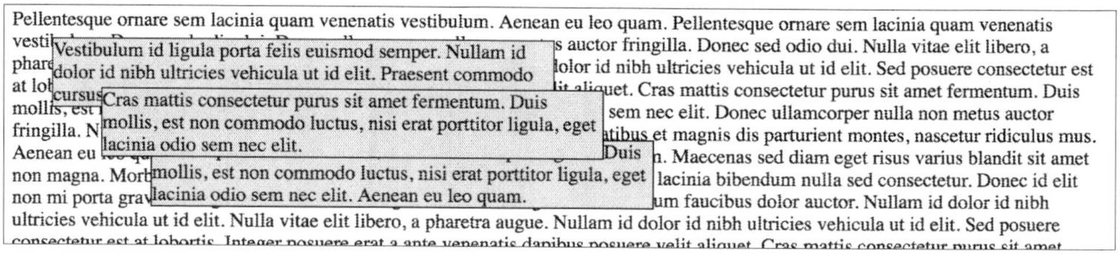

5. La estructuración con las propiedades de visualización tabla

La propiedad `display` que hemos estudiado anteriormente permite cambiar el modo de visualización de los elementos HTML, que tienen otro tipo de visualización inicial. En este apartado usaremos los valores de visualización dedicados a las tablas para crear una estructura.

Observación

Atención, no se trata de crear una estructura con las tablas. Simplemente vamos a utilizar las propiedades de visualización de las tablas para crear una estructura.

Vamos a crear una composición con un encabezado, un cuerpo de página en dos columnas y un pie de página.

A continuación se muestra el código HTML/CSS utilizado:

```
<!doctype html>
<html lang="es">
<head>
    <meta charset="UTF-8">
    <title>Título de la página</title>
    <style>
        #tabla {
            display: table;
        }
        #encabezado {
            display: table-header-grupo;
        }
        #pie-de-pagina {
            display: table-footer-grupo;
        }
        #encabezado, #pie-de-pagina {
            background-color: lightyellow;
            text-align: center;
        }
        .celda1, .celda2 {
            display: table-cell;
        }
        .celda1 {
            width: 500px;
            background-color: lightblue;
```

```
        }
        .celda2 {
            width: 300px;
            background-color: lightcoral;
        }
    </style>
</head>
<body>
    <div id="tabla">
        <div>
            <div class="celda1">
                <p>Sed posuere consectetur es at lobortis...</p>
                <p>Aenean lacinia bibendum nulla...</p>
            </div>
            <div class="celda2">
                <p>Cras mattis consectetur purus sit amet...</p>
            </div>
        </div>
        <div id="encabezado">
            <h3>Dolor Vehicula Tellus Ultricies Quam</h3>
        </div>
        <div id="pie-de-pagina">
            <p>Fusce Vulputate Porta Dapibus Sit</p>
        </div>
    </div>
</body>
</html>
```

Detallemos esta estructura:

En primer lugar, tenemos un panel `<div id="tabla">` que engloba toda la estructura. La regla CSS `#tabla` asigna una visualización en modo tabla a este panel: `display: table`.

A continuación, tenemos el encabezado de la tabla, que define la banda superior de esta composición.

Este encabezado está formado por el panel `<div id="encabezado">`. La regla CSS especifica una visualización en encabezado de tabla:
`display: table-header-grupo`.

Siguiendo el mismo principio, el pie de página se define con el panel
`<div id="pie-de-pagina">` y su regla CSS:
`display: table-footer-grupo`.

El cuerpo de la paginación se ubica en un panel anónimo <div>, que juega el rol de fila en la tabla. En esta última, encontramos otros dos paneles <div>, que constituyen las dos celdas de la tabla: <div class="celda1"> y <div class="celda2">. Estos dos paneles utilizan una visualización en celda de tabla: display: table-cell. Cada celda tiene su propia longitud definida con la propiedad width.

A continuación se muestra la visualización obtenida:

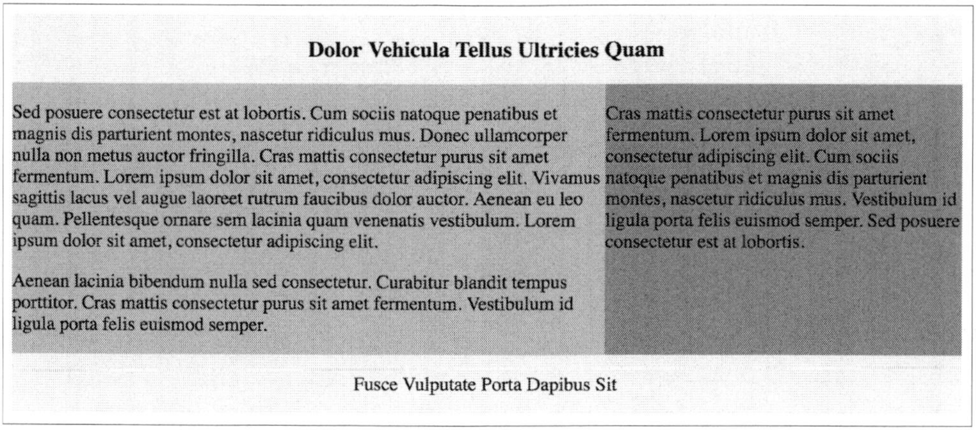

Dolor Vehicula Tellus Ultricies Quam

Sed posuere consectetur est at lobortis. Cum sociis natoque penatibus et magnis dis parturient montes, nascetur ridiculus mus. Donec ullamcorper nulla non metus auctor fringilla. Cras mattis consectetur purus sit amet fermentum. Lorem ipsum dolor sit amet, consectetur adipiscing elit. Vivamus sagittis lacus vel augue laoreet rutrum faucibus dolor auctor. Aenean eu leo quam. Pellentesque ornare sem lacinia quam venenatis vestibulum. Lorem ipsum dolor sit amet, consectetur adipiscing elit.

Aenean lacinia bibendum nulla sed consectetur. Curabitur blandit tempus porttitor. Cras mattis consectetur purus sit amet fermentum. Vestibulum id ligula porta felis euismod semper.

Cras mattis consectetur purus sit amet fermentum. Lorem ipsum dolor sit amet, consectetur adipiscing elit. Cum sociis natoque penatibus et magnis dis parturient montes, nascetur ridiculus mus. Vestibulum id ligula porta felis euismod semper. Sed posuere consectetur est at lobortis.

Fusce Vulputate Porta Dapibus Sit

6. El desbordamiento de los paneles

En una composición de página, puede suceder que el contenido sea mayor que el contenedor. Por ejemplo, podemos tener un panel con una altura perfectamente fijada que contenga mucho más texto del que este panel puede mostrar. La propiedad overflow permite decidir qué es necesario hacer para la visualización del texto sobrante. A continuación se muestran los valores posibles:

- hidden: el contenido sobrante se oculta, sin posibilidad de visualizar el texto que se desborda.
- visible: el contenido sobrante es visible y la visualización ignora las restricciones de altura fija del elemento padre.
- scroll: se muestra una barra de desplazamiento para visualizar el texto que se desborda.

A continuación se muestra un ejemplo de estas tres posibilidades:

```
<!doctype html>
<html lang="es">
<head>
   <meta charset="UTF-8">
   <title>Título de la página</title>
   <style>
       #uno, #dos, #tres {
           border: 1px solid #000;
           width: 400px;
           height: 150px;
           margin-bottom: 50px;
       }
       #uno {
           overflow: hidden;
       }
       #dos  {
           overflow: scroll;
       }
       #tres {
           overflow: visible;
       }
   </style>
</head>
<body>
   <div id="uno">
       <p>Pellentesque ornare sem lacinia quam...</p>
   </div>
   <div id="dos">
       <p>Pellentesque ornare sem lacinia quam...</p>
   </div>
   <div id="tres">
       <p>Pellentesque ornare sem lacinia quam...</p>
   </div>

</body>
</html>
```

A continuación se muestra la visualización obtenida:

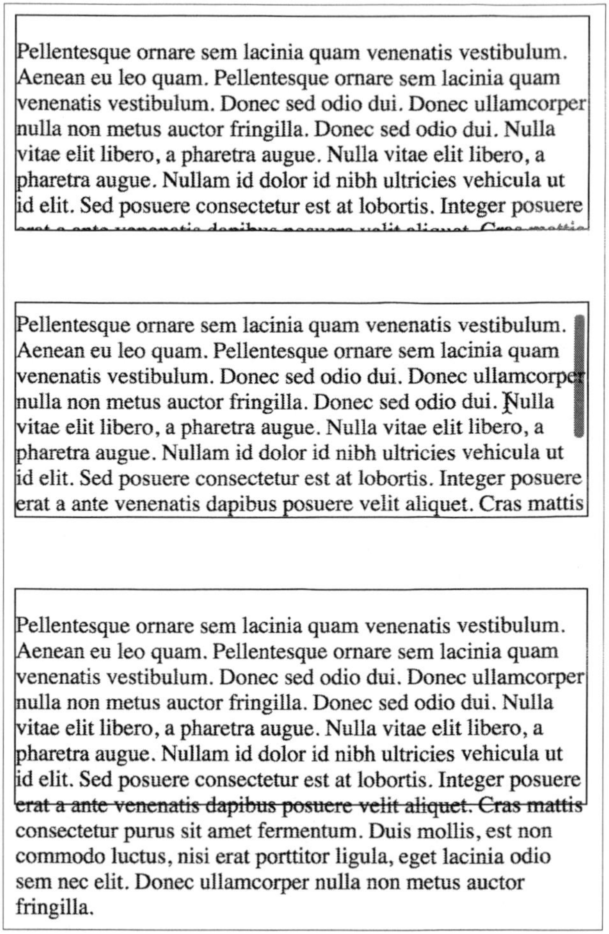

Pellentesque ornare sem lacinia quam venenatis vestibulum. Aenean eu leo quam. Pellentesque ornare sem lacinia quam venenatis vestibulum. Donec sed odio dui. Donec ullamcorper nulla non metus auctor fringilla. Donec sed odio dui. Nulla vitae elit libero, a pharetra augue. Nulla vitae elit libero, a pharetra augue. Nullam id dolor id nibh ultricies vehicula ut id elit. Sed posuere consectetur est at lobortis. Integer posuere

Pellentesque ornare sem lacinia quam venenatis vestibulum. Aenean eu leo quam. Pellentesque ornare sem lacinia quam venenatis vestibulum. Donec sed odio dui. Donec ullamcorper nulla non metus auctor fringilla. Donec sed odio dui. Nulla vitae elit libero, a pharetra augue. Nulla vitae elit libero, a pharetra augue. Nullam id dolor id nibh ultricies vehicula ut id elit. Sed posuere consectetur est at lobortis. Integer posuere erat a ante venenatis dapibus posuere velit aliquet. Cras mattis

Pellentesque ornare sem lacinia quam venenatis vestibulum. Aenean eu leo quam. Pellentesque ornare sem lacinia quam venenatis vestibulum. Donec sed odio dui. Donec ullamcorper nulla non metus auctor fringilla. Donec sed odio dui. Nulla vitae elit libero, a pharetra augue. Nulla vitae elit libero, a pharetra augue. Nullam id dolor id nibh ultricies vehicula ut id elit. Sed posuere consectetur est at lobortis. Integer posuere erat a ante venenatis dapibus posuere velit aliquet. Cras mattis consectetur purus sit amet fermentum. Duis mollis, est non commodo luctus, nisi erat porttitor ligula, eget lacinia odio sem nec elit. Donec ullamcorper nulla non metus auctor fringilla.

7. La visibilidad de los paneles

La propiedad `visibility` permite ocultar un panel con el valor `hidden` y mostrarlo con el valor `visible`. Atención, cuando un elemento se oculta con el valor `hidden` simplemente no se muestra, pero el espacio utilizado para su visualización siempre se conserva en la ventana del navegador. Por el contrario, con la propiedad `display: none`, no solo no se muestra el elemento, sino que también se retira de la página, sin que su espacio de visualización se conserve. Por lo tanto, es conveniente no confundir la utilización de estas dos propiedades.

A continuación se muestra un sencillo ejemplo:

```
<!doctype html>
<html lang="es">
<head>
   <meta charset="UTF-8">
   <title>Título de la página</title>
   <style>
       #cache {
           visibility: hidden;
       }
   </style>
</head>
<body>
   <p>Pellentesque ornare sem lacinia quam venenatis...</p>
   <p id="cache">Pellentesque ornare sem lacinia quam...</p>
   <p>Pellentesque ornare sem lacinia quam venenatis...</p>
</body>
</html>
```

Esta es la visualización obtenida:

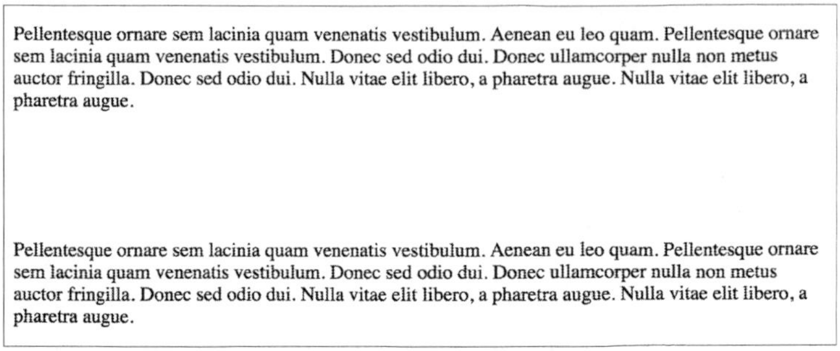

Pellentesque ornare sem lacinia quam venenatis vestibulum. Aenean eu leo quam. Pellentesque ornare sem lacinia quam venenatis vestibulum. Donec sed odio dui. Donec ullamcorper nulla non metus auctor fringilla. Donec sed odio dui. Nulla vitae elit libero, a pharetra augue. Nulla vitae elit libero, a pharetra augue.

Pellentesque ornare sem lacinia quam venenatis vestibulum. Aenean eu leo quam. Pellentesque ornare sem lacinia quam venenatis vestibulum. Donec sed odio dui. Donec ullamcorper nulla non metus auctor fringilla. Donec sed odio dui. Nulla vitae elit libero, a pharetra augue. Nulla vitae elit libero, a pharetra augue.

El segundo párrafo tiene la propiedad `visibility: hidden`; por lo tanto, se oculta en la visualización de la ventana del navegador. Pero puede observar que su espacio de visualización se conserva.

Capítulo 3-8
El Responsive Web Design

1. El desarrollo responsivo

Actualmente, los diseñadores de sitios web deben generar sitios web que sean perfectamente visibles y legibles, sea cual sea el soporte de consulta: pantalla de ordenador, tableta o smartphone.

La creación de sitios web que se adapten automáticamente según el soporte recibe el nombre de Responsive Web Design o RWD. El RWD se basa principalmente en el módulo **Media Queries**, que se encuentra en estado de **Recommendation** desde el 5 de abril de 2022: https://www.w3.org/TR/css3-mediaqueries/. Las *Media Queries*, o consultas de recursos multimedia en español, permiten crear un formato y una composición específicos según la pantalla de difusión.

2. Las consultas de recursos multimedia

2.1 Los criterios

Las consultas de recursos multimedia permiten apuntar de manera concreta a los diferentes tipos de pantallas de difusión, siguiendo criterios bien concretos.

A continuación se muestran los criterios que vamos a poder utilizar en las consultas de recursos multimedia:

- La longitud de visualización: `width`. Podemos probar la longitud de la zona de visualización del navegador. Ejemplo: `width: 780px`.
- La altura de visualización: `height`. Podemos probar la altura de la zona de visualización del navegador.
- La longitud física: `device-width`. Podemos probar la longitud física de la pantalla de difusión.
- La altura física: `device-height`. Podemos probar la altura física de la pantalla de difusión.
- La orientación de la pantalla: `orientation`. Ejemplo: `orientation: portrait` u `orientation: landscape`. Muy práctico para comprobar si el usuario utiliza su aparato vertical (`portrait`) u horizontalmente (`landscape`).

Tenemos acceso a otros criterios menos habituales:

- El ratio: `aspect-ratio`. Para probar el valor del ratio longitud/altura. Ejemplo: `aspect-ratio: 16/9`.
- El ratio físico: `device-aspect-ratio`. Para probar el valor del ratio físico longitud/altura de la pantalla.
- El color: `color`. Podemos probar si el soporte de difusión utiliza el color, que es el valor por defecto, en negro y blanco o en escala de grises. Ejemplo: `min-color: 8`.
- El número de colores en la tabla de colores: `color-index`.
- El número de niveles de gris para los aparatos monocromo: `monochrome`.
- La resolución de la pantalla de salida: `resolution`. Se expresa en dpi (*dots per inch*).
- El tipo de escaneo para las pantallas de televisión: `scan`.
- Utilice `grid` para probar si la pantalla de difusión utiliza una rejilla con un tamaño único de fuente de letra.

2.2 La sintaxis

En este ejemplo, queremos apuntar a las pantallas que tienen una longitud exacta de 780 píxeles. Tenemos dos posibilidades para utilizar la consulta de recursos multimedia.

En una página HTML, en el elemento <head>, esta es la sintaxis de la consulta con el elemento `link`:

```
<link rel="stylesheet" media="screen and (width: 780px)"
href="estilos780.css" />
```

En un archivo **.css**, esta es la consulta con la regla @media:

```
@media screen and (width: 780px) {
   ...
}
```

A continuación se muestran las explicaciones de este código:

- Indicamos que el tipo de recurso multimedia es una pantalla: `screen`.
- Indicamos que hay un segundo criterio: `and`.
- Indicamos que la longitud de estas pantallas debe ser igual a 780 píxeles: `width: 780px`.

2.3 Los valores mínimos y máximos

Todos los criterios que hemos visto anteriormente (salvo `orientation`, `scan` y `grid`) pueden utilizar los prefijos `min-` y `max-` en los valores de los criterios.

Por ejemplo, si queremos probar las pantallas cuyo tamaño es como máximo 780 píxeles, usamos `max-width`:

```
@media screen and (max-width: 780px) {
   ...
}
```

2.4 Los operadores lógicos

Las consultas de recursos multimedia permiten probar varios criterios con operadores lógicos. Anteriormente hemos visto and. Hay otros.

- El operador and permite utilizar la lógica Y.
- El operador not permite utilizar la lógica NO ES.
- La coma , permite utilizar la lógica O.
- La palabra clave only permite especificar que la consulta se debe aplicar únicamente a los criterios indicados.

En este ejemplo, nos centramos en las pantallas que tienen una resolución comprendida entre un mínimo de 1024 píxeles y un máximo de 1280 píxeles:

```
@media screen and (min-width: 1024px) and (max-width: 1280px) {
    ...
}
```

3. El tamaño de las pantallas

Las pantallas de las tabletas y de los smartphones tienen resoluciones muy diferentes según los constructores.

Para determinar las resoluciones de las pantallas, en el elemento <head> podemos utilizar el elemento <meta> con el atributo viewport. Para el atributo content, podemos utilizar el valor device-width, que determina la longitud física de la pantalla.

Por lo tanto, tendremos esta sintaxis:

```
<meta name="viewport" content="width=device-width" />
```

De esta manera, la visualización se adapta a cada superficie de visualización de cada navegador.

4. Un ejemplo de composición responsiva

4.1 El sitio web inicial

A continuación se muestra el sitio web que vamos a realizar. En un primer momento, no estrará en RWD.

He aquí el código de la página HTML:

```
<!DOCTYPE HTML>
<html lang="es">
<head>
<title>Mi página de inicio</title>
<meta charset="UTF-8" />
<link rel="stylesheet" href="estilos.css" />
</head>
<body>
<div id="contenedor">
   <header id="alto">
       <h1>Mi sitio web</h1>
       <h2>El eslogan de mi sitio web </h2>
   </header>
   <nav id="navegacion">
       <p><a href="#">Enlace 1</a> | <a href="#">Enlace 2</a> |
<a href="#">Enlace 3</a> | <a href="#">Enlace 4</a> |
<a href="#">Enlace 5</a> | <a href="#">Enlace 6</a></p>
   </nav>
   <section id="contenido">
       <articulo>
           <h1>Mi primer artículo</h1>
           <p>Donec ullamcorper...</p>
           <p>Nullam quis risus...</p>
       </articulo>
       <articulo>
           <h1>Mi segundo artículo</h1>
           <p>Cras justo odio...</p>
           <p>Donec id elit non...</p>
       </articulo>
       <articulo>
           <h1>Mi tercer artículo</h1>
           <p>Cum sociis natoque...</p>
           <p>Aenean eu leo quam...</p>
```

```
        </articulo>
    </section>
    <aside id="sidebar">
        <p class="centro"><img src="logo.png" alt="Un tigre" /></p>
        <p>Donec id elit...</p>
    </aside>
    <footer id="pie-de-pagina">
        <p>Diseño y construcción: yo-mismo. Póngase en contacto conmigo:
<a href="mailto:yo@micasa.org">contacto@micasa.org</a></p>
    </footer>
</div>
</body>
</html>
```

A continuación se muestra el código del archivo **estilos.css** relacionados con la página HTML:

```
/* Estilos generales */
body {
   padding: 0;
   background-color: gray;
   font: .8em Verdana, Arial, Helvetica, sans-serif;
}
body, h1, h2, p {
   margin: 0;
}
#contenedor {
   width: 940px;
   margin: 20px auto 0 auto;
   padding: 10px;
   background-color: white;
}

/* El encabezado */
#arriba {
   margin: 0 0 10px 0;
   padding: 5px;
   background-color: gray;
}
#arriba h1, #arriba h2 {
   color: white;
}

/* La barra de navegación */
```

```
#navegacion {
   margin: 0 0 10px 0;
   padding: 5px;
   background-color: silver;
}
#navegacion p {
   color: white;
}
#navegacion a {
   text-decoration: none;
   color: white;
}

/* El contenido principal */
#contenido {
   float: left;
   width: 720px;
   padding: 5px;
}
articulo {
   margin: 0 0 20px 0;
   border-top: 1px dotted #333;
}

/* La columna de desplazamiento */
#sidebar {
   float: left;
   width: 190px;
   margin: 0 0 0 10px;
   padding: 5px;
   background-color: #E8E8E8;
}
#sidebar p.centro {
   text-align: center;
}

/* El pie de página */
#pie-de-pagina {
   padding: 5px;
   background-color: #E8E8E8;
   clear: both;
}
#pie-de-pagina p {
   text-align: center;
```

```
    font-size: .75em;
}
```

A continuación se muestra la visualización obtenida:

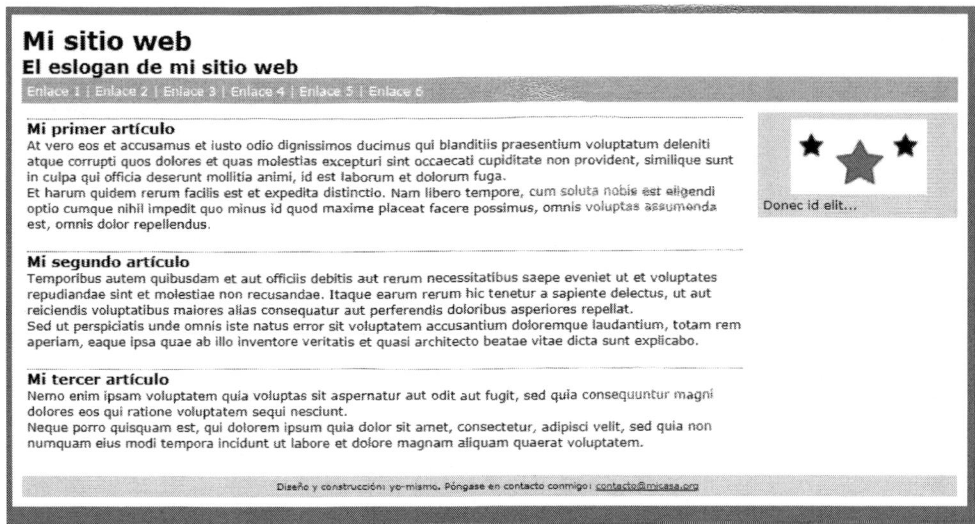

4.2 El sitio web responsivo

Ahora vamos a utilizar las consultas de recursos multimedia para hacer que el sitio sea responsivo.

Para la primera etapa, agregamos la línea para el viewport en el encabezado de la página HTML, en el elemento <head>:

```
<head>
    ...
    <meta name="viewport" content="width=device-width" />
    ...
</head>
```

A continuación, en el archivo **estilos.css**, vamos a agregar una consulta de recursos multimedia al final de la página. Vamos a apuntar a una difusión en pantallas con un tamaño máximo de 768 píxeles.

```
@media screen and (max-width: 768px) {
    ...
}
```

Deseamos tener un fondo de página blanco sin gris, como para la versión de pantalla de ordenador.

```
@media screen and (max-width: 768px) {
    body {
        background-color: #fff;
    }
}
```

Deseamos que el panel `<div id="contenedor">` deje de tener un tamaño fijo y pase a tener un tamaño relativo para que ocupe todo el espacio disponible en su elemento padre, el `<body>`. Indicamos un margen exterior de 5 píxeles.

```
@media screen and (max-width: 768px) {
    ...
    div#contenedor {
        width: 100%;
        margin: 5px;
    }

}
```

El color de fondo de la sección de la parte superior debe ser negro, con un color de texto en blanco.

```
@media screen and (max-width: 768px) {
    ...
    header#arriba {
        background-color: #000;
        color: #fff;
    }
}
```

Los dos contenedores (`<section>` y `<aside>`) no deben ser flotantes, para no estar uno junto al otro, sino uno encima del otro. De esta manera, ganamos espacio de visualización horizontalmente.

```
@media screen and (max-width: 768px) {
    ...
    aside#sidebar {
```

```
        float: none;
        width: auto;
        margin: 0 0 10px 0;
    }

}
```

No deseamos mostrar la ilustración (<img>) en la sidebar, para ganar todavía más espacio y concentrarnos en el contenido.

```
@media screen and (max-width: 768px) {
    ...
    aside#sidebar img {
        display: none;
    }
}
```

Para terminar, nos adaptamos al tamaño de los títulos <h1> en los artículos.

```
@media screen and (max-width: 768px) {
    ...
    artículo h1 {
        font-size: 1.5em;
    }
}
```

A continuación se muestra la consulta de recursos multimedia completa:

```
/* Consulta de recursos multimedia */
@media screen and (max-width: 768px) {
    body {
        background-color: #fff;
    }
    #contenedor {
        width: 100%;
        margin: 0;
    }
    #arriba {
        background-color: #000;
        color: #fff;
    }
    #contenido {
        float: none;
        width: auto;
    }
```

```
    #sidebar {
        float: none;
        width: auto;
        margin: 0 0 10px 0;
    }
    #sidebar img {
        display: none;
    }
    artículo h1 {
        font-size: 1.5em;
    }
}
```

A continuación se muestra la visualización obtenida en un iPhone, con la parte superior del sitio web:

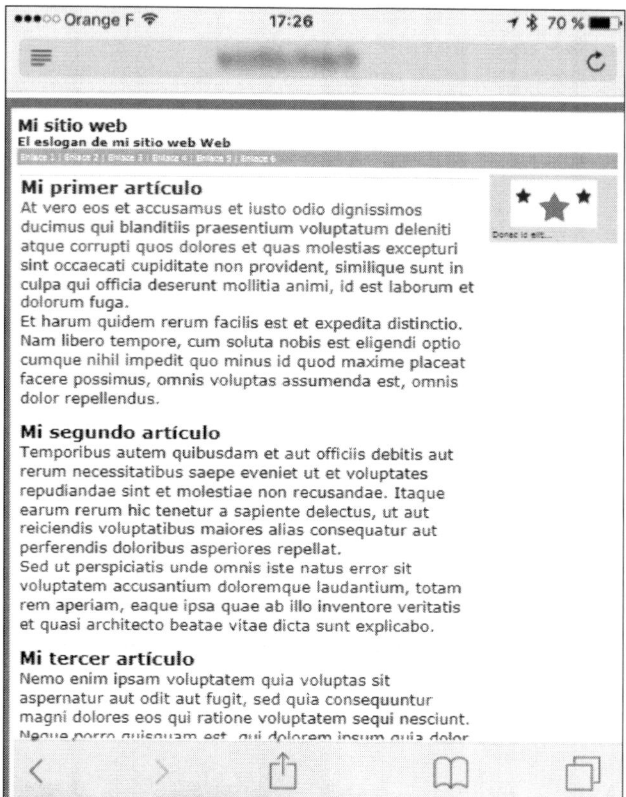

Con la parte central del sitio web:

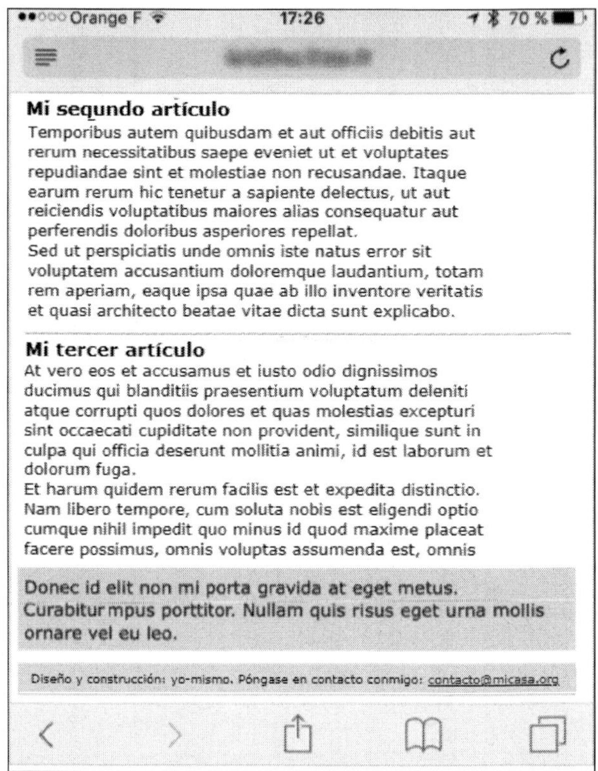

Capítulo 3-9
Crear paginaciones modernas

1. Los objetivos

La paginación de los sitios web siempre ha sido «el gran problema» de los diseñadores web. Hasta hace poco, no había propiedades CSS, ni módulos dedicados a la construcción de páginas para que pudieran visualizarse perfectamente en las pantallas de los ordenadores, las tabletas y los smartphones.

En la actualidad, el W3C ha solucionado esas carencias con la publicación de los módulos **CSS Flexible Box Layout Module Level 1** y **CSS Grid Layout Module Level 1**. En realidad, estos dos módulos complementarios van a cambiar nuestras costumbres en el diseño de páginas web y van a permitir que los diseñadores creen paginaciones responsivas y elaboradas de una forma sencilla y muy eficaz. Por lo tanto, se nos ofrece un cambio de paradigma en la concepción y la creación.

2. Utilizar el módulo CSS Flexible Box Layout

2.1 La paginación flexible

El módulo CSS3 **CSS Flexible Box Layout Module Level 1** nos ayuda a resolver numerosos problemas de formateo y paginación. Este módulo permite formatear de forma muy distinta las diferentes partes de nuestras páginas. Los contenedores padres flexibles posicionan perfectamente los elementos hijos en sentido horizontal o vertical, sin los problemas que provoca la técnica de las cajas flotantes. Estos elementos hijos se alinean perfectamente según los ejes horizontales y verticales. Además, podemos controlar los espacios entre estos elementos hijos, una vez más, en función de los ejes horizontales y verticales.

El módulo CSS3 **CSS Flexible Box Layout Module Level 1** se encuentra a medio camino en su proceso de finalización. En noviembre de 2023 se encuentra en estado de **Candidate Recommendation** desde el 19 de noviembre de 2018: https://www.w3.org/TR/css-flexbox-1/

En cuanto a la compatibilidad de este módulo CSS con los navegadores recientes, es sencillamente excelente. A continuación se muestra la tabla recapitulativa del sitio de referencia **Can I Use**:

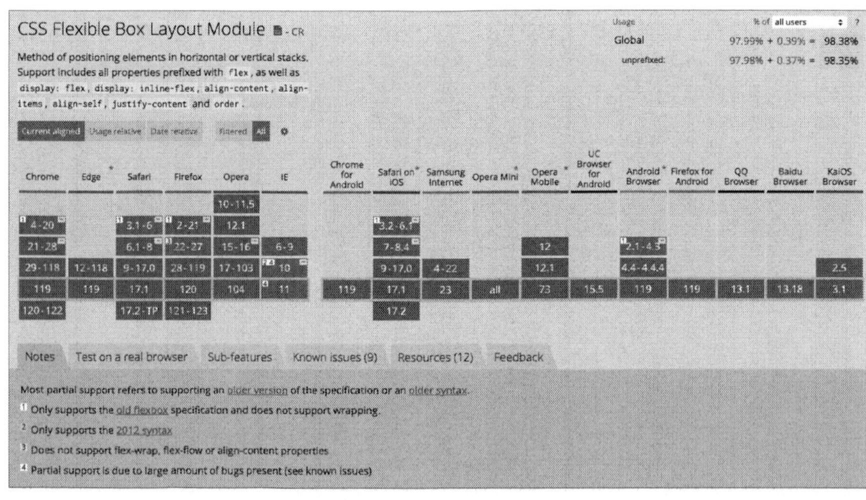

2.2 Los contenedores flexibles

Una paginación flexible se crea utilizando un contenedor con la propiedad CSS de visualización `display`. Esta propiedad acepta los valores `flex` o `inline-flex`. Por lo tanto, este contenedor se considera el elemento padre de la paginación.

A partir del momento en que un contenedor posee los valores `flex` o `inline-flex`, todos los elementos hijos incluidos serán automáticamente flexibles. En cuanto a la terminología, llamaremos **flex-container** al contenedor padre y los elementos hijos serán los **flex-items**.

El elemento contenedor padre que utiliza el valor de visualización `flex` puede ser cualquier tipo de elemento HTML: `<div>`, `<nav>`, `<section>`... En los primeros ejemplos, utilizaremos una caja `<div>` para que sea más sencillo, antes de utilizar otros elementos HTML más semánticos en los ejemplos posteriores.

2.2.1 El contenedor con una visualización flex

Veamos un ejemplo muy sencillo de una paginación flexible. A continuación se muestra la estructura HTML que se ha utilizado:

```
<div id="contenedor1">
    <p class="p1">Uno. Maecenas faucibus...</p>
    <p class="p2">Dos. Fusce dapibus, tellus...</p>
    <p class="p3">Tres. Duis mollis, est non...</p>
    <p class="p4">Cuatro. Nulla vitae elit libero...</p>
</div>
```

El contenedor padre es una caja `<div>` cuyo identificador es `contenedor1`. Esta caja contiene cuatro párrafos `<p>`, cada uno con una clase llamada de `.p1` a `.p4`.

A continuación se muestran las reglas CSS:

```
#contenedor1 {
    display: flex;
    width: 800px;
    border: 1px solid #000;
}
p {
```

```
    margin: 0;
}
.p1 {
    background-color: antiquewhite;
}
.p2 {
    background-color: azure;
}
.p3 {
    background-color: cornsilk;
}
.p4 {
    background-color: burlywood;
}
```

La regla `#contenedor1` utiliza la propiedad `display` con el valor `flex`. Esta propiedad y este valor son los que permiten crear un contenedor flexible.

Observación

Observe que con la utilización del valor `flex`, este contenedor se comporta como un elemento de tipo `block`.

Las demás reglas y propiedades CSS solo se definen para conseguir una apariencia más visual y clara.

En cuanto se define un contenedor padre flexible, sus elementos hijos son flexibles. Estos **flex-items** se visualizan por defecto unos junto a otros y utilizan todo el espacio disponible de su elemento padre, el **flex-container**. Observe que la anchura de cada elemento hijo no es idéntica, sino que se reparte de forma más o menos homogénea en función de su contenido.

A continuación se muestra el resultado obtenido:

Uno. Maecenas faucibus mollis interdum. Nullam quis risus eget urna mollis ornare vel eu leo. Pellentesque sem vehicula parturient ullamcorper.	Dos. Fusce dapibus, tellus ac cursus commodo, tortor mauris condimentum nibh, ut fermentum massa justo sit amet risus.	Tres. Duis mollis, est non commodo luctus, nisi erat porttitor ligula, eget lacinia odio sem nec elit.	Cuatro. Nulla vitae elit libero, a pharetra augue. Adipiscing venenatis mattis vehicula sem. quam ommodo lit.

Observe que se ha definido una anchura fija para el contenedor padre de 800 píxeles (`width: 800px`). Si no hubiésemos utilizado esta propiedad, el contenedor habría utilizado todo el espacio disponible en su elemento padre, que en este ejemplo es <body>.

2.2.2 El contenedor con una visualización inline-flex

Para insertar un contenedor flexible, también puede utilizar la propiedad `display` con el valor `inline-flex`. En este caso, los elementos hijos, los **flex-items**, se mostrarán como bloques en fila.

A continuación se muestra la estructura HTML de un segundo ejemplo sencillo:

```
<div id="contenedor2">
    <div>
        <p class="p1">Uno. Maecenas faucibus mollis interdum...</p>
        <p class="p2">Dos. Fusce dapibus, tellus ac cursus...</p>
    </div>
    <div>
        <p class="p3">Tres. Duis mollis, est non commodo...</p>
        <p class="p4">Cuatro. Nulla vitae elit libero, a pharetra...</p>
    </div>
</div>
```

El contenedor flexible padre tiene el identificador `contenedor2`. En este contenedor, tenemos dos cajas <div> anónimas. Cada caja contiene dos párrafos <p>, con clases CSS para la presentación visual.

A continuación se muestran las reglas CSS:

```
#contenedor2 {
    display: inline-flex;
    width: 800px;
    border: 1px solid #000;
}
p {
    margin: 0;
}
.p1 {
    background-color: antiquewhite;
}
.p2 {
    background-color: azure;
}
```

```
.p3 {
    background-color: cornsilk;
}
.p4 {
    background-color: burlywood;
}
```

Las propiedades CSS son las mismas que en el ejemplo anterior. A continuación se muestra el resultado obtenido:

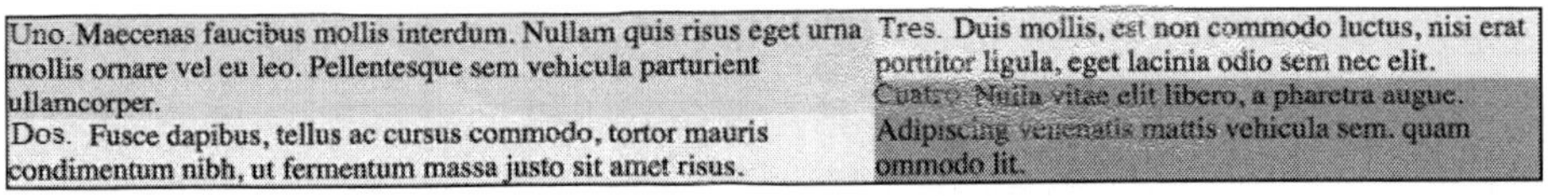

Uno. Maecenas faucibus mollis interdum. Nullam quis risus eget urna mollis ornare vel eu leo. Pellentesque sem vehicula parturient ullamcorper.
Dos. Fusce dapibus, tellus ac cursus commodo, tortor mauris condimentum nibh, ut fermentum massa justo sit amet risus.

Tres. Duis mollis, est non commodo luctus, nisi erat porttitor ligula, eget lacinia odio sem nec elit.
Cuatro. Nulla vitae elit libero, a pharetra augue. Adipiscing venenatis mattis vehicula sem. quam ommodo lit.

Las dos cajas <div> hijas se visualizan en forma de bloque y en fila. La primera contiene los párrafos **Uno** y **Dos**; la segunda caja contiene los párrafos **Tres** y **Cuatro**.

La anchura del contenedor padre es exactamente idéntica a la del ejemplo anterior.

2.3 El flujo de los elementos hijos

2.3.1 Definir la dirección

La propiedad `flex-direction` permite definir la dirección principal en el contenedor flexible padre. Esta dirección principal indica cómo se ubican los elementos hijos en el contenedor padre. Podemos definir un eje principal horizontal o vertical.

A continuación se muestran los valores que acepta la propiedad `flex-direction`: `row`, `row-reverse`, `column` y `column-reverse`.

Por defecto, la propiedad `flex-direction` utiliza el valor `row`, que define una dirección horizontal para el posicionamiento de los elementos hijos. Por lo tanto, los **flex-items** se muestran horizontalmente, en fila, unos junto a otros, en el orden de introducción en el código HTML.

A continuación se muestra un primer ejemplo:

```
<div id="contenedor1">
    <p class="p1">Uno. Maecenas faucibus mollis interdum...</p>
   <p class="p2">Dos. Fusce dapibus, tellus ac cursus commodo...</p>
    <p class="p3">Tres. Duis mollis, est non commodo luctus...</p>
</div>
```

Las reglas CSS:

```
css
#contenedor1 {
    display: flex;
    flex-direction: row;
    width: 600px;
    border: 1px solid #000;
}
p {
    margin: 0;
}
.p1 {
    background-color: antiquewhite;
}
.p2 {
    background-color: azure;
}
.p3 {
    background-color: cornsilk;
}
```

A continuación se muestra el resultado obtenido:

Uno. Maecenas faucibus mollis interdum. Nullam quis risus eget urna mollis ornare vel eu leo. Pellentesque sem vehicula parturient ullamcorper.	Dos. Fusce dapibus, tellus ac cursus commodo, tortor mauris condimentum nibh, ut fermentum massa justo sit amet risus.	Tres. Duis mollis, est non commodo luctus, nisi erat porttitor ligula, eget lacinia odio sem nec elit.

Siendo muy precisos, los elementos hijos se muestran horizontalmente de izquierda a derecha a partir del costado izquierdo del elemento padre.

Puede visualizar los elementos hijos en el orden inverso de su declaración en el código HTML con `flex-direction: row-reverse`. En este caso, los elementos hijos siguen mostrándose horizontalmente, pero se colocan unos junto a otros a partir del costado derecho del elemento padre.

También puede escoger una visualización en columna de los elementos hijos, aplicando una dirección vertical. Retomamos la estructura HTML anterior:

```
<div id="contenedor1">
    <p class="p1">Uno. Maecenas faucibus mollis interdum...</p>
    <p class="p2">Dos. Fusce dapibus, tellus ac cursus commodo...</p>
    <p class="p3">Tres. Duis mollis, est non commodo luctus...</p>
</div>
```

Para obtener una visualización vertical sobre el eje principal, utilice el valor: `flex-direction: column`.

Se utiliza la regla CSS siguiente:

```
#contenedor3 {
    display: flex;
    flex-direction: column;
    width: 600px;
    border: 1px solid #000;
}
```

A continuación se muestra el resultado obtenido:

Uno. Maecenas faucibus mollis interdum. Nullam quis risus eget urna mollis ornare vel eu leo. Pellentesque sem vehicula parturient ullamcorper.
Dos. Fusce dapibus, tellus ac cursus commodo, tortor mauris condimentum nibh, ut fermentum massa justo sit amet risus.
Tres. Duis mollis, est non commodo luctus, nisi erat porttitor ligula, eget lacinia odio sem nec elit.

Ahora tenemos una visualización vertical de los elementos hijos. Los **flex-items** se sitúan de arriba hacia abajo, empezando por el costado superior del elemento padre.

En este caso también puede invertir el orden de visualización con `flex-direction: column-reverse`.

2.3.2 Controlar el flujo de los elementos hijos en fila

La propiedad `flex-wrap` determina el comportamiento de los elementos hijos en el contenedor padre cuando tienen que saltar a la línea siguiente. Esto sucede cuando el contenedor padre no es suficientemente grande para contener a todos los hijos en la dirección principal. Podemos prohibir los saltos de línea con el valor `nowrap` o, al contrario, autorizarlos con el valor `wrap`.

La propiedad `flex-wrap` admite los valores siguientes: `nowrap`, `wrap` y `wrap-reverse`. El valor por defecto es `nowrap`.

A continuación se muestra la estructura HTML que vamos a utilizar. Es una sencilla lista `<ul>`:

```
<ul id="contenedor-lista">
    <li>Un</li>
    <li>Dos</li>
    <li>Tres</li>
    <li>Cuatro</li>
    <li>Cinco</li>
    <li>Seis</li>
    <li>Siete</li>
    <li>Ocho</li>
    <li>Nueve</li>
    <li>Diez</li>
</ul>
```

Esta lista no ordenada `<ul>` utiliza el identificador `contenedor-lista`. A continuación se muestra su regla CSS:

```
#contenedor-lista {
    display: flex;
    flex-direction: row;
    width: 300px;
    border: 1px solid #000;
    background-color: #eee;
    padding: 10px;
}
```

La lista es un contenedor flexible (`display: flex`), con una visualización por defecto horizontal (`flex-direction: row`) y una anchura de 300 píxeles (`width: 300px`).

Los elementos <li> utilizan unas propiedades muy clásicas:

```
#contenedor-lista li {
    list-style: none;
    border: 1px solid #000;
    padding: 5px;
    background-color: white;
}
```

A continuación se muestra el resultado obtenido:

Observe que la anchura del elemento padre <ul> es demasiado pequeña para mostrar todos los elementos hijos <li>. Por lo tanto, estos últimos "rebosan" del contenedor padre. Este es el comportamiento normal y por defecto del contenedor flexible. Los contenedores flexibles utilizan por defecto la propiedad `flex-wrap: nowrap`.

Si queremos que los elementos hijos salten a la línea siguiente cuando se alcance la anchura definida de su elemento padre <li>, debemos utilizar la propiedad `flex-wrap` con el valor `wrap`:

```
#contenedor-lista {
    display: flex;
    flex-direction: row;
    flex-wrap: wrap;
    width: 300px;
    border: 1px solid #000;
    background-color: #eee;
    padding: 10px;
}
```

A continuación se muestra el resultado obtenido:

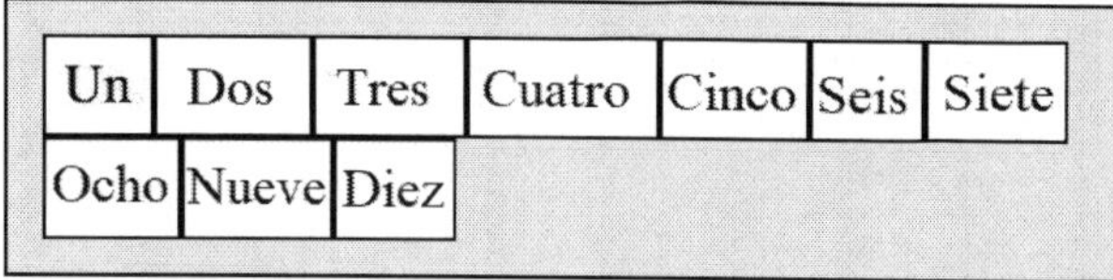

La propiedad `flex-flow` es la sintaxis abreviada para utilizar `flex-direction` y `flex-wrap`. Los valores utilizables y los valores predeterminados son los mismos que los de las propiedades individuales.

A continuación se muestra un ejemplo de su utilización:

```
#contenedor-lista {
    display: flex;
    flow: row wrap;
    ...
}
```

2.3.3 Controlar el flujo de los elementos hijos en bloque

En el ejemplo anterior, los elementos hijos eran de tipo `list-item`. Ahora vamos a estudiar la utilización de elementos hijos de tipo `block` con unos párrafos <p>.

A continuación se muestra la estructura HTML que se ha empleado:

```
<div id="contenedor">
    <p class="p1">Uno. Maecenas faucibus mollis interdum...</p>
   <p class="p2">Dos. Fusce dapibus, tellus ac cursus commodo...</p>
    <p class="p3">Tres. Duis mollis, est non commodo luctus...</p>
    <p class="p4">Cuatro. Nulla vitae elit libero, a pharetra...</p>
</div>
```

Y las reglas CSS correspondientes:

```
#contenedor {
    display: flex;
    flex-direction: row;
    flex-wrap: wrap;
    width: 600px;
    border: 1px solid #000;
    background-color: #eee;
}
```

```
p {
    margin: 0;
    width: 200px;
}
.p1 {
    background-color: antiquewhite;
}
.p2 {
    background-color: azure;
}
.p3 {
    background-color: cornsilk;
}
.p4 {
    background-color: burlywood;
}
```

Observe que se ha definido una anchura del contenedor padre de 600 píxeles (`width: 600px`) y que también se ha definido para los elementos hijos una anchura de 200 píxeles (`width: 200px`).

Tenemos cuatro elementos hijos `<p>` con una anchura total de 4 x 200 píxeles: 800 píxeles. La anchura del contenedor padre `<div>` es de 600 píxeles y, por lo tanto, es demasiado pequeña para mostrar todos los elementos hijos en la misma fila. Con la propiedad `flex-wrap: wrap`, autorizamos el salto de línea de los elementos hijos cuando se alcanza la anchura fija del contenedor padre.

A continuación se muestra el resultado obtenido:

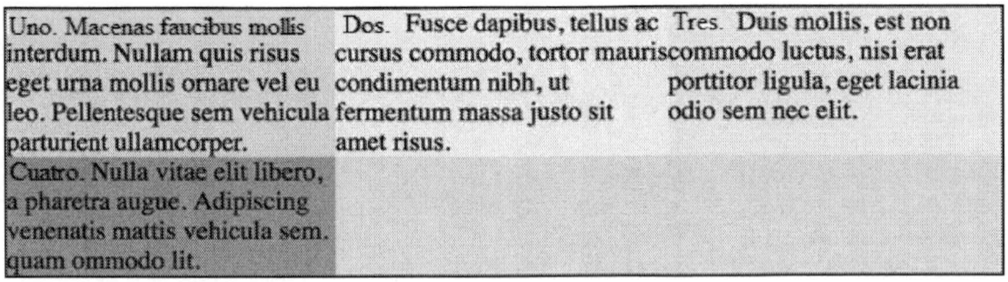

Uno. Macenas faucibus mollis interdum. Nullam quis risus eget urna mollis ornare vel eu leo. Pellentesque sem vehicula parturient ullamcorper.

Dos. Fusce dapibus, tellus ac cursus commodo, tortor mauris condimentum nibh, ut fermentum massa justo sit amet risus.

Tres. Duis mollis, est non commodo luctus, nisi erat porttitor ligula, eget lacinia odio sem nec elit.

Cuatro. Nulla vitae elit libero, a pharetra augue. Adipiscing venenatis mattis vehicula sem. quam ommodo lit.

Tenga en cuenta que si los elementos hijos <p> no hubiesen tenido una anchura definida, habrían ocupado todo el espacio disponible en el contenedor padre, sin saltar de línea:

Uno. Maecenas faucibus mollis interdum. Nullam quis risus eget urna mollis ornare vel eu leo. Pellentesque sem vehicula parturient ullamcorper.	Dos. Fusce dapibus, tellus ac cursus commodo, tortor mauris condimentum nibh, ut fermentum massa justo sit amet risus.	Tres. Duis mollis, est non commodo luctus, nisi erat porttitor ligula, eget lacinia odio sem nec elit.	Cuatro. Nulla vitae elit libero, a pharetra augue. Adipiscing venenatis mattis vehicula sem. quam ommodo lit.

2.4 Alinear los elementos hijos flexibles

2.4.1 Los alineamientos en el eje principal horizontal

La propiedad `justify-content` permite gestionar el alineamiento de los elementos hijos en la dirección principal que se ha definido en el elemento padre, con la propiedad `flex-direction`.

La propiedad `justify-content` admite los valores:
`flex-start`, `flex-end`, `center`, `space-between` y `space-around`. El valor por defecto es `flex-start`.

A continuación se muestra la estructura HTML que vamos a utilizar, compuesta por una sencilla lista <ul>:

```
<ul id="contenedor-lista">
    <li>Un</li>
    <li>Dos</li>
    <li>Tres</li>
    <li>Cuatro</li>
    <li>Cinco</li>
</ul>
```

Y estas son las reglas CSS empleadas:

```
#contenedor-lista {
    display: flex;
    width: 400px;
    border: 1px solid #000;
    background-color: #eee;
    padding: 10px;
}
```

```
#contenedor-lista li {
    list-style: none;
    border: 1px solid #000;
    padding: 5px;
    background-color: white;
}
```

Observe que, al no haberlas declarado en las reglas CSS, en este ejemplo utilizamos los valores por defecto de las propiedades `flex-direction: row` y `flex-wrap: nowrap`.

A continuación se muestra el resultado obtenido:

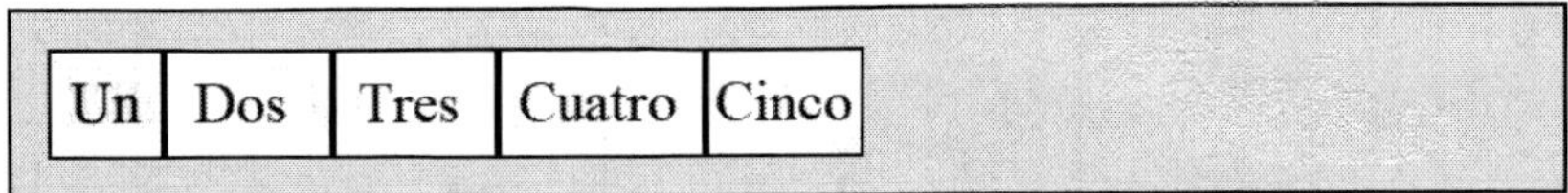

Por defecto, el contenedor flexible padre utiliza la propiedad `justify-content: flex-start`.

```
#contenedor-lista {
    display: flex;
    justify-content: flex-start;
    width: 400px;
    border: 1px solid #000;
    background-color: #eee;
    padding: 10px;
}
```

Este valor indica que los elementos hijos se alinean a la izquierda del elemento padre, para ser más precisos, al principio del eje principal.

El valor `flex-end` indica que los elementos hijos se alinean a la derecha del elemento padre, es decir, al final del eje principal.

A continuación se muestra el resultado obtenido:

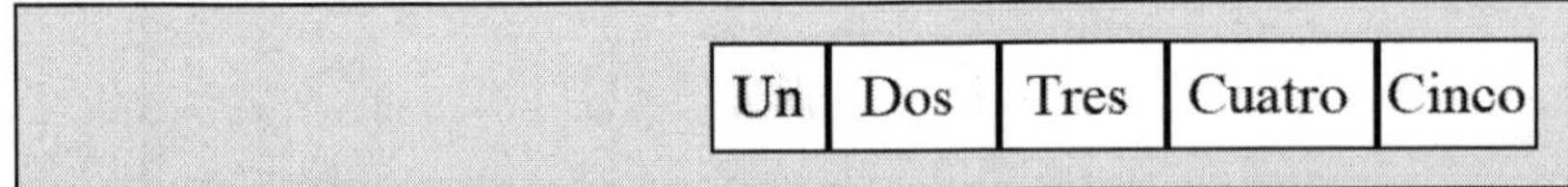

El valor `center` indica que los elementos hijos están centrados en el elemento padre, en el eje principal. A continuación se muestra el resultado obtenido:

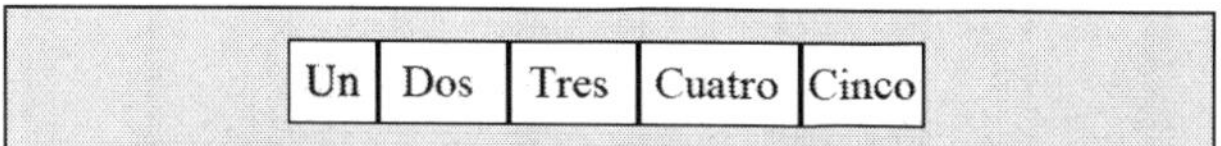

El valor `space-between` indica que los elementos hijos se distribuyen uniformemente en el elemento padre. Por lo tanto, el espacio adyacente entre dos elementos es el mismo. A continuación se muestra el resultado obtenido:

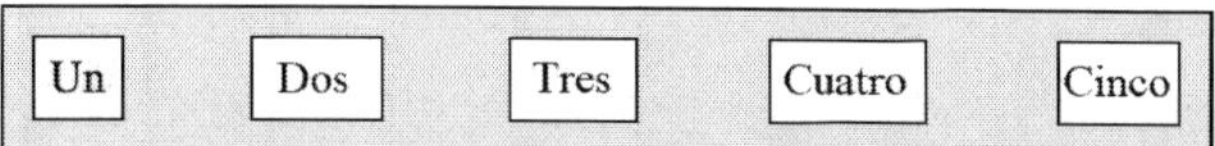

El valor `space-around` indica que el espacio adyacente entre dos elementos es el mismo. Además, el espacio anterior al primer elemento y posterior al último elemento equivalen a la mitad del espacio entre dos elementos adyacentes. A continuación se muestra el resultado obtenido:

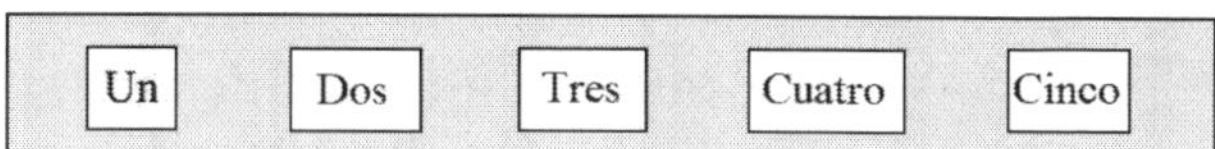

2.4.2 Los alineamientos en el eje principal vertical

A continuación, veamos cómo se aplica esta misma propiedad `justify-content` al eje principal vertical, con la propiedad y el valor `flex-direction: column`.

La estructura HTML es la misma que anteriormente:

```
<ul id="contenedor-lista">
    <li>Un</li>
    <li>Dos</li>
    <li>Tres</li>
    <li>Cuatro</li>
    <li>Cinco</li>
</ul>
```

Y estas son las reglas CSS que se han utilizado:

```
#contenedor-lista {
    display: flex;
    flex-direction: column;
    width: 100px;
    height: 300px;
    border: 1px solid #000;
    background-color: #eee;
    padding: 10px;
}
#contenedor-lista li {
    list-style: none;
    border: 1px solid #000;
    padding: 5px;
    background-color: white;
}
```

Se ha determinado que el eje principal de este contenedor es vertical, en columna con `flex-direction: column`. Este contenedor tiene una anchura (`width: 100px`) y una altura fijas (`height: 300px`).

A continuación se muestra el resultado que se obtiene inicialmente:

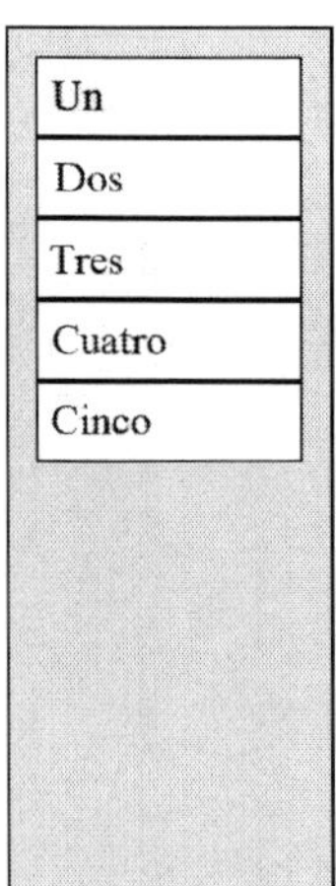

La propiedad `justify-content` utiliza su valor por defecto: `flex-start`. Por lo tanto, los elementos hijos se alinean en lo alto del contenedor padre, es decir, en el comienzo del eje principal.

Ahora, cambiamos el valor de `justify-content: flex-end`:

```
#contenedor-lista {
    display: flex;
    flex-direction: column;
    justify-content: flex-end;
    ...
}
```

A continuación se muestra el resultado obtenido:

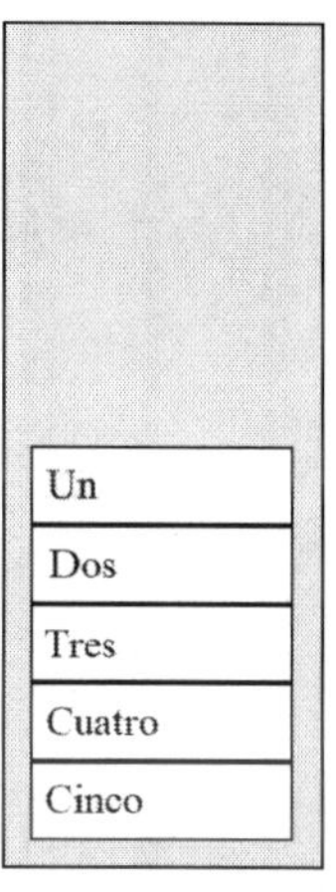

A continuación se muestra el resultado obtenido con `justify-content: center`:

A continuación se muestra el resultado obtenido con `justify-content: space-between`:

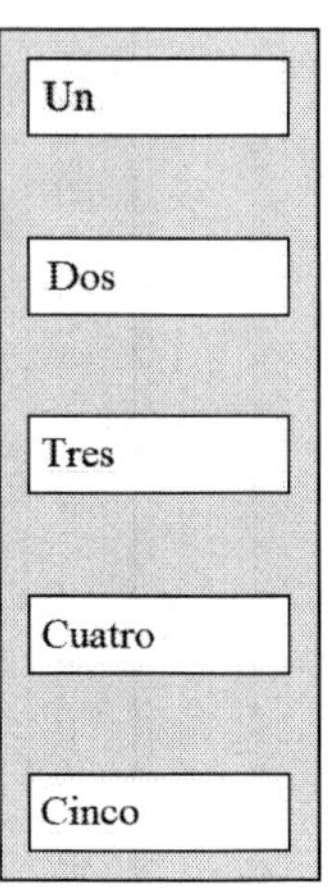

A continuación se muestra el resultado obtenido con `justify-content: space-around`:

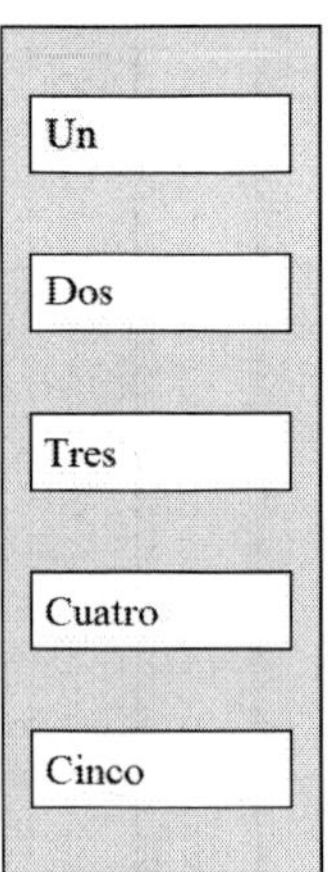

2.4.3 Los alineamientos en el eje secundario vertical

Empecemos estudiando los distintos alineamientos que existen en el eje secundario vertical cuando el eje principal es horizontal. Los alineamientos en el eje secundario se especifican con la propiedad `align-items`.

Los valores que admite la propiedad `align-items` son: `flex-start`, `flex-end`, `center`, `baseline` y `stretch`. El valor por defecto es `stretch`.

Retomamos la estructura HTML anterior, con la lista `<ul>`.

Estas son las reglas CSS modificadas con respecto a las del ejemplo anterior:

```
#contenedor-lista {
    display: flex;
    flex-direction: row;
    justify-content: space-around;
    width: 300px;
    height: 100px;
    border: 1px solid #000;
    background-color: #eee;
    padding: 10px;
}
#contenedor-lista li {
    list-style: none;
    border: 1px solid #000;
    padding: 5px;
    background-color: white;
}
```

La dirección principal del contenedor padre vuelve a ser la horizontal (`flex-direction: row`) y el alineamiento en el eje principal se hace con un espaciado idéntico entre los elementos hijos (`justify-content: space-around`). El contenedor padre tiene una anchura (`width: 300px`) y una altura fijas (`height: 100px`).

Utilizamos la propiedad `align-items` con su valor por defecto `stretch`. Este valor estira los elementos hijos en el eje secundario para que ocupen toda la altura disponible.

A continuación se muestra el resultado obtenido:

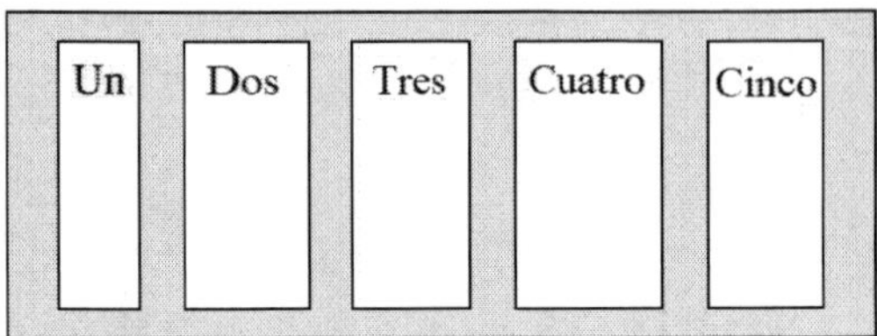

A continuación se muestra la estructura de los ejes, con los elementos hijos que ocupan toda la altura disponible en el eje secundario:

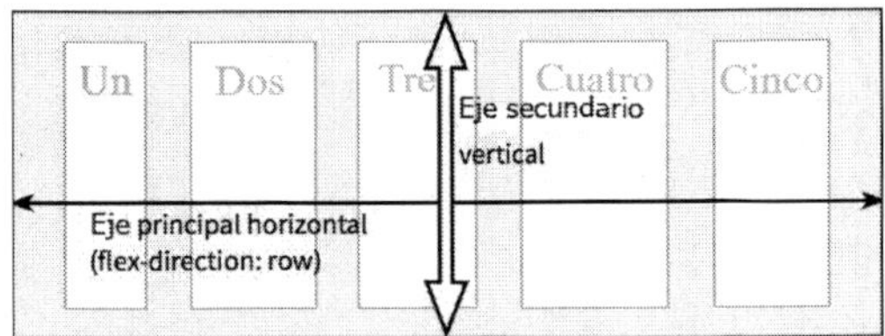

El valor `align-items: flex-start` coloca los elementos hijos al comienzo del eje secundario.

A continuación se muestra el resultado obtenido:

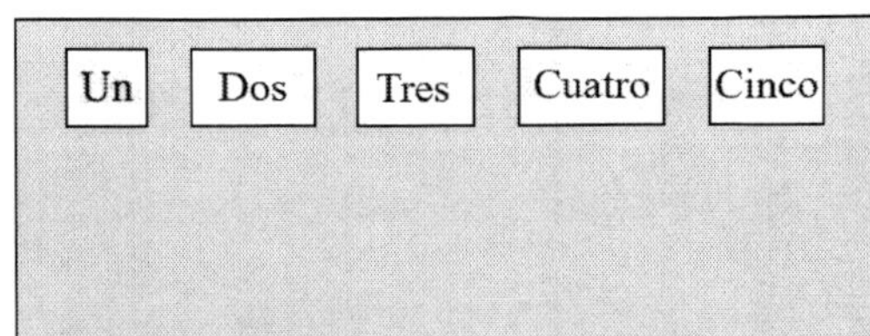

El valor `align-items: flex-end` coloca los elementos hijos al final del eje secundario vertical.

A continuación se muestra el resultado obtenido:

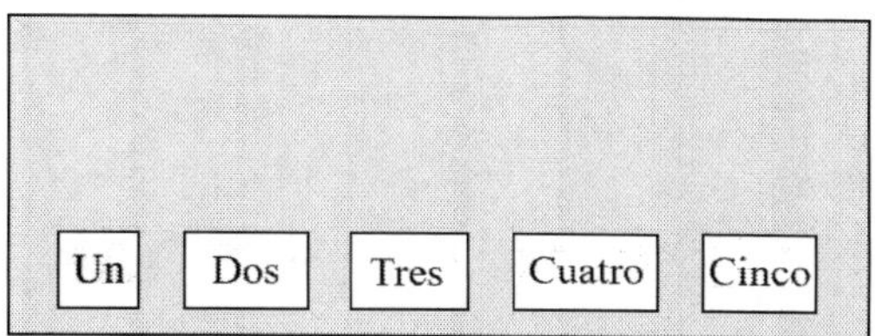

El valor `align-items: center` coloca los elementos hijos en el centro del eje secundario vertical. A continuación se muestra el resultado obtenido:

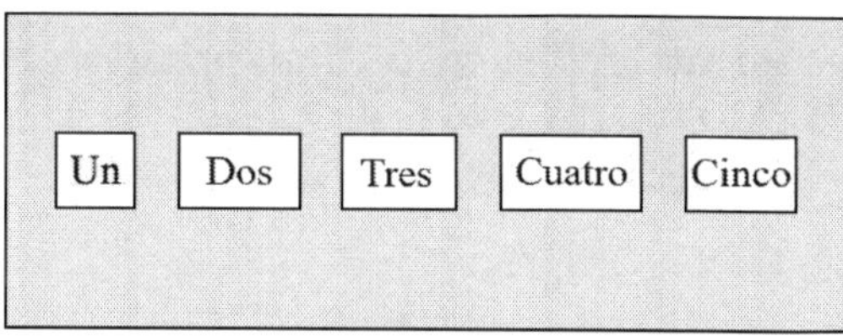

El valor `align-items: baseline` alinea los elementos hijos en función de la línea de base del texto que tiene una altura de línea mayor. Para apreciar correctamente esta visualización, añadimos dos clases CSS al cuarto y al quinto `<li>`:

```
<ul id="contenedor-lista">
    <li>Un</li>
    <li>Dos</li>
    <li>Tres</li>
    <li class="cuatro">Cuatro</li>
    <li class="cinco">Cinco</li>
</ul>
```

Les reglas CSS correspondientes son:

```
.cuatro {
    font-size: 1.5em;
}
.cinco {
    font-size: 0.6em;
}
```

A continuación se muestra el esquema del resultado obtenido, la línea de base se ha representado con una línea discontinua:

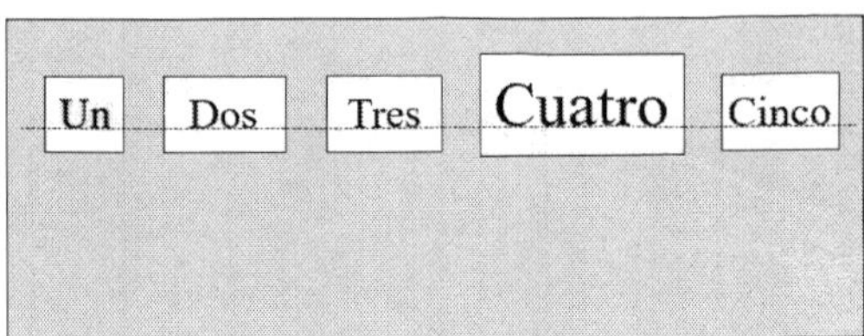

2.4.4 Los alineamientos en el eje secundario horizontal

A continuación, estudiemos los alineamientos en el eje secundario horizontal definido cuando el eje principal es vertical, con `flex-direction: column`. Estos alineamientos también se especifican con `align-items`.

La estructura HTML es idéntica:

```
<ul id="contenedor-lista">
    <li>Un</li>
    <li>Dos</li>
    <li>Tres</li>
    <li>Cuatro</li>
    <li>Cinco</li>
</ul>
```

Se modifica la regla CSS del contenedor padre:

```
#contenedor-lista {
    display: flex;
    flex-direction: column;
    justify-content: space-around;
    width: 200px;
    height: 300px;
    border: 1px solid #000;
    background-color: #eee;
    padding: 10px;
}
```

A continuación se muestra la estructura de los ejes:

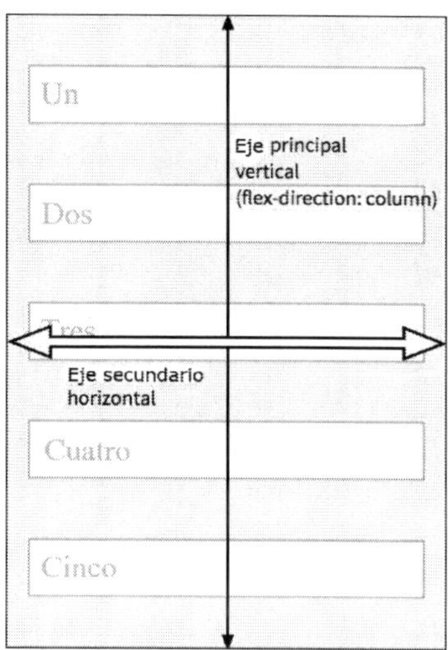

Los valores de la propiedad `align-items` son los mismos.

Con el valor por defecto `align-items: stretch`, los elementos hijos ocupan todo el espacio disponible en el eje secundario horizontal.

A continuación se muestra el resultado obtenido:

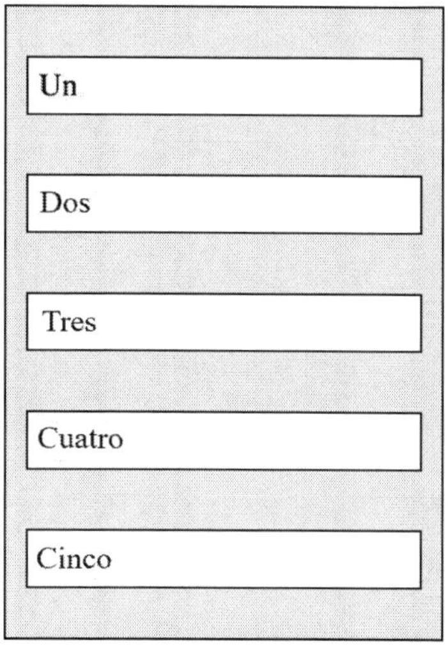

Con `align-items: flex-start`, los elementos hijos se alinean al comienzo del eje secundario horizontal.

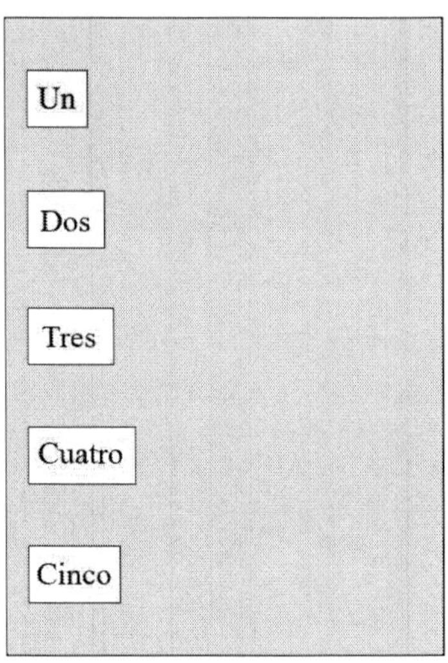

Con `align-items: flex-end`, los elementos hijos se alinean al final del eje secundario horizontal.

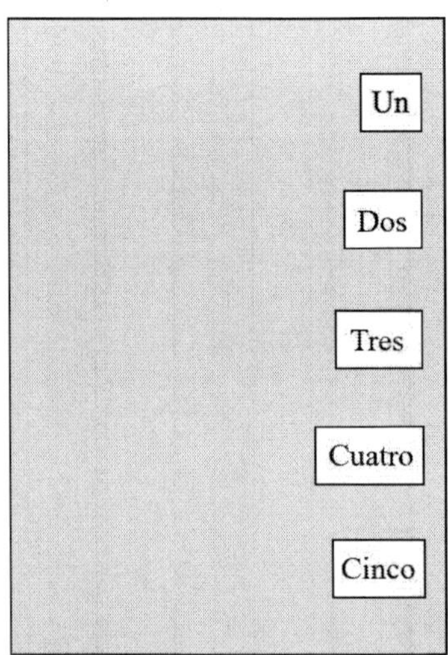

Con `align-items: center`, los elementos hijos se alinean en el centro del eje secundario horizontal.

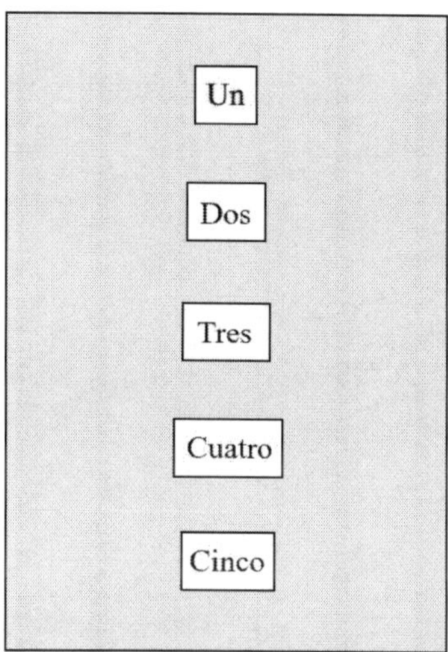

2.4.5 Los alineamientos y el salto de línea

La propiedad `align-content` permite gestionar el alineamiento de las filas únicamente para los contenedores que autorizan el salto de línea con `flex-wrap: wrap`. Podemos alinear las filas en el eje secundario, centrarlas o repartirlas.

Esta propiedad admite los valores: `flex-start`, `flex-end`, `center`, `space-between`, `space-around` y `stretch`. El valor por defecto es `stretch`.

A continuación se muestra la estructura HTML de la lista `<ul>` que se utiliza en este ejemplo:

```
<ul id="contenedor-lista">
    <li>Un</li>
    <li>Dos</li>
    <li>Tres</li>
    <li>Cuatro</li>
    <li>Cinco</li>
    <li>Seis</li>
    <li>Siete</li>
```

```
    <li>Ocho</li>
    <li>Nueve</li>
    <li>Diez</li>
</ul>
```

Y estas son las reglas CSS que se utilizan para el contenedor y los elementos de la lista:

```
#contenedor-lista {
    display: flex;
    flex-flow: row wrap;
    justify-content: space-around;
    align-items: stretch;
    width: 200px;
    height: 200px;
    border: 1px solid #000;
    background-color: #eee;
    padding: 10px;
}
#contenedor-lista li {
    list-style: none;
    border: 1px solid #000;
    padding: 5px;
    background-color: white;
}
```

La propiedad `align-content` utiliza el valor por defecto `stretch` que permite a las filas ocupar todo el espacio disponible.

```
#contenedor-lista {
    display: flex;
    flex-flow: row wrap;
    justify-content: space-around;
    align-items: stretch;
    align-content: stretch;
    ...
}
```

A continuación se muestra el resultado obtenido:

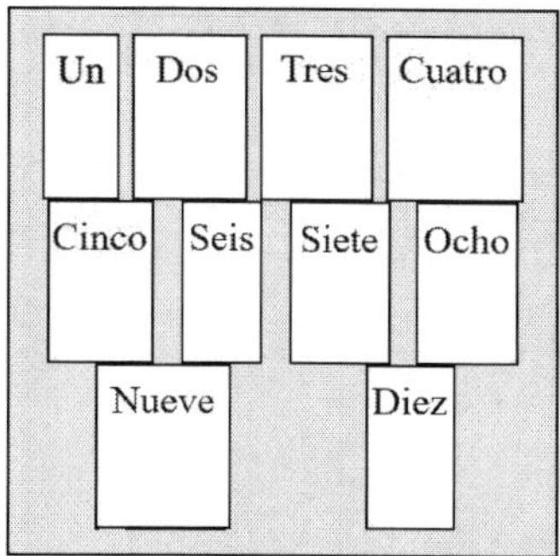

La propiedad `align-content: flex-start` permite posicionar las filas al comienzo del eje secundario, es decir, en la parte superior del contenedor padre.

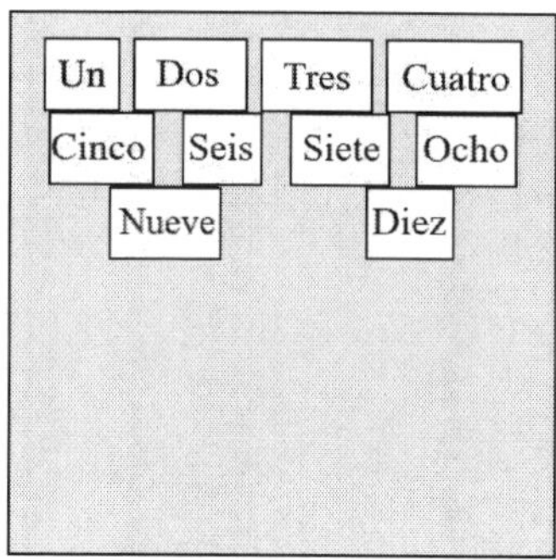

La propiedad `align-content: flex-end` permite posicionar las filas al final del eje secundario, es decir, en la parte inferior del contenedor padre.

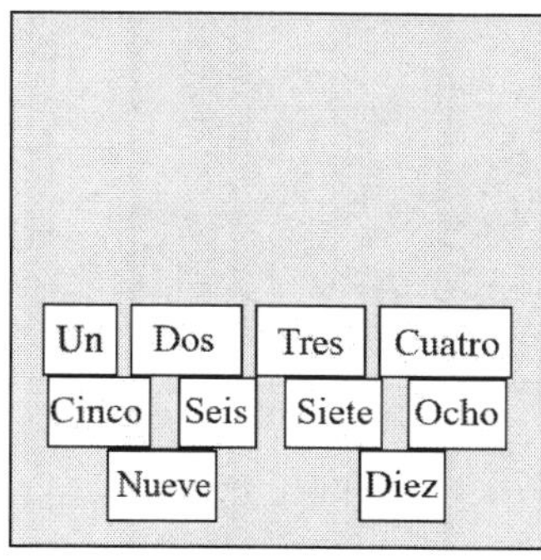

La propiedad `align-content: center` permite posicionar las filas en el centro del eje secundario, es decir, en medio del contenedor padre.

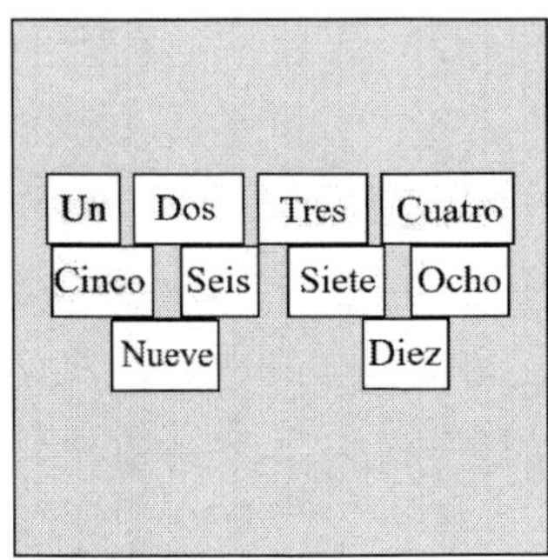

La propiedad `align-content: space-between` permite que todas las filas tengan el mismo espaciado entre ellas.

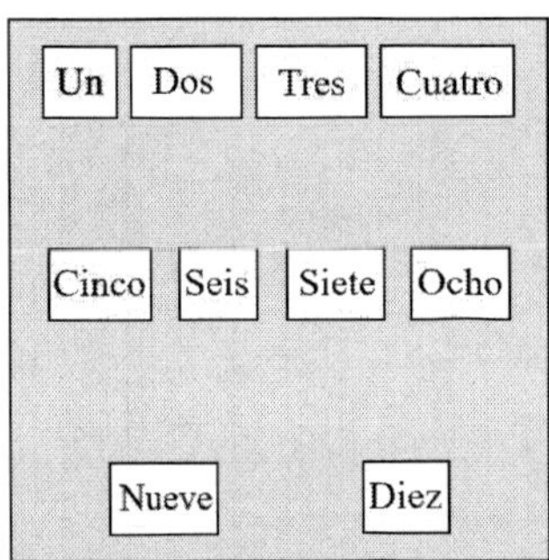

La propiedad `align-content: space-around` permite que las filas tengan el mismo espaciado alrededor de cada una de ellas.

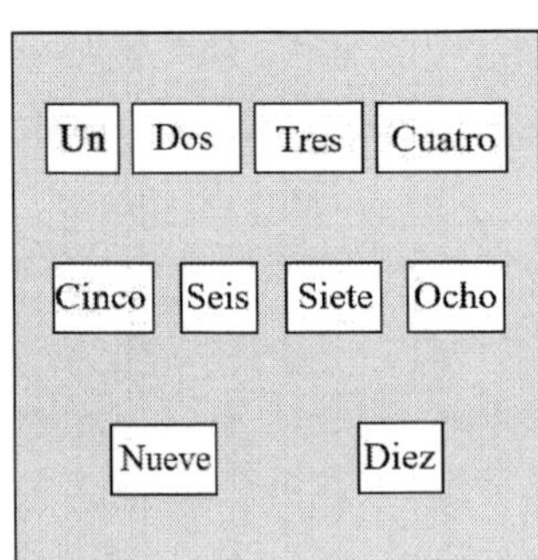

2.5 Las propiedades de los hijos flexibles

2.5.1 Aplicar propiedades individuales

Como acabamos de ver, en cuanto un contenedor tiene la propiedad y el valor `display: flex`, todos los elementos que contiene son **flex-items**. Hemos aplicado propiedades comunes a estos elementos hijos flexibles. Pero también podemos aplicar propiedades CSS flexibles individuales a un hijo en particular.

2.5.2 Modificar el orden de visualización de los hijos

Los elementos hijos de un contenedor flexible se muestran en el orden de introducción en el código HTML.

A continuación se muestra un ejemplo sencillo de una lista `<ul>`:

```
<ul id="contenedor-lista">
    <li>Un</li>
    <li>Dos</li>
    <li>Tres</li>
    <li>Cuatro</li>
    <li>Cinco</li>
</ul>
```

Estas son las reglas CSS que se han utilizado:

```
#contenedor-lista {
    display: flex;
    flex-flow: row wrap;
    justify-content: space-around;
    width: 300px;
    border: 1px solid #000;
    background-color: #eee;
    padding: 10px;
}
#contenedor-lista li {
    list-style: none;
    border: 1px solid #000;
    padding: 5px;
    background-color: white;
}
```

A continuación se muestra el resultado obtenido:

Efectivamente, los elementos <li> aparecen en el orden en el que han sido introducidos en el código HTML.

Podemos utilizar la propiedad order para modificar este orden. El valor por defecto es 0, que indica el orden definido por el código HTML. Con el valor 1, podemos colocar el elemento que nos interesa en último lugar, considerando que todos los demás elementos tienen el valor por defecto 0. Con el valor -1, podemos colocar el elemento que nos interesa en primer lugar, con la misma consideración que anteriormente. Dicho de otro modo, el elemento hijo que tenga el valor más pequeño aparecerá en primer lugar; el elemento hijo que tenga el valor más grande aparecerá en último lugar.

A continuación se muestra el código modificado para este ejemplo:

```
<ul id="contenedor-lista">
    <li>Un</li>
    <li class="dos">Dos</li>
    <li>Tres</li>
    <li class="cuatro">Cuatro</li>
    <li>Cinco</li>
</ul>
```

Y estas son las nuevas reglas CSS:

```
.dos {
    order: -1;
}
.cuatro {
    order: 1;
}
```

A continuación se muestra el resultado obtenido:

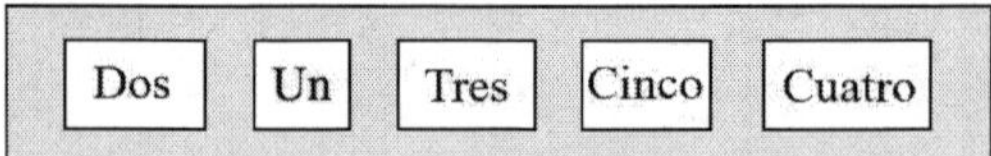

Por supuesto, puede añadir todos los valores que desee a los elementos hijos que deban tener una excepción de visualización.

2.5.3 Modificar el alineamiento de los hijos

Hemos visto anteriormente que la propiedad `align-items` permite gestionar el alineamiento de todos los elementos hijos en el eje secundario del contenedor padre. La propiedad `align-self` permite hacer una o dos excepciones para uno o dos hijos concretos. Los valores disponibles son los mismos que los de la propiedad `align-items`: `flex-start`, `flex-end`, `center`, `baseline` y `stretch`.

A continuación se muestra la estructura HTML que se utiliza en este ejemplo:

```
<ul id="contenedor-lista">
    <li>Un</li>
    <li class="dos">Dos</li>
    <li>Tres</li>
    <li class="cuatro">Cuatro</li>
    <li>Cinco</li>
</ul>
```

Y estas son las reglas CSS que se aplican:

```
#contenedor-lista {
    display: flex;
    flex-flow: row wrap;
    justify-content: space-around;
    align-items: stretch;
    width: 300px;
    height: 100px;
    border: 1px solid #000;
    background-color: #eee;
    padding: 10px;
}
#contenedor-lista li {
    list-style: none;
    border: 1px solid #000;
    padding: 5px;
    background-color: white;
}
.dos {
    align-self: flex-end;
```

```
}
.cuatro {
    align-self: center;
}
```

Analicemos las propiedades que se aplican:

- `flex-flow: row wrap`: el contenedor padre utiliza la dirección horizontal como eje principal y autoriza, si fuera necesario, el salto de línea para los elementos hijos.
- `justify-content: space-around` determina un espacio idéntico entre todos los elementos hijos en el eje principal horizontal.
- `align-items: stretch` indica que todos los hijos se estiran en el eje secundario vertical.
- `align-self: flex-end` aplica una excepción para que el hijo en cuestión se posicione al final del eje secundario, es decir, en la parte inferior del contenedor padre.
- `align-self: center` aplica una excepción para que el hijo en cuestión se posicione en el centro del eje secundario, es decir, en medio del contenedor padre.

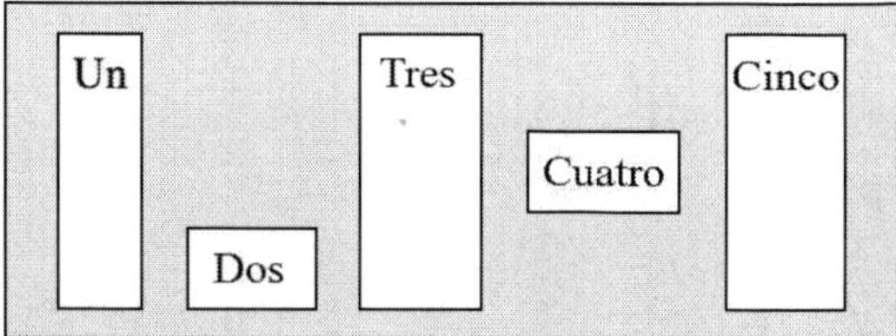

En el ejemplo de aquí arriba, hemos trabajado con un eje principal horizontal, pero ocurriría lo mismo con un eje principal vertical (`flex-direction: column`).

2.5.4 Autorizar la expansión de los hijos

El espacio que ocupan los elementos hijos depende de la cantidad de contenido textual. Vamos a estudiar este principio con un ejemplo sencillo.

A continuación se muestra la estructura HTML:

```
<ul id="contenedor-lista">
    <li>Un</li>
    <li>Dos</li>
    <li>Tres</li>
    <li>Cuatro</li>
    <li>Cinco</li>
</ul>
```

Y estas son las reglas CSS que se ha utilizado:

```
#contenedor-lista {
    display: flex;
    flex-flow: row wrap;
    width: 400px;
    border: 1px solid #000;
    background-color: #eee;
    padding: 10px;
}
#contenedor-lista li {
    list-style: none;
    border: 1px solid #000;
    padding: 5px;
    background-color: white;
}
```

A continuación se muestra el resultado obtenido:

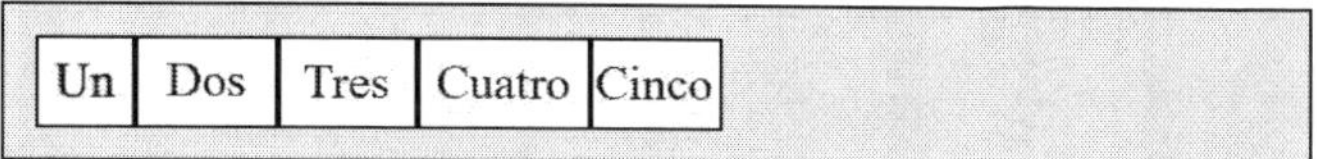

Se observa cómo, efectivamente, la anchura de cada hijo depende de la cantidad de texto que contiene. Se ha definido la anchura del contenedor padre con `width: 400px`. En el eje principal horizontal queda espacio disponible.

La propiedad flex-grow, aplicada a uno o varios hijos, permite ocupar ese espacio restante. Por defecto, el valor de esta propiedad es 0. Eso significa que no autorizamos la expansión del hijo, es decir, el aumento de su anchura, por ejemplo. Cuando su valor es 1, la propiedad flex-grow indica que el elemento puede ocupar todo el espacio restante.

Modifiquemos la estructura HTML anterior:

```
<ul id="contenedor-lista">
    <li class="un">Un</li>
    <li>Dos</li>
    <li>Tres</li>
    <li>Cuatro</li>
    <li>Cinco</li>
</ul>
```

Y añadamos una regla CSS:

```
.un {
    flex-grow: 1;
}
```

A continuación se muestra el resultado obtenido:

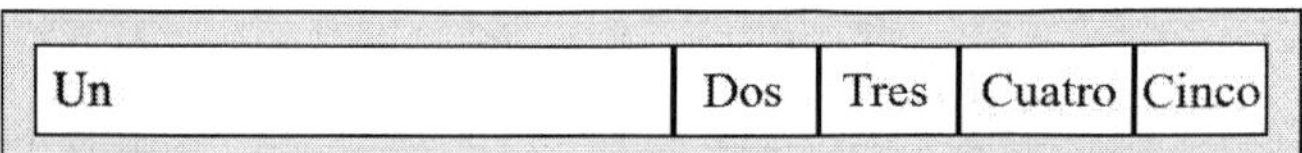

Hemos autorizado al primer hijo para que ocupe todo el espacio disponible restante en el contenedor padre. Por supuesto, podemos aplicar la propiedad flex-grow a otros elementos, con valores diferentes.

2.5.5 Autorizar la contracción de los hijos

La propiedad flex-shrink es la opuesta a flex-grow. Permite que los elementos hijos reduzcan proporcionalmente su anchura, en el caso de un alineamiento en el eje horizontal, para que todos los elementos hijos puedan visualizarse en la anchura del contenedor padre. Cuidado, para que flex-shrink funcione, es necesario que la suma de las anchuras de los hijos sea superior a la anchura del contenedor padre.

Tenga en cuenta que el valor por defecto de flex-shrink es 1. Eso significa que, por defecto, autorizamos la contracción de los elementos.

A continuación se muestra la estructura HTML:

```
<ul id="contenedor-lista">
    <li class="un">Un</li>
    <li>Dos</li>
    <li class="tres">Tres</li>
    <li>Cuatro</li>
    <li>Cinco</li>
</ul>
```

Y estas son las reglas CSS que se aplican:

```
#contenedor-lista {
    display: flex;
    flex-flow: row nowrap;
    width: 400px;
    border: 1px solid #000;
    background-color: #eee;
    padding: 10px;
}
#contenedor-lista li {
    list-style: none;
    border: 1px solid #000;
    width: 100px;
    padding: 5px;
    background-color: white;
}
#contenedor-lista li.un,
#contenedor-lista li.tres {
    flex-shrink: 4;
    background-color: antiquewhite;
}
```

A continuación se muestra el resultado obtenido:

Un	Dos	Tres	Cuatro	Cinco

Analicemos las propiedades y la visualización que hemos obtenido:

- `width: 400px` asigna al contenedor padre una anchura fija de 400 píxeles.
- `width: 100px` asigna a cada hijo una anchura de 100 píxeles. Eso hace una anchura total de 500 píxeles entre todos los hijos. Por lo tanto, los hijos no pueden visualizarse con la anchura que se ha especificado.
- `flex-shrink: 4` indica que los hijos en cuestión pueden contraerse con un factor igual a 4 para que los demás hijos puedan visualizarse con la anchura que se ha especificado.

Hemos realizado un ejemplo en el eje horizontal, pero, por supuesto, el principio es exactamente el mismo para el eje vertical.

2.5.6 Definir la anchura de los hijos

La propiedad `flex-basis` define la anchura que se desea para los elementos hijos. Este valor se aplicará antes de que los posibles factores de expansión (`flex-grow`) y contracción (`flex-shrink`) puedan aplicarse.

El valor por defecto de `flex-basis` es `auto` e indica que el contenido define la anchura. Si no desea utilizar este valor por defecto, debe indicar el valor deseado junto a la unidad elegida.

A continuación se muestra la estructura HTML:

```
<ul id="contenedor-lista">
    <li class="un">Un</li>
    <li>Dos</li>
    <li class="tres">Tres</li>
    <li>Cuatro</li>
    <li>Cinco</li>
</ul>
```

Y estas son las reglas CSS que se utilizan:

```
#contenedor-lista {
    display: flex;
    flex-flow: row nowrap;
    width: 400px;
    border: 1px solid #000;
    background-color: #eee;
    padding: 10px;
```

```
}
#contenedor-lista li {
    list-style: none;
    border: 1px solid #000;
    flex-basis: 100px;
    padding: 5px;
    background-color: white;
}
#contenedor-lista li.un {
    flex-grow: 1;
    background-color: antiquewhite;
}
#contenedor-lista li.tres {
    flex-shrink: 4;
    background-color: antiquewhite;
}
```

A continuación se muestra el resultado obtenido:

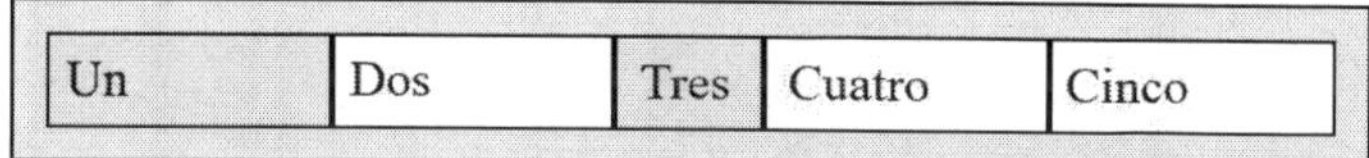

Analicemos las propiedades y la visualización que hemos obtenido:

- `width: 400px` asigna al contenedor padre una anchura fija de 400 píxeles.
- `flex-basis: 100px` indica que cada hijo debe tener una anchura de 100 píxeles. Entre todos los hijos, se necesitan 500 píxeles. Por lo tanto, todos los hijos no podrán visualizarse con la anchura que se ha especificado en el contenedor padre, que tiene una anchura de 400 píxeles.
- `flex-grow: 1` indica que el hijo en cuestión podrá expandirse con un factor igual a `1` si fuese necesario. Esto permitirá visualizar los demás hijos con la anchura que hemos especificado.
- `flex-shrink: 4` indica que los hijos en cuestión podrán contraerse con un factor igual a `4` si fuese necesario. Esto permitirá visualizar los demás hijos con la anchura que hemos especificado.

Una vez más, hemos realizado un ejemplo en el eje horizontal, pero, por supuesto, el principio es exactamente el mismo para el eje vertical.

2.5.7 La sintaxis abreviada de las propiedades individuales

La propiedad `flex` es la sintaxis abreviada de las propiedades individuales `flex-grow`, `flex-shrink` y `flex-basis`.

Analicemos este ejemplo: `flex: 1 0 auto`. Esto significa que el elemento en cuestión que utiliza esta propiedad:

- `1`: puede expandirse, es equivalente a `flex-grow: 1`.
- `0`: no puede contraerse, es equivalente a `flex-shrink: 0`.
- `auto`: el contenido determina sus dimensiones, es equivalente a `flex-basis: auto`.

2.6 Crear una paginación a pantalla completa y responsiva

2.6.1 Las visualizaciones obtenidas

Este es el ejemplo que vamos a analizar. Tenemos una paginación a pantalla completa, con cuatro zonas diferenciadas: un encabezado, una columna lateral a la izquierda que contiene texto, una zona central para un artículo, una columna lateral a la derecha con un menú de navegación y un pie de página.

A continuación se muestra su visualización en una pantalla grande:

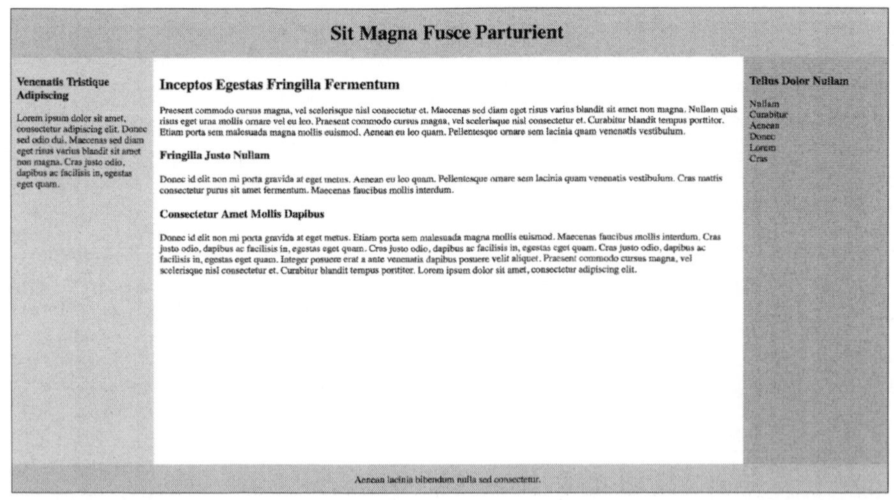

Esta paginación es responsiva, a continuación se muestra su visualización en una pantalla más pequeña:

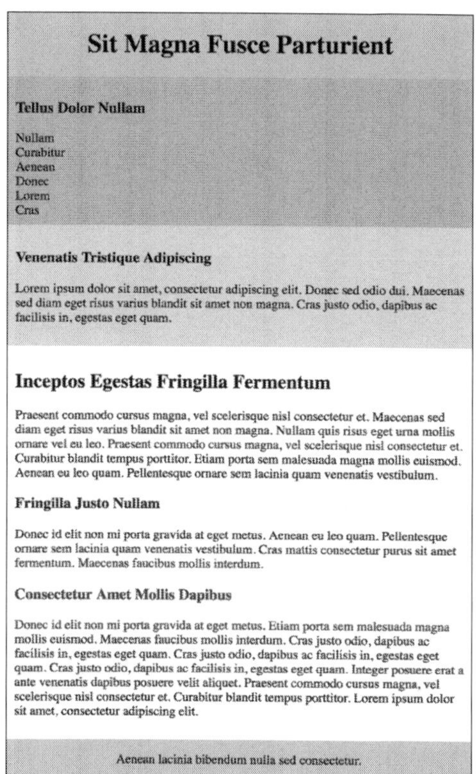

Podemos observar que, en la visualización en una pantalla más pequeña, la columna de navegación situada inicialmente a la derecha aparece ahora debajo del encabezado.

2.6.2 La estructura flexible de la paginación

A continuación se muestra la estructura de esta paginación:

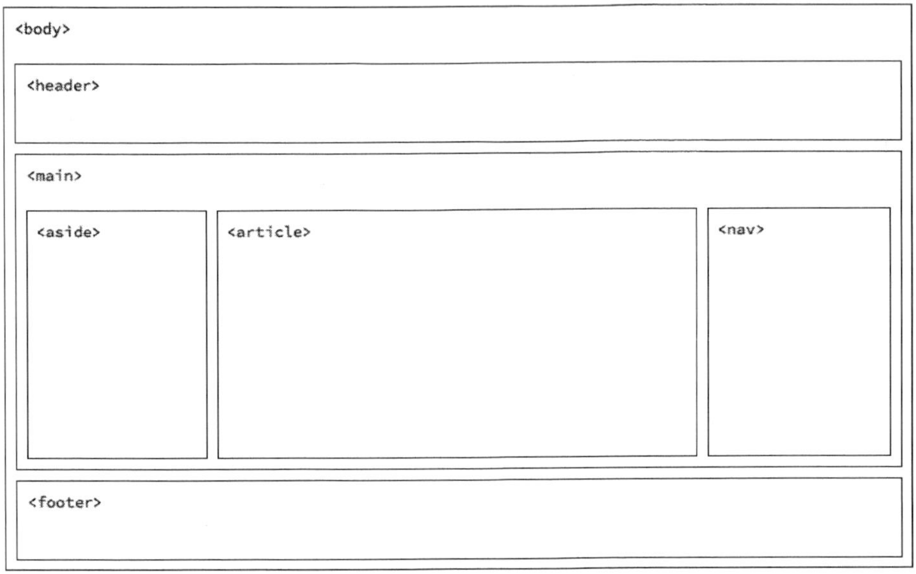

<body>
<header>
<main>
<aside> <article> <nav>
<footer>

El conjunto de la estructura de la página está insertada en el elemento `<body>`. Lógicamente, el encabezado está dentro de `<header>` y ocurre lo mismo con el pie de página, que está situado dentro de `<footer>`. La zona central está en el interior del elemento `<main>`, que incluye la columna lateral de la izquierda en el elemento `<aside>`, la zona del artículo en el elemento `<article>` y la columna lateral de la derecha para la navegación en el elemento `<nav>`. Por supuesto, es libre de adaptar esta estructura a sus necesidades personales.

Con el esquema anterior, podemos ver que hay dos elementos de la estructura, dos contenedores que deben ser flexibles.

El elemento `<body>` dispone de una visualización flexible y su dirección principal es la vertical, para que los elementos hijos se muestren unos debajo de otros. Tenemos tres elementos hijos: `<header>`, `<main>` y `<footer>`.

El segundo contenedor es el elemento `<main>`. Contiene tres elementos hijos: `<aside>`, `<article>` y `<nav>`. Estos tres elementos están alineados en el eje horizontal, unos junto a otros.

2.6.3 Las propiedades del elemento <body>

Empezamos dándole forma al primer contenedor, el elemento <body>. A continuación se muestra la regla CSS que se le aplica:

```
body {
    display: flex;
    flex-direction: column;
    min-height: 100vh;
}
```

La propiedad `display: flex` nos proporciona una visualización flexible.

Por defecto, la visualización de los elementos hijos se hace horizontalmente, pero en esta paginación deseamos que la visualización sea vertical. Por eso debemos utilizar la propiedad `flex-direction: column`.

Por último, para conseguir una visualización a pantalla completa, utilizamos la propiedad `min-height` con el valor `100vh`. La unidad `vh` permite que la referencia de cálculo sea la altura de la ventana del navegador. La unidad vh significa **viewport height** (https://www.w3.org/TR/css-values-4/#viewport-relative-lengths). Con el valor `100`, pedimos que la altura del elemento <body> ocupe, como mínimo, el 100 % de la altura de la ventana del navegador.

2.6.4 Las propiedades del elemento <main>

El elemento <main> es el segundo elemento flexible. A continuación se muestra la regla CSS que se le aplica:

```
main {
    display: flex;
    flex: 1 1 auto;
}
```

Una vez más, tenemos una visualización flexible: `display: flex`.

A continuación, utilizamos la propiedad abreviada `flex: 1 1 auto`. El primer y el segundo valor son iguales a `1`. Esto nos indica que el elemento puede expandirse (`flex-grow: 1`) y que puede contraerse (`flex-shrink: 1`) si fuese necesario. El tercer valor es `auto` e indica que el contenido define el tamaño del elemento (`flex-basis: auto`).

La propiedad más importante en este ejemplo de paginación es `flex-grow: 1`, porque implica que el contenedor `<main>` debe expandirse para ocupar el espacio disponible en el eje vertical. De este modo, nos aseguramos de que el elemento siguiente, el pie de página `<footer>`, siempre será "empujado" hacia abajo y siempre se visualizará en la parte inferior de la ventana del navegador. Esta es exactamente la paginación que queremos.

2.6.5 Las propiedades CSS para el formateo general

Para conseguir una paginación más agradable, a continuación se muestran algunas reglas CSS que se utilizan para el formateo:

```
body {
    margin: 0;
}
header, footer {
    background-color: aquamarine;
}
header h1, footer p {
    text-align: center;
}
aside, nav {
    width: 50em;
}
aside {
    background-color: bisque;
}
nav {
    background-color: lightblue;
}
aside, nav, article {
    padding: 10px;
}
nav ul {
    list-style: none;
    margin: 0;
    padding: 0;
}
nav a {
    text-decoration: none;
    color: black;
}
```

La aplicación de estas reglas CSS que solo utilizan propiedades y valores clásicos y habituales no supone ninguna dificultad. Una vez más, puede adaptarlas a sus necesidades.

2.6.6 La paginación responsiva

Deseamos que esta paginación sea responsiva. En el caso de una visualización en una pantalla más pequeña, los elementos de la estructura deben aparecer unos debajo de otros. Además, el elemento <nav> debe aparecer el primero en su contenedor, que es <main>. A continuación se muestra la regla CSS que se le aplica:

```
@media (max-width: 640px) {
    main {
         flex-direction: column;
    }
    aside, nav {
         width: auto;
    }
    nav {
         order: -1;
    }
}
```

Esta consulta de recursos multimedia se aplica en las pantallas con una anchura máxima de 640 píxeles. Por supuesto, es libre de determinar el valor que desee.

En cuanto al primer contenedor flexible, <body>, no tenemos nada que cambiar. Sigue siendo flexible y sus elementos hijos siguen estando unos debajo de otros, en el eje vertical. El elemento <body> ocupa toda la altura de la ventana del navegador.

En el segundo contenedor es donde hay una propiedad que cambia. En efecto, en una pantalla pequeña, los elementos hijos deben visualizarse unos debajo de otros, siguiendo el eje vertical. Por eso utilizamos la propiedad `flex-direction: column`. Las demás propiedades no cambian.

En la visualización en pantalla grande, las dos columnas laterales tenían una anchura definida. Para la visualización en pantalla pequeña, solo se necesita que los elementos <aside> y <nav> utilicen toda la anchura disponible en su elemento padre. Para conseguirlo, utilizamos la propiedad `width: auto`.

Por último, necesitamos que el elemento `<nav>` sea el primero en visualizarse en el contenedor `<main>`, que es su padre. Para ello utilizaremos la propiedad `order` con el valor `-1`.

2.6.7 El código completo del ejemplo

A continuación se muestra el código completo de este ejemplo:

```
<!doctype html>
<html lang="es">
    <head>
         <meta charset="UTF-8">
         <title>Mi página web</title>
         <style>
              /* Estructura */
              body {
                   display: flex;
                   flex-direction: column;
                   min-height: 100vh;
              }
              main {
                   display: flex;
                   flex: 1 1 auto;
              }
              /* Formateo */
              body {
                   margin: 0;
              }
              header, footer {
                   background-color: aquamarine;
              }
              header h1, footer p {
                   text-align: center;
              }
              aside, nav {
                   width: 50em;
              }
              aside {
                   background-color: bisque;
              }
              nav {
                   background-color: lightblue;
              }
```

```
            aside, nav, article {
                padding: 10px;
            }
            nav ul {
                list-style: none;
                margin: 0;
                padding: 0;
            }
            nav a {
                text-decoration: none;
                color: black;
            }
            /* Responsive Design */
            @media (max-width: 640px) {
                main {
                    flex-direction: column;
                }
                aside, nav {
                    width: auto;
                }
                nav {
                    order: -1;
            }
        </style>
    </head>
    <body>
        <header>
            <h1>Sit Magna Fusce Parturient</h1>
        </header>
        <main>
            <aside>
                <h3>Venenatis Tristique Adipiscing</h3>
                <p>Lorem ipsum dolor sit amet...</p>
            </aside>
            <article>
                <h2>Inceptos Egestas Fringilla Fermentum</h2>
                <p>Praesent commodo cursus magna...</p>
                <h3>Fringilla Justo Nullam</h3>
                <p>Donec id elit non mi porta gravida...</p>
                <h3>Consectetur Amet Mollis Dapibus</h3>
                <p>Donec id elit non mi porta gravida...</p>
            </article>
            <nav>
                <h3>Tellus Dolor Nullam</h3>
```

```
                    <ul>
                        <li><a href="#">Nullam</a></li>
                        <li><a href="#">Curabitur</a></li>
                        <li><a href="#">Aenean</a></li>
                        <li><a href="#">Donec</a></li>
                        <li><a href="#">Lorem</a></li>
                        <li><a href="#">Cras</a></li>
                    </ul>
                </nav>
            </main>
            <footer>
                <p>Aenean lacinia bibendum ...</p>
            </footer>
        </body>
</html>
```

3. Utilizar el módulo CSS Grid Layout

3.1 La paginación en rejilla

El módulo **CSS Grid Layout** nos permite crear «verdaderas» paginaciones avanzadas con unas rejillas perfectamente eficaces y responsivas. El W3C todavía no ha terminado este módulo, ya que se encuentra en estado **Candidate Recommendation Draft** desde el 18 de diciembre de 2020 y sigue así en julio de 2020 (https://www.w3.org/TR/css-grid-1/), durante la redacción de este libro en noviembre 2023.

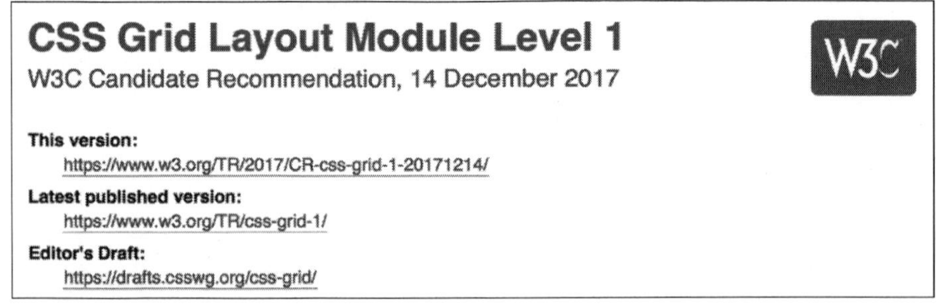

Aunque este módulo todavía no está totalmente terminado, todos los navegadores modernos lo reconocen perfectamente, como puede comprobarse en el sitio web de referencia **Can I Use**:

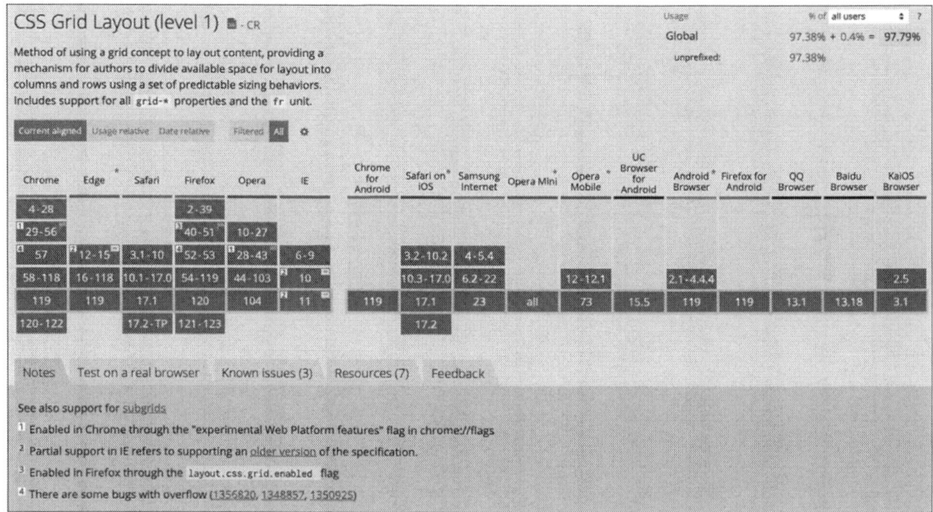

Por lo tanto, podemos utilizarlo sin restricciones en el desarrollo de nuestras páginas web.

3.2 Conocer el vocabulario de las rejillas

Vamos a empezar por definir los diferentes términos que se utilizan en la creación de paginaciones en rejilla con el módulo CSS Grid. Los dos primeros elementos que vamos a definir son el contenedor de rejilla y sus hijos, que están directamente relacionados con elementos HTML.

Como para las paginaciones flexibles, necesitamos un contenedor padre para definir la rejilla. En inglés se llama *Grid Container* y en español es el contenedor de rejilla. Para que un elemento HTML se convierta en un contenedor de rejilla, es suficiente con aplicar la propiedad `display: grid`. En una misma página web, podemos tener tantos contenedores de rejilla como nos plazca. También tenemos la posibilidad de insertar unas rejillas dentro de otras.

En un contenedor de rejilla, el elemento o los elementos directos que se incluyan en él serán los hijos de la rejilla. Esos hijos serán llamados *Grid Items* en inglés o elementos de rejilla en español. Tenga en cuenta que los elementos de rejilla solo son los elementos directos incluidos. A los nietos del contenedor de rejilla no les afecta la noción de rejilla. Por lo tanto, conservan sus propiedades del modelo de cajas.

Vamos a poder definir parámetros de estructura en la rejilla. Estos parámetros no se aplican directamente a unos elementos HTML concretos.

La rejilla de paginación está delimitada por unas *Grid Lines* en inglés, unas líneas de rejilla en español. Cada rejilla posee cuatro líneas de rejilla: dos horizontales y dos verticales. Estas cuatro líneas representan los bordes exteriores del contenedor de rejilla.

Podemos añadir líneas de rejilla adicionales para delimitar filas y columnas. Las líneas de rejilla se numeran de izquierda a derecha y de arriba a abajo. Si lo deseamos, también podemos darles un nombre.

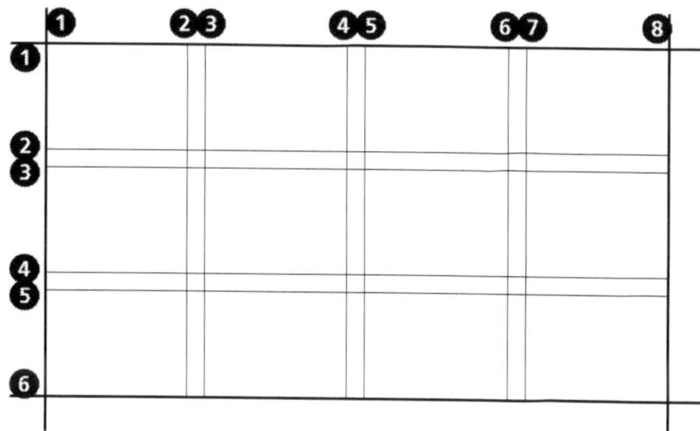

Una *Grid Cell*, o celda de rejilla en español, es una zona situada entre dos líneas adyacentes horizontal y vertical. En otras palabras, es la intersección entre una fila y una columna.

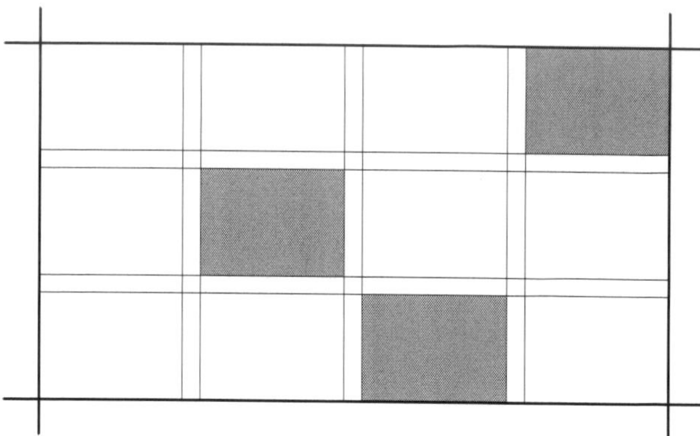

Las *Grid Tracks*, o bandas en español, se corresponden con las filas y las columnas de la rejilla. Son las zonas situadas entre dos líneas horizontales o verticales a lo largo de toda la rejilla.

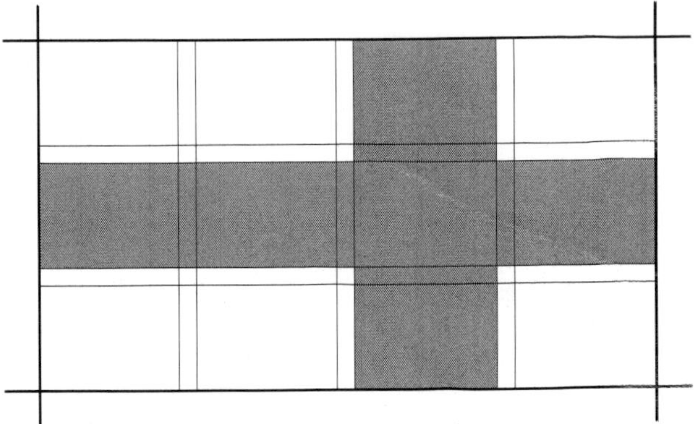

Una *Grid Area*, o área de rejilla en español, está formada por una o varias celdas de rejilla. En ellas podremos insertar elementos HTML de contenido. Por ejemplo, esas áreas de rejilla podrán utilizarse en consultas de recursos multimedia, para definir paginaciones diferentes en función del tamaño de la pantalla.

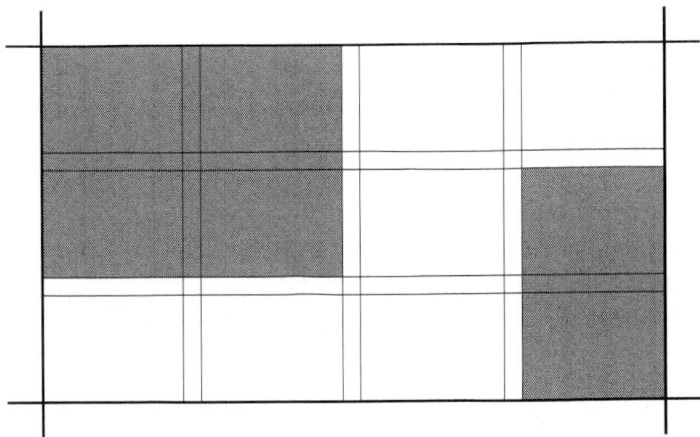

Por último, los *Grid Gaps* son los huecos situados entre las bandas de la rejilla. Son equivalentes a los espacios que separan las columnas de texto en la edición en papel. Permiten espaciar los elementos que constituyen la rejilla. Observe que los huecos son unas estructuras internas de la rejilla. No existen en el exterior de la rejilla. Estos huecos no son los márgenes ni los rellenos internos que hemos visto en el modelo de cajas.

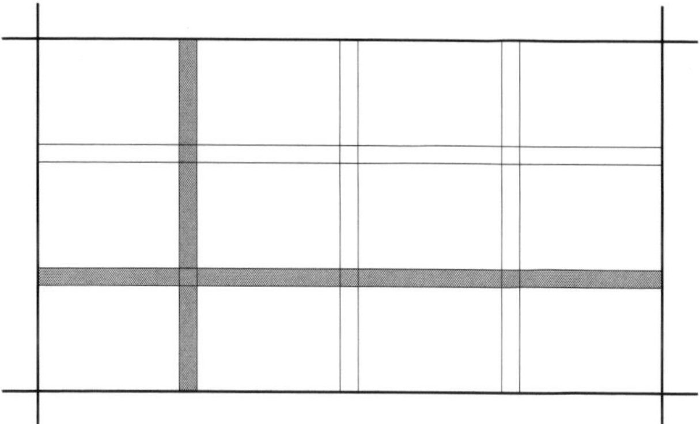

Para entender mejor este vocabulario, vamos a crear una rejilla muy sencilla. A continuación se muestra la estructura HTML de este primer ejemplo:

```
<div id="contenedor">
    <p><b>Uno</b>. Maecenas faucibus mollis interdum...</p>
    <p><b>Dos</b>. Fusce dapibus, tellus ac cursus commodo...</p>
    <p><b>Tres</b>. Duis mollis, est non commodo luctus...</p>
    <p><b>Cuatro</b>. Nulla vitae elit libero, a pharetra...</p>
    <p><b>Cinco</b>. Cras Parturient Dolor Magna. Vestibulum id..</p>

    <p><b>Seis</b>. Vestibulum id ligula porta felis euismod...</p>
</div>
```

Tenemos una caja `<div id="contenedor">` que sirve de contenedor de rejilla. Es el elemento padre. En este contenedor, tenemos seis párrafos <p> que también son elementos hijos directos. Por lo tanto, estos seis elementos <p> son los que constituyen la rejilla.

Ahora, veamos la regla CSS que se aplica en el contenedor de la rejilla:

```
#contenedor {
    /* Rejilla de paginación */
    display: grid;
    grid-template-columns: 50% 50%;
    /* Formateo */
    width: 800px;
    border: 1px solid #000;
}
```

Para definir el contenedor de la rejilla, es suficiente con aplicarle la propiedad `display` con el valor `grid: display: grid`. De esta forma, todos los elementos hijos directos formarán esta rejilla.

El formateo de la rejilla es muy sencillo. Tiene una anchura fija: `width: 800px` y un borde para materializarla correctamente: `border: 1px solid #000`. Es obvio que la anchura es importante porque determinará la distribución de los elementos hijos directos en la rejilla. Esta distribución se efectuará en función del número y de la anchura de las bandas que vamos a determinar.

El número y la anchura de las bandas se determina con la propiedad `grid-template-columns`. Cada valor que se indica define una banda y su anchura. En este ejemplo tenemos: `grid-template-columns: 50% 50%`. Por lo tanto, tenemos dos valores que indica que hay dos bandas. Cada banda tiene una anchura equivalente a la mitad de la anchura del padre, de ahí el valor `50%`. Más adelante veremos que podemos utilizar cualquier unidad.

A continuación se muestra el resultado obtenido:

Uno. Maecenas faucibus mollis interdum. Nullam quis risus eget urna mollis ornare vel eu leo. Pellentesque sem vehicula parturient ullamcorper.	**Dos.** Fusce dapibus, tellus ac cursus commodo, tortor mauris condimentum nibh, ut fermentum massa justo sit amet risus.
Tres. Duis mollis, est non commodo luctus, nisi erat porttitor ligula, eget lacinia odio sem nec elit.	**Cuatro.** Nulla vitae elit libero, a pharetra augue. Adipiscing venenatis mattis vehicula sem. quam ommodo lit.
Cinco. Cras Parturient Dolor Magna. Vestibulum id ligula porta felis euismod semper. Parturient Pellentesque Porta Euismod	**Seis.** Vestibulum id ligula porta felis euismod semper. Curabitur blandit tempus porttitor. Vestibulum Ornare Consectetur.

Tenemos dos columnas de igual anchura y tres filas para mostrar los seis elementos hijos.

Por supuesto, si modificamos la anchura del contenedor padre, la distribución de los hijos cambiará.

A continuación se muestra el resultado obtenido con una anchura de 500 píxeles:

Uno. Maecenas faucibus mollis interdum. Nullam quis risus eget urna mollis ornare vel eu leo. Pellentesque sem vehicula parturient ullamcorper.	**Dos.** Fusce dapibus, tellus ac cursus commodo, tortor mauris condimentum nibh, ut fermentum massa justo sit amet risus.
Tres. Duis mollis, est non commodo luctus, nisi erat porttitor ligula, eget lacinia odio sem nec elit.	**Cuatro.** Nulla vitae elit libero, a pharetra augue. Adipiscing venenatis mattis vehicula sem. quam ommodo lit.
Cinco. Cras Parturient Dolor Magna. Vestibulum id ligula porta felis euismod semper. Parturient Pellentesque Porta Euismod.	**Seis.** Vestibulum id ligula porta felis euismod semper. Curabitur blandit tempus porttitor. Vestibulum Ornare Consectetur.

En todo momento podemos modificar el número de bandas. A continuación se muestran los nuevos valores para el contenedor padre:

```
#contenedor {
    /* Rejilla de paginación */
    display: grid;
    grid-template-columns: 33.33% 33.33% 33.33%;
    /* Formateo */
    width: 600px;
    border: 1px solid #000;
}
```

Ahora tenemos tres bandas verticales y dos bandas horizontales. A continuación se muestra el resultado obtenido:

Uno. Maecenas faucibus mollis interdum. Nullam quis risus eget urna mollis ornare vel eu leo. Pellentesque sem vehicula parturient ullamcorper.	**Dos.** Fusce dapibus, tellus ac cursus commodo, tortor mauris condimentum nibh, ut fermentum massa justo sit amet risus.	**Tres.** Duis mollis, est non commodo luctus, nisi erat porttitor ligula, eget lacinia odio sem nec elit.
Cuatro. Nulla vitae elit libero, a pharetra augue. Adipiscing venenatis mattis vehicula sem. quam ommodo lit.	**Cinco.** Cras Parturient Dolor Magna. Vestibulum id ligula porta felis euismod semper. Parturient Pellentesque Porta Euismod.	**Seis.** Vestibulum id ligula porta felis euismod semper. Curabitur blandit tempus porttitor. Vestibulum Ornare Consectetur.

3.3 Comprender la estructura de las rejillas

3.3.1 El contenedor de la rejilla

Como hemos visto anteriormente, para que un elemento HTML sea considerado como un contenedor de rejilla, basta con utilizar la propiedad y el valor `display: grid`. Con este valor, la rejilla utiliza una visualización de tipo `block`.

Para tener un contexto de rejilla de paginación, el segundo valor posible para la propiedad `display` es `inline-grid`. En este caso, si varios contenedores utilizan este valor, se visualizarán unos junto a otros.

3.3.2 Declarar columnas

Para declarar columnas en la rejilla, se debe utilizar la propiedad `grid-template-columns`. Esta propiedad admite dos valores: el número y la anchura de las columnas. El valor inicial de esta propiedad es `none`.

El número de valores que se indica determina el número de columnas y los valores definen sus respectivas anchuras. Podemos utilizar la unidad que prefiramos e incluso combinar varias unidades diferentes en una misma rejilla.

A continuación se muestra la estructura HTML de este ejemplo:

```
<div id="contenedor">
    <p><b>Uno</b>. Maecenas faucibus mollis interdum...</p>
    <p><b>Dos</b>. Fusce dapibus, tellus ac cursus commodo...</p>
    <p><b>Tres</b>. Duis mollis, est non commodo luctus...</p>
    <p><b>Cuatro</b>. Nulla vitae elit libero, a pharetra augue...</p>
    <p><b>Cinco</b>. Cras Parturient Dolor Magna. Vestibulum id
ligula...</p>
    <p><b>Seis</b>. Vestibulum id ligula porta felis euismod
semper...</p>
</div>
```

Y esta es la regla CSS que se aplica en este contenedor:

```
#contenedor {
    /* Rejilla de paginación */
    display: grid;
    grid-template-columns: 60% 40%;
    /* Formateo */
    width: 800px;
    border: 1px solid #000;
}
```

La propiedad `grid-template-columns` posee dos valores, por lo tanto, tendremos dos columnas. El primer valor indica una anchura relativa del `60 %` de la anchura del contenedor de rejilla padre y el segundo utiliza el `40 %`.

Este es el resultado obtenido con las marcas de rejilla que muestra el modo depuración de Mozilla Firefox:

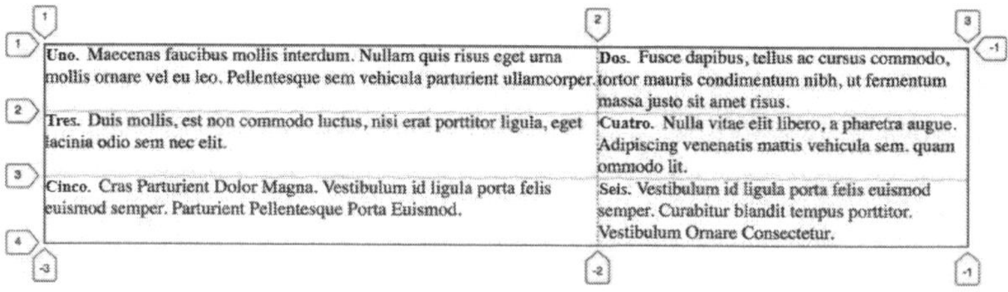

En efecto, tenemos dos columnas. La primera tiene una anchura del `60 %` de los 800 píxeles de anchura del contenedor padre y la segunda utiliza el `40 %`. Como tenemos dos columnas para visualizar seis hijos, el modelo de la rejilla utiliza tres filas. El orden de visualización de los párrafos `<p>` hijos respeta por defecto el orden de escritura en el código.

Observe que los párrafos no tienen márgenes:

```
p {
    margin: 0;
}
```

3.3.3 Declarar filas

Ahora, si lo deseamos, podemos definir la altura de las filas con la propiedad `grid-template-rows`. El principio de utilización es exactamente idéntico al de las columnas que acabamos de ver.

A continuación se muestra la regla CSS modificada para este ejemplo:

```
#contenedor {
    /* Rejilla de paginación */
    grid-template-columns: 50% 50%;
    grid-template-rows: 100px 125px 150px;
    /* Formateo */
    width: 800px;
    border: 1px solid #000;
}
```

La propiedad `grid-template-rows` posee tres valores que definen las tres alturas de las filas. La primera mide 100 píxeles de altura, la segunda 125 píxeles y la tercera 150 píxeles. A continuación se muestra el resultado obtenido:

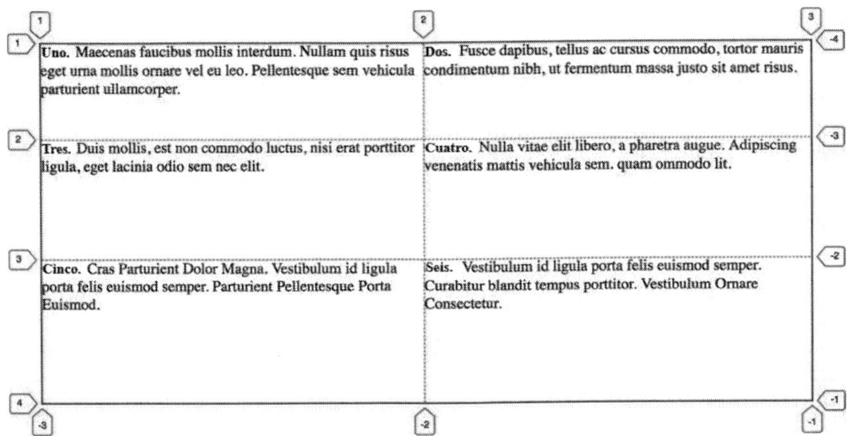

Por supuesto, también podemos utilizar una unidad relativa, como el porcentaje:

```
#contenedor {
    /* Rejilla de paginación */
    grid-template-columns: 50% 50%;
    grid-template-rows: 25% 25% 50%;
    /* Formateo */
    width: 800px;
    height: 500px;
    border: 1px solid #000;
}
```

3.3.4 Utilizar la sintaxis abreviada

En lugar de utilizar ambas propiedades `grid-template-columns` y `grid-template-rows`, podemos utilizar la propiedad abreviada: `grid-template`.

Observación

Atención, se debe tener en cuenta el orden de declaración de ambas propiedades. En primer lugar declaramos los valores de la propiedad `grid-template-rows` y, a continuación, los de la propiedad `grid-template-columns`. Las series de valores se separan entre sí con el carácter /.

Para este ejemplo, retomamos la misma estructura HTML. A continuación se muestra la regla CSS que se aplica en el contenedor:

```
#contenedor {
    /* Rejilla de paginación */
    grid-template: 100px 100px 200px / 50% 50%;
    /* Formateo */
    width: 800px;
    height: 400px;
    border: 1px solid #000;
}
```

3.3.5 Aplicar otras unidades

En el caso de las rejillas complejas con muchas columnas y unidades diferentes, puede ser fastidioso calcular la suma de todos los valores y que el resultado se corresponda con la anchura total del contenedor padre. Para facilitarnos la tarea, podemos utilizar la unidad **fracción**, cuya notación es `fr`. El valor `1fr` significa que la anchura es igual a una fracción de la anchura disponible.

A continuación se muestra un ejemplo:

```
#contenedor {
    /* Rejilla de paginación */
    grid-template-columns: 200px 30% 1fr;
    /* Formateo */
    width: 800px;
    border: 1px solid #000;
}
```

A continuación se muestran los valores calculados a partir de las unidades que se han indicado en el código:

- La primera columna tiene una anchura de 200 píxeles.
- La segunda columna tiene una anchura de 240 píxeles.
- La tercera columna tiene una anchura de 360 píxeles.

Por lo tanto, en total tenemos 800 píxeles. El navegador lo calcula todo automáticamente con el modelo de rejilla.

Otra unidad que puede utilizarse es el valor-función `minmax()`. Permite indicar un valor mínimo y un valor máximo que el navegador deberá respetar. El primer valor especifica el valor mínimo y el segundo valor especifica el valor máximo.

En este ejemplo, vamos a utilizar este valor-función en la segunda columna.

```
#contenedor {
    /* Rejilla de paginación */
    grid-template-columns: 300px minmax(200px,1fr) 1fr;
    /* Formateo */
    width: 75%;
    border: 1px solid #000;
}
```

El valor mínimo para la anchura se ha fijado en 200 píxeles y jamás podrá ser inferior, incluso si la anchura disponible es muy reducida. El valor máximo utilizará una fracción del espacio disponible. Por lo tanto, será relativa en función del espacio disponible.

Puede crear una paginación en rejilla con muchas columnas que tengan la misma anchura. En lugar de escribir el mismo valor varias veces, puede utilizar el valor-función `repeat()` indicando el número de columnas y la anchura común deseada.

A continuación se muestra un ejemplo de utilización:

```
#contenedor {
    /* Rejilla de paginación */
    display: grid;
    grid-template-columns: repeat(4,200px);
    /* Formateo */
```

```
    width: 800px;
    border: 1px solid #000;
}
```

El primer parámetro del valor-función `repeat()` es el número de columnas que se desea. En este ejemplo, es igual a 4. El segundo parámetro es la anchura común que se quiere. En este ejemplo es de `200px`. Por supuesto, puede emplear valores fijos y relativos.

3.3.6 Insertar huecos

Los *Grid Gaps* en inglés, los huecos en español, permiten espaciar las bandas horizontales y verticales. Los huecos se colocan en las líneas, en las *Grid Lines*.

Inserte huecos horizontales con la propiedad `row-gap` y huecos verticales con `column-gap`. Los valores que se admiten son:

- `normal` que es el valor por defecto y aplica un valor de `0px`.
- anchuras expresadas con las unidades `px`, `em`...
- porcentajes con el símbolo `%`.

La sintaxis abreviada es `gap`, con los valores de `row-gap` y `column-gap` en ese orden. Si solo hay un valor, se aplica tanto a las filas como a las columnas.

Para definir huecos horizontales, utilizamos la propiedad `row-gap`. Para entender mejor los huecos, a continuación se muestra un primer ejemplo, con esta estructura HTML que utiliza nueve celdas:

```
<div id="contenedor">
    <p><b>Uno</b>. Maecenas faucibus mollis interdum...</p>
    <p><b>Dos</b>. Fusce dapibus, tellus ac cursus commodo...</p>
    <p><b>Tres</b>. Duis mollis, est non commodo luctus...</p>
    <p><b>Cuatro</b>. Nulla vitae elit libero, a pharetra augue...</p>
    <p><b>Cinco</b>. Cras Parturient Dolor Magna. Vestibulum id...</p>
    <p><b>Seis</b>. Vestibulum id ligula porta felis euismod semper...</p>
    <p><b>Siete</b>. Morbi leo risus, porta ac consectetur ac...</p>
    <p><b>Ocho</b>. Donec id elit non mi porta gravida at eget...</p>
    <p><b>Nueve</b>. Nulla vitae elit libero, a pharetra augue...</p>
</div>
```

La regla CSS que se aplica en los párrafos utiliza la propiedad `border` para visualizar mejor los bordes de los nueve elementos:

```
p {
    margin: 0;
    border: 1px solid #000;
}
```

Y esta es la regla CSS que se aplica en el contenedor de rejilla padre:

```
#contenedor {
    /* Rejilla de paginación */
    display: grid;
    grid-template-columns: repeat(3,1fr);
    row-gap: 10px;
    /* Formateo */
    width: 800px;
    border: 1px solid #000;
}
```

Utilizamos un hueco horizontal de 10 píxeles: `row-gap:  10px`. Por supuesto, pueden utilizar la unidad que deseen.

Este es el resultado obtenido con el modo depuración de Mozilla Firefox, que muestra la estructura de la rejilla:

Uno. Maecenas faucibus mollis interdum. Nullam quis risus eget urna mollis ornare vel eu leo. Pellentesque sem vehicula parturient ullamcorper.	**Dos.** Fusce dapibus, tellus ac cursus commodo, tortor mauris condimentum nibh, ut fermentum massa justo sit amet risus.	**Tres.** Duis mollis, est non commodo luctus, nisi erat porttitor ligula, eget lacinia odio sem nec elit.
Cuatro. Nulla vitae elit libero, a pharetra augue. Adipiscing venenatis mattis vehicula sem. quam ommodo lit.	**Cinco.** Cras Parturient Dolor Magna. Vestibulum id ligula porta felis euismod semper. Parturient Pellentesque Porta Euismod.	**Seis.** Vestibulum id ligula porta felis euismod semper. Curabitur blandit tempus porttitor. Vestibulum Ornare Consectetur.
Siete. Morbi leo risus, porta ac consectetur ac, vestibulum at eros. Donec sed odio dui. Adipiscing venenatis mattis vehicula sem.	**Ocho.** Donec id elit non mi porta gravida at eget metus. Maecenas sed diam eget risus varius blandit sit amet non magna. Curabitur blandit tempus porttitor.	**Nueve.** Nulla vitae elit libero, a pharetra augue. Cras mattis consectetur purus sit amet fermentum. Sed posuere consectetur est at lobortis.

Podemos observar dos huecos, que aparecen rayados, en las líneas horizontales **2** y **3** de la rejilla. No hay ningún hueco antes de la primera línea ni después de la última.

El principio es el mismo con los huecos verticales, pero utilizando la propiedad `column-gap`:

```
#contenedor {
    /* Rejilla de paginación */
    display: grid;
    grid-template-columns: repeat(3,1fr);
    row-gap: 10px;
    column-gap: 20px;
    /* Formateo */
    width: 800px;
    border: 1px solid #000;
}
```

A continuación se muestra el resultado obtenido:

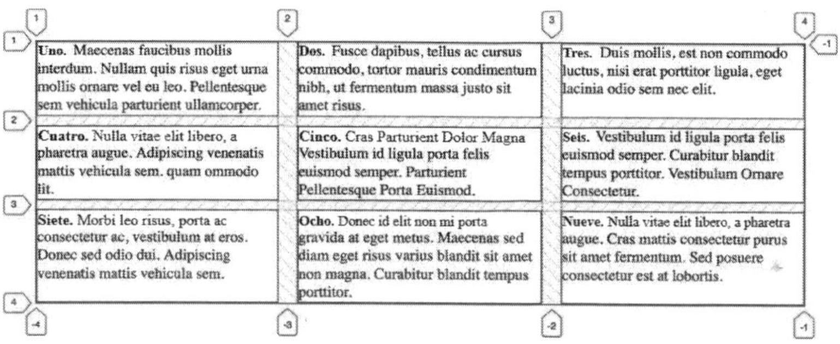

La sintaxis abreviada para los huecos es `gap`, el primer valor corresponde al hueco horizontal y el segundo valor corresponde al hueco vertical. Con los ejemplos anteriores, podemos escribir: `gap: 10px 20px`. Si el espaciado de los huecos horizontal y vertical es idéntico, podemos escribir `gap: 20px`, por ejemplo.

```
#contenedor {
    /* Rejilla de paginación */
    display: grid;
    grid-template-columns: repeat(3,1fr);
    gap: 20px;
    /* Formateo */
    width: 800px;
    border: 1px solid #000;
}
```

A continuación se muestra el resultado obtenido:

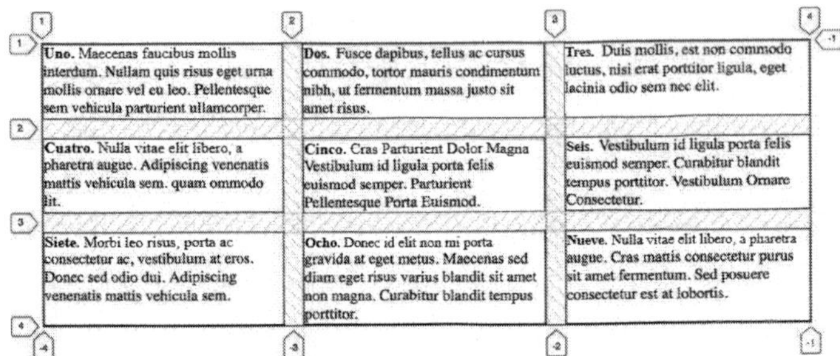

3.3.7 Dar forma al contenedor

Si deseamos crear un espacio entre el contenedor padre y los hijos, como hemos comentado anteriormente, hay que utilizar la propiedad padding para el contenedor.

```
#contenedor {
    /* Rejilla de paginación */
    display: grid;
    grid-template-columns: repeat(3,1fr);
    gap: 20px;
    /* Formateo */
    width: 800px;
    border: 1px solid #000;
    padding: 20px;
}
```

Si aplicamos un color de fondo en el contenedor, este color será visible en los huecos y en el relleno interno del contenedor.

A continuación se muestra un ejemplo:

```
#contenedor {
    /* Rejilla de paginación */
    display: grid;
    grid-template-columns: repeat(3,1fr);
    gap: 20px;
    /* Formateo */
    width: 800px;
    border: 1px solid #000;
    background-color: #eee;
    padding: 20px;
```

```
}
p {
    margin: 0;
    border: 1px solid #000;
    background-color: #fff;
}
```

A continuación se muestra el resultado obtenido:

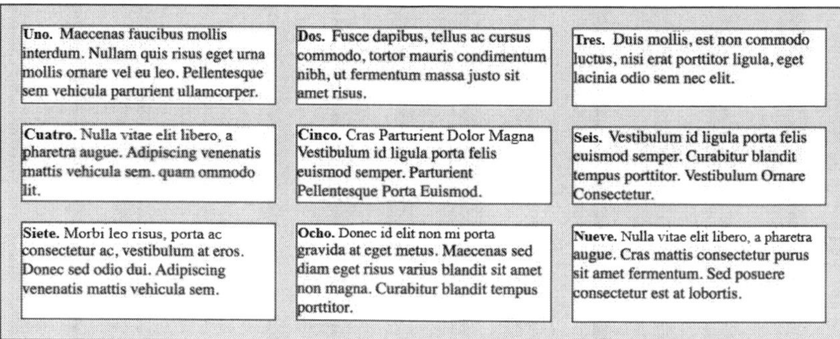

3.4 Posicionar los elementos en la rejilla

3.4.1 Ubicar los hijos en la rejilla

Abordemos ahora un punto muy importante en la elaboración de las rejillas: cómo los navegadores posicionan los elementos hijos en una paginación en rejilla. Hay que saber que los algoritmos de los navegadores son los que sitúan automáticamente los elementos hijos en el contenedor de rejilla padre.

A continuación se muestra la estructura HTML de este ejemplo sencillo:

```
<div id="contenedor">
    <p>Un</p>
    <p>Dos</p>
    <p>Tres</p>
</div>
```

Y estas son las reglas CSS que se aplican en el contenedor de rejilla padre y en los párrafos hijos:

```
#contenedor {
    /* Rejilla de paginación */
    display: grid;
    grid-template-columns: repeat(3,100px);
    /* Formateo */
    width: 450px;
    border: 1px solid #000;
}
p {
    margin: 0;
}
```

Indicamos explícitamente que tenemos tres columnas de 100 píxeles de anchura: `grid-template-columns: repeat(3,100px)`.

A continuación se muestra el resultado obtenido:

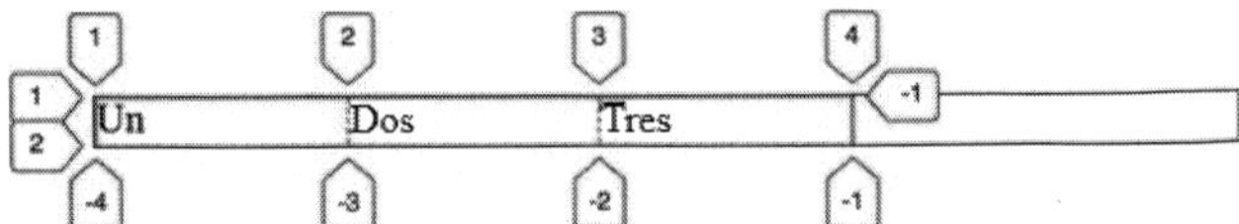

El contenedor padre tiene una anchura de 450 píxeles, por lo tanto, puede contener perfectamente tres elementos de 100 píxeles de anchura.

Ahora, añadamos un cuarto elemento hijo: `<p>Cuatro</p>`. Queda espacio, concretamente, 150 píxeles para ubicar este elemento en la misma fila. Pero este es el resultado obtenido:

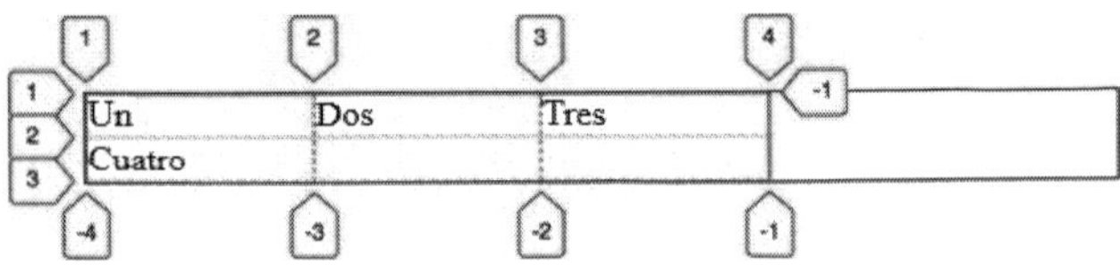

El nuevo elemento hijo aparece en una nueva fila, porque hemos indicado explícitamente que deseamos tres columnas. Por lo tanto, el navegador respeta esa decisión y muestra el elemento adicional en una nueva fila.

Si deseamos esquivar este posicionamiento por defecto, debemos utilizar la propiedad `grid-auto-flow`. Esta propiedad acepta los valores siguientes:

- `row` para que el elemento hijo adicional se sitúe en una nueva fila. Es el valor por defecto.
- `column` para que el elemento hijo adicional se sitúe en una nueva columna.

A continuación se muestra la regla CSS modificada que se aplica en el contenedor:

```
#contenedor {
    /* Rejilla de paginación */
    display: grid;
    grid-template-columns: repeat(3,100px);
    grid-auto-flow: column;
    /* Formateo */
    width: 450px;
    border: 1px solid #000;
}
```

A continuación se muestra el resultado obtenido:

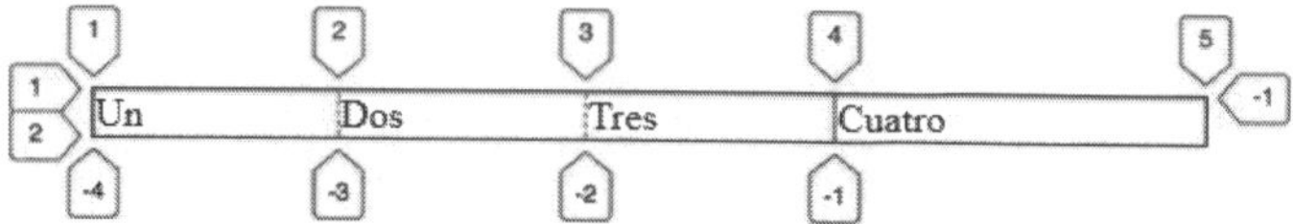

Observación

Observe que el elemento hijo adicional ocupa todo el espacio disponible restante, es decir, 150 píxeles.

Si añade nuevos elementos hijos, se reparten el espacio disponible restante y pueden «rebosar» si no queda espacio disponible. Las nuevas columnas que se crean para la ocasión se llaman *columnas implícitas*. Las columnas que se declaran son *columnas explícitas*.

```
<div id="contenedor">
    <p>Un</p>
    <p>Dos</p>
    <p>Tres</p>
    <p>Cuatro</p>
    <p>Cinco</p>
    <p>Seis</p>
```

```
    <p>Siete</p>
    <p>Ocho</p>
    <p>Nueve</p>
</div>
```

Para paliar este problema, podemos utilizar la propiedad `grid-auto-columns` para especificar la anchura de las columnas adicionales implícitas.

```
#contenedor {
    /* Rejilla de paginación */
    display: grid;
    grid-template-columns: repeat(3,100px);
    grid-auto-flow: column;
    grid-auto-columns: 100px;
    /* Formateo */
    width: 450px;
    border: 1px solid #000;
}
```

A continuación se muestra el resultado obtenido:

Ahora, todas las columnas, implícitas y explícitas, ocupan 100 píxeles de anchura. Tenga en cuenta que el valor por defecto de `grid-auto-columns` es `auto`.

Acabamos de ver el posicionamiento de columnas implícitas adicionales y, del mismo modo, podemos gestionar las filas implícitas adicionales.

La estructura HTML de este ejemplo es la misma que anteriormente, solo cambia la regla CSS que se aplica en el contenedor de rejilla padre:

```
#contenedor {
    /* Rejilla de paginación */
    display: grid;
    grid-template-columns: repeat(3,100px);
    grid-auto-flow: row;
    grid-auto-rows: 50px;
    /* Formateo */
    width: 450px;
    border: 1px solid #000;
}
```

Analicemos las principales reglas CSS:

- `grid-template-columns: repeat(3,100px)` : tenemos tres columnas con una anchura de 100 píxeles.
- `grid-auto-flow: row` : los elementos hijos adicionales se colocan en nuevas filas.
- `grid-auto-rows: 50px` : las nuevas filas tienen una altura de 50 píxeles.

A continuación se muestra el resultado obtenido:

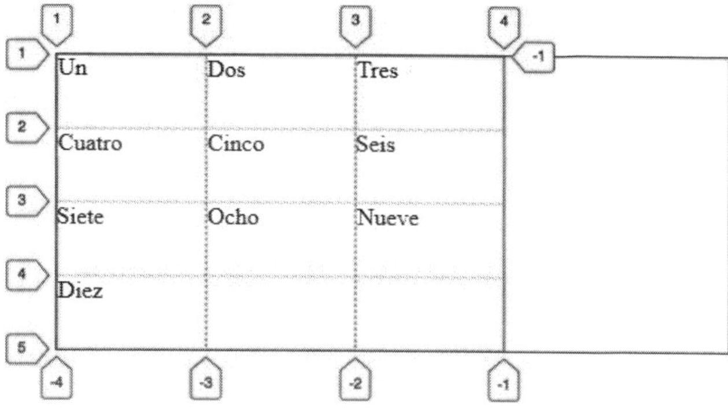

3.4.2 Ubicar los hijos en las filas

Para visualizar cómo se ubican los elementos hijos en las filas de una rejilla, vamos a crear una paginación muy "clásica". Esta rejilla consta de un encabezado en la primera fila, un contenido principal a la izquierda y una columna lateral a la derecha en una segunda fila, y un pie de página en la tercera y última fila. El conjunto está incluido en una caja `<div id="contenedor">`. A continuación se muestra el esquema de esta estructura:

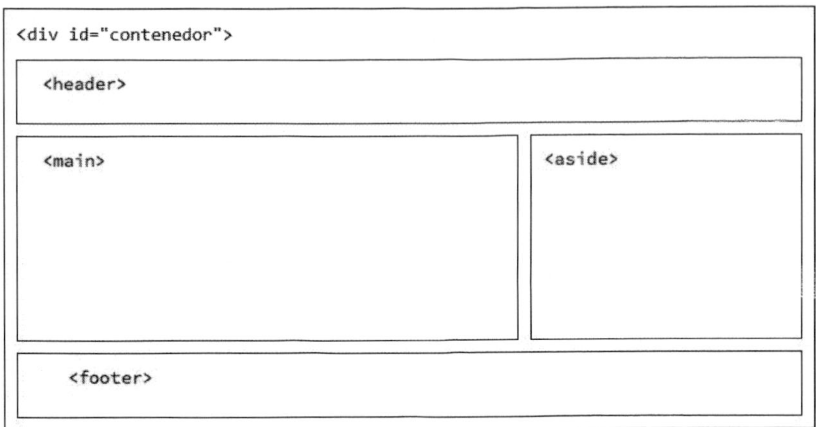

A continuación se muestra la estructura HTML:

```
<div id="contenedor">
    <header>
         <h1>Pharetra Fringilla Ornare Tellus</h1>
    </header>
    <main>
         <p>Donec id elit non mi porta gravida at eget metus...</p>
         <p>Vestibulum id ligula porta felis euismod semper...</p>
    </main>
    <aside>
         <p>Fusce dapibus, tellus ac cursus commodo, tortor mauris..</p>
    </aside>
    <footer>
         <p>Nullam quis risus eget urna mollis ornare vel eu leo...</p>
    </footer>
</div>
```

Y estos son los estilos CSS iniciales:

```
#contenedor {
    /* Rejilla de paginación */
    display: grid;
    grid-template-columns: 1fr 250px;
    gap: 20px;
    /* Formateo */
    width: 90%;
    margin: auto;
}
/* Formateo */
header, footer {
    background-color: #eee;
    text-align: center;
}
aside {
    background-color: #bbb;
}
header, main, aside, footer {
    border: 1px solid #000;
    padding: 10px;
}
p {
    margin: 0 0 20px 0;
}
```

Analicemos las propiedades CSS que se han aplicado en el contenedor padre de la rejilla:

- `display: grid`: deseamos una visualización en rejilla.
- `grid-template-columns: 1fr 250px`: indicamos que queremos dos columnas. La primera ocupa una fracción del espacio disponible restante. La segunda ocupa una anchura fija de 250 píxeles.
- `gap: 20px`: insertamos un hueco de 20 píxeles de anchura.
- `width: 90%`: el contenedor tiene una anchura del 90 % con respecto a su padre, que es el elemento `<body>`.
- `margin: auto`: el contenedor está centrado en la ventana del navegador.

Las demás reglas CSS son para dar formato y no tienen ninguna dificultad.

A continuación se muestra la visualización inicial que se obtiene:

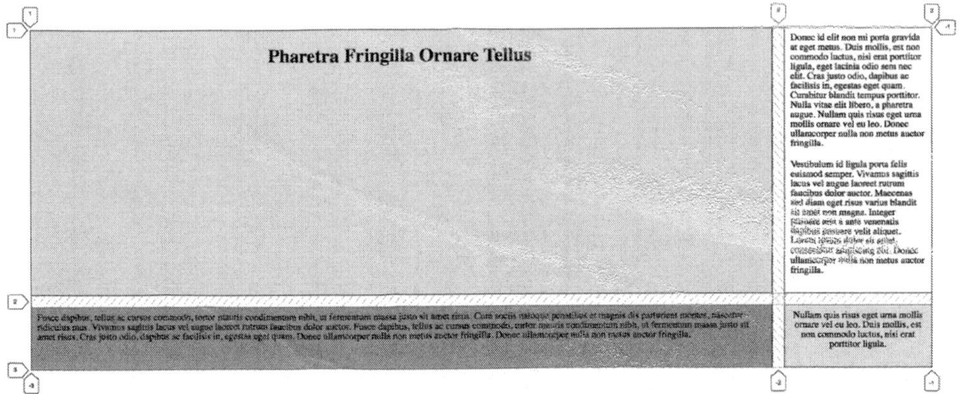

Ahora, vamos a ubicar los elementos en la líneas verticales de la rejilla.

Tanto el encabezado como el pie de página deben comenzar en la línea vertical número **1** y terminar en la **3**. Vamos a utilizar las propiedades `grid-column-start` y `grid-column-end`. La primera permite indicar el número de columna donde debe comenzar a visualizarse un elemento de la rejilla. La segunda propiedad indica el final de ese posicionamiento.

A continuación se muestra la regla CSS modificada:

```
header, footer {
    grid-column-start: 1;
    grid-column-end: 3;
    background-color: #eee;
    text-align: center;
}
```

Estas son las propiedades que se han utilizado:

- `grid-column-start: 1`: el encabezado y el pie de página comienzan en la línea vertical número **1**.
- `grid-column-end: 3`: el encabezado y el pie de página terminan en la línea vertical número **3**.

A continuación se muestra el resultado obtenido:

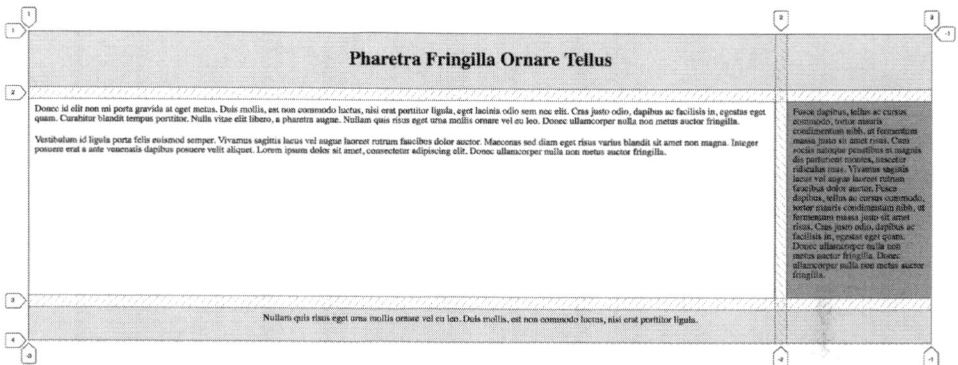

3.4.3 Aprovechar la numeración de las líneas

Para utilizar la numeración de las líneas, modificamos la estructura del ejemplo anterior añadiendo una nueva columna lateral a la izquierda, con un elemento <nav>:

```
<div id="contenedor">
    <header>
        <h1>Pharetra Fringilla Ornare Tellus</h1>
    </header>
    <nav>
        <p>Fusce dapibus, tellus ac cursus commodo...</p>
    </nav>
    <main>
        <p>Donec id elit non mi porta gravida at eget metus...</p>
        <p>Vestibulum id ligula porta felis euismod semper...</p>
    </main>
    <aside>
        <p>Cras justo odio, dapibus ac facilisis in...</p>
    </aside>
    <footer>
        <p>Nullam quis risus eget urna mollis ornare vel eu leo...</p>
    </footer>
</div>
```

Estas son las reglas CSS iniciales:

```
#contenedor {
    /* Rejilla de paginación */
    display: grid;
    grid-template-columns: 250px 1fr 250px;
    gap: 20px;
    /* Formateo */
    width: 90%;
    margin: auto;
}
header, footer {
    grid-column: 1/4;
    background-color: #eee;
    text-align: center;
}
nav {
    grid-column: 1/2;
}
main {
    grid-column: 2/3;
}
aside {
    grid-column: 3/4;
}
nav, aside {
    background-color: #bbb;
}
header, nav, main, aside, footer {
    border: 1px solid #000;
    padding: 10px;
}
p {
    margin: 0;
}
```

Analicemos la estructura de la rejilla:

- `grid-template-columns: 250px 1fr 250px`: la rejilla consta de tres columnas, la primera y la tercera tienen una anchura de 250 píxeles. La columna central ocupa una fracción del espacio disponible restante.
- `grid-column: 1/4`: el encabezado `<header>` y el pie de página `<footer>` están ubicados de la línea número **1** a la **4**.
- `grid-column: 1/2`: la sección de navegación `<nav>` está ubicada de la línea número **1** a la **2**.

- `grid-column: 2/3`: la parte central `<main>` está ubicada de la línea número **2** a la **3**.
- `grid-column: 3/4`: la columna lateral de la derecha `<aside>` está ubicada de la línea número **3** a la **4**.

A continuación se muestra la visualización que se obtiene activando las herramientas de desarrollo de Mozilla Firefox:

3.4.4 Nombrar las líneas de la rejilla

Retomemos el ejemplo del principio de este capítulo para ubicar los elementos en la rejilla con las líneas nombradas. Tal vez es más sencillo trabajar poniendo nombres a las líneas que con números de línea que no necesariamente conocemos.

A continuación se muestra la estructura de nuestra paginación y los nombres que podemos poner a las líneas verticales de la rejilla.

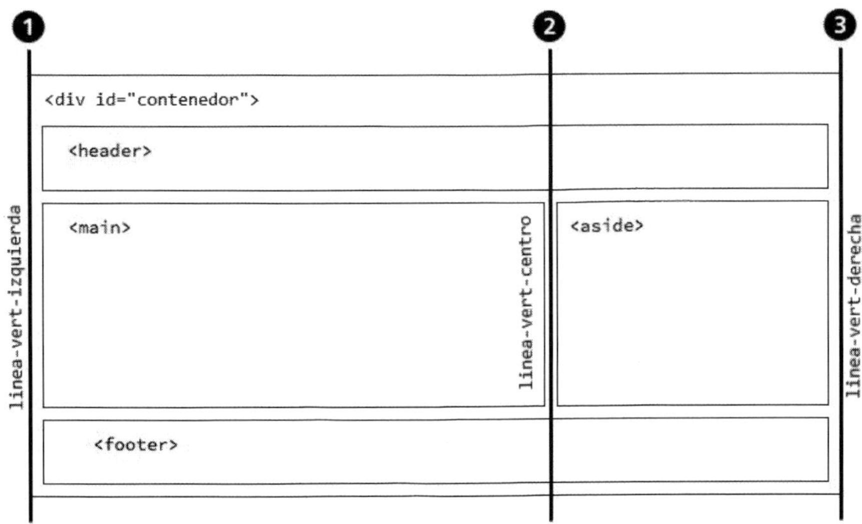

Por lo tanto, tenemos tres líneas con nombre:

- La línea número 1 se llamará `linea-verde-izquierda`.
- La línea número 2 se llamará `linea-verde-centro`.
- La línea número 3 se llamará `linea-verde-derecha`.

Podremos declarar estos nombres en la propiedad `grid-template-columns` del contenedor padre.

Por supuesto, los nombres deben respetar las reglas de nomenclatura de los CSS: no deben llevar acentos, ni caracteres especiales y no deben comenzar por una cifra. El nombre se indicará entre corchetes: `[nombre]`.

A continuación se muestra la sintaxis que se ha utilizado en este ejemplo:

```
#contenedor {
    grid-template-columns: [linea-verde-izquierda] 1fr
[linea-vert-centro] 250px [linea-verde-derecha];
    gap: 20px;
}
```

Si necesitamos emplear estos nombres, solo tenemos que escribirlos, pero sin los corchetes que utilizamos en la declaración.

En el ejemplo de la consulta de recursos multimedia, debemos indicar esos nombres para ubicar el encabezado y el pie de página en columnas:

```
header, footer {
    grid-column: linea-verde-izquierda / linea-verde-derecha;
}
```

Por supuesto, la visualización obtenida es exactamente la misma que en el ejemplo anterior.

3.4.5 Nombrar las áreas de la rejilla

En este ejemplo, vamos a ubicar los elementos hijos en áreas nombradas de la rejilla. Una vez más, el objetivo es simplificar el diseño de las rejillas posicionando los elementos hijos en las áreas que vamos a nombrar.

Retomamos la estructura anterior:

```
<div id="contenedor">
    <header>
        <h1>Pharetra Fringilla...</h1>
    </header>
    <main>
        <p>Donec id elit...</p>
        <p>Vestibulum id ligula porta...</p>
    </main>
    <aside>
        <p>Fusce dapibus, tellus...</p>
    </aside>
    <footer>
        <p>Nullam quis risus eget...</p>
    </footer>
</div>
```

Nuestra rejilla consta de dos columnas y tres filas, con un total de seis celdas. Estos son los nombres de las áreas que vamos a utilizar:

- `encabezado` para las dos celdas de la primera fila.
- `contenido` para la primera celda de la segunda fila.
- `col-derecha` para la segunda celda de la segunda fila.
- `pie-pagina` para las dos celdas de la tercera fila.

A continuación se muestra el esquema recapitulativo:

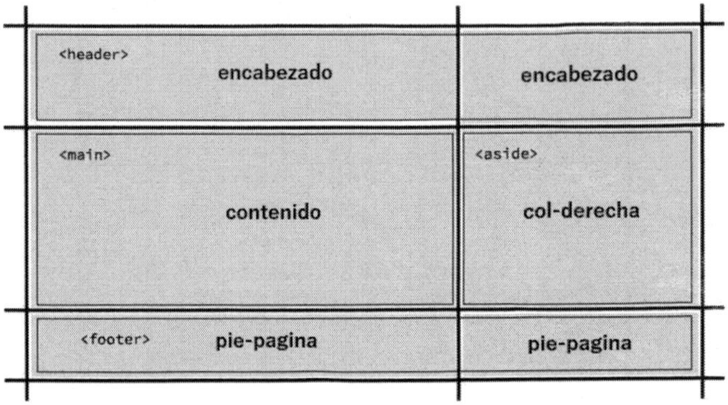

Como hemos dicho anteriormente, los nombres deben respetar la sintaxis de los CSS.

En este ejemplo, definimos los nombres de las áreas, las *Grids Areas*, en la regla del contenedor padre.

Utilizamos la propiedad `grid-template-areas`. Cada nombre de área se indica entre comillas y se separa con un espacio del siguiente.

```
#contenedor {
    /* Formateo */
    width: 90%;
    margin: auto;
    /* Rejilla de paginación */
    display: grid;
    grid-template-columns: 1fr 250px;
   grid-template-areas: "encabezado encabezado" "contenido" "col-derecha"
"pie-pagina pie-pagina ";
    gap: 20px;
}
```

Para facilitar la lectura, puede hacer saltos de línea para separar claramente las diferentes áreas:

```
#contenedor {
    /* Formateo */
    width: 90%;
    margin: auto;
    /* Rejilla de paginación */
    display: grid;
```

```
    grid-template-columns: 1fr 250px;
    grid-template-areas:
         "encabezado encabezado"
         "contenido col-derecha"
         "pie-pagina pie-pagina ";
    gap: 20px;
}
```

Analicemos esta declaración:

- La primera fila contiene dos celdas llamadas `"encabezado"`. Por eso tenemos la sintaxis `"encabezado encabezado"`.
- La segunda fila contiene una primera celda llamada `"contenido"` y una segunda llamada `"col-derecha"`. Por eso tenemos la sintaxis `"contenido col-derecha"`.
- La tercera fila contiene dos celdas llamadas `"pie-pagina"`. Por eso tenemos la sintaxis `"pie-pagina pie-pagina"`.

A continuación, para cada hijo, vamos a indicar en qué área nombrada debe ubicarse con la propiedad `grid-area`.

```
header {
    grid-area: encabezado;
}
main {
    grid-area: contenido;
}
aside {
    grid-area: col-derecha;
}
footer {
    grid-area: pie-pagina;
}
```

Estas son las otras reglas CSS que se han utilizado:

```
/* Formateo */
header, footer {
    background-color: #eee;
    text-align: center;
}
aside {
    background-color: #bbb;
}
```

```
header, main, aside, footer {
    border: 1px solid #000;
    padding: 10px;
}
p {
    margin: 0 0 20px 0;
}
```

A continuación se muestra la visualización obtenida activando las herramientas para el desarrollador de Mozilla Firefox. Observe que se ha seleccionado la opción **Mostrar nombres de áreas** en **Configuración de la rejilla**, en la zona **Rejilla** de la pestaña **Disposición**.

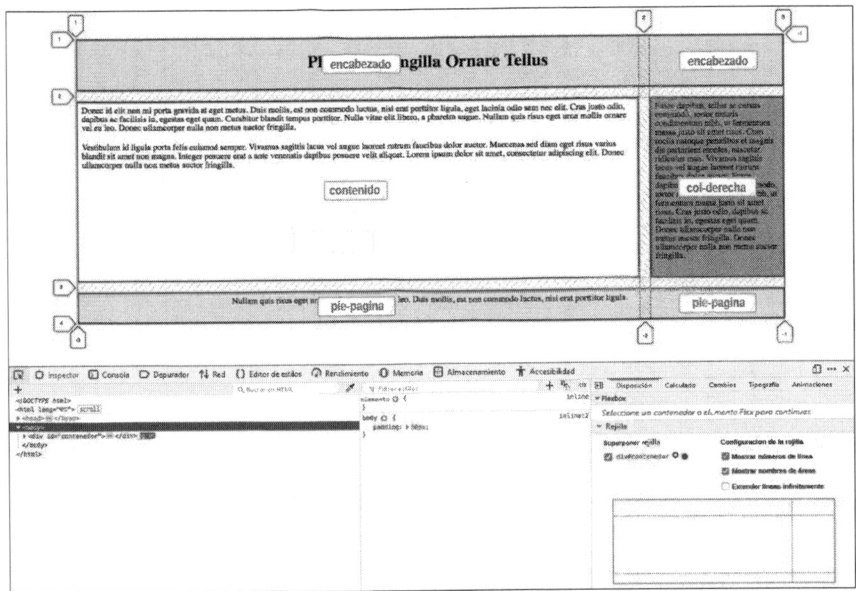

De esta forma, los nombres de las áreas nombradas aparecen encuadrados.

3.4.6 Alinear las celdas en la rejilla

Todas las técnicas CSS de alineamiento se han agrupado en un módulo específico llamado **CSS Box Alignment Module Level 3** (https://www.w3.org/TR/css-align-3/). Este módulo se encuentra en estado **Working Draft** desde el 17 de febrero de 2023. El conjunto de estas propiedades van a poder ser utilizados por los distintos sistemas de diseño de página.

Ahora, veamos cómo gestionar el alineamiento de las celdas en la rejilla. Para este ejemplo, creamos una rejilla que es más ancha y más alta que la suma de los elementos hijos.

A continuación se muestra la estructura HTML:

```
<div id="contenedor">
    <p><b>Uno</b>. Maecenas faucibus.</p>
    <p><b>Dos</b>. Fusce dapibus, tellus ac cursus. Etiam
porta sem malesuada.</p>
    <p><b>Tres</b>. Duis mollis, est non commodo.</p>
    <p><b>Cuatro</b>. Nulla vitae elit libero.</p>
    <p><b>Cinco</b>. Cras Parturient Dolor Magna.</p>
    <p><b>Seis</b>. Vestibulum id ligula porta. Cras justo odio
dapibus.</p>
    <p><b>Siete</b>. Etiam porta sem malesuada. Parturient Elit
Ipsum Vehicula Sem.</p>
    <p><b>Ocho</b>. Aenean eu leo quam.</p>
    <p><b>Nueve</b>. Nulla vitae elit libero.</p>
</div>
```

Y estas son las reglas CSS iniciales:

```
#contenedor {
    /* Rejilla de paginación */
    display: grid;
    grid-template-columns: repeat(3,150px);
    grid-template-rows: repeat(3, 100px);
    gap: 10px;
    width: 600px;
    height: 400px;
    padding: 10px;
    border: 1px solid #000;
    background-color: #eee;
}
p {
```

```
    margin: 0;
    padding: 5px;
    border: 1px solid #000;
    background-color: #fff;
}
```

La suma de las anchuras de las columnas da un total de 3x150=450 píxeles, por una anchura de rejilla de 600 píxeles. La suma de las alturas de las filas da un total de 3x100=300 píxeles, por una altura de rejilla de 400 píxeles.

A continuación se muestra la visualización obtenida:

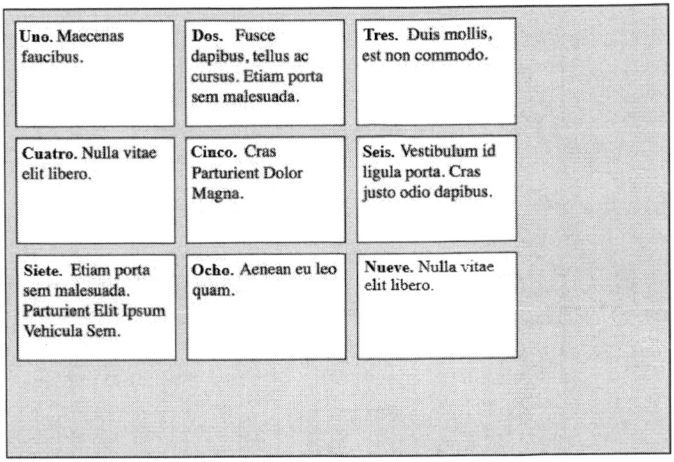

Uno. Maecenas faucibus.
Dos. Fusce dapibus, tellus ac cursus. Etiam porta sem malesuada.
Tres. Duis mollis, est non commodo.
Cuatro. Nulla vitae elit libero.
Cinco. Cras Parturient Dolor Magna.
Seis. Vestibulum id ligula porta. Cras justo odio dapibus.
Siete. Etiam porta sem malesuada. Parturient Elit Ipsum Vehicula Sem.
Ocho. Aenean eu leo quam.
Nueve. Nulla vitae elit libero.

Para gestionar el alineamiento horizontal de las celdas en la rejilla, vamos a utilizar la propiedad `justify-content` que ya utilizamos anteriormente en el apartado dedicado al módulo **Flexbox**.

Por defecto, el valor de la propiedad `justify-content` es `start`. La visualización de las celdas comienza al principio de la fila, es decir, en el borde izquierdo de la rejilla.

Podemos utilizar estos otros valores:

– `end`: la visualización de las celdas comienza al final de la fila, es decir, en el borde derecho de la rejilla. A continuación se muestra el resultado obtenido:

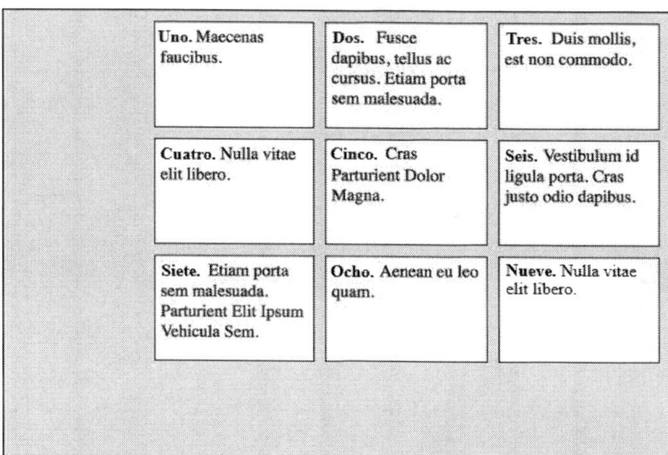

– `space-between`: las celdas se reparten horizontalmente en la fila, empezando al principio y terminando al final de la fila. A continuación se muestra el resultado obtenido:

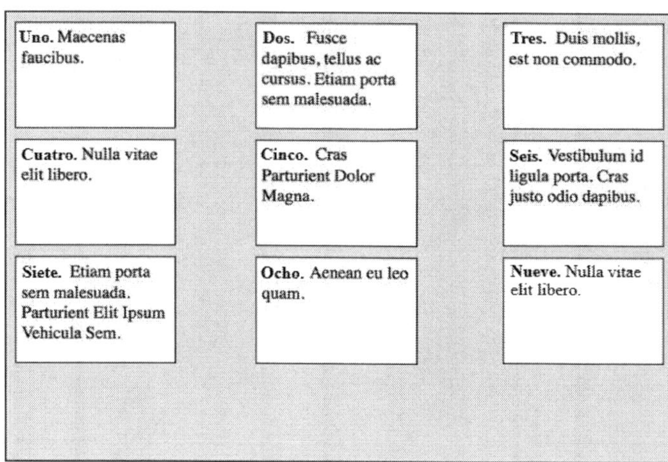

- `space-around`: las celdas se reparte horizontalmente en la fila, con un espacio idéntico entre las celdas. A continuación se muestra el resultado obtenido:

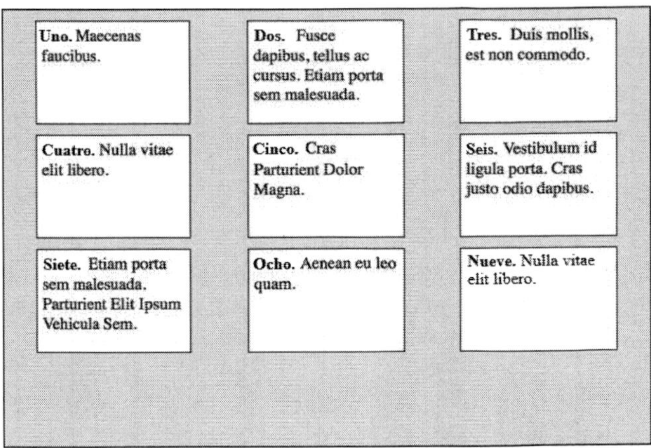

- `center`: las celdas se centran horizontalmente en la celda. El espacio restante se reparte a izquierda y derecha de las celdas. A continuación se muestra el resultado obtenido:

Como ocurre con el módulo **Flexbox**, para gestionar el alineamiento vertical de las celdas en la rejilla, vamos a utilizar la propiedad `align-content`. Los valores autorizados son los mismos:

- `start`: la visualización de las celdas comienza al principio de la columna, es decir, en el extremo superior de la rejilla. Es el valor por defecto.
- `end`: la visualización de las celdas comienza al final de la columna, es decir, en el extremo inferior de la rejilla.
- `space-between`: las celdas se reparten verticalmente en la columna, empezando al principio y terminando al final de esta.
- `space-around`: las celdas se reparten verticalmente en la columna, con un espaciado idéntico entre cada celda.
- `center`: las celdas se centran verticalmente en la columna. El espacio restante se reparte a izquierda y a derecha de las celdas.

3.5 Crear una paginación responsiva con una rejilla

3.5.1 Las visualizaciones responsivas

Para este ejemplo de aplicación de paginación con el módulo **Grid**, vamos a crear una rejilla con una columna para visualizarla en un smartphone, con dos columnas para una tableta y con tres columnas para las pantallas de ordenador.

A continuación se muestra la visualización en un smartphone, con una rejilla en una sola columna:

Justo Mollis Ornare Pellentesque Inceptos

Vivamus sagittis lacus vel augue laoreet rutrum faucibus dolor auctor. Donec ullamcorper nulla non metus auctor fringilla. Lorem ipsum dolor sit amet, consectetur adipiscing elit. Etiam porta sem malesuada magna mollis euismod. Fusce dapibus, tellus ac cursus commodo, tortor mauris condimentum nibh, ut fermentum massa justo sit amet risus. Fusce dapibus, tellus ac cursus commodo, tortor mauris condimentum nibh, ut fermentum massa justo sit amet risus.

Duis mollis, est non commodo luctus, nisi erat porttitor ligula, eget lacinia odio sem nec elit.

Vestibulum id ligula porta felis euismod semper. Maecenas faucibus mollis interdum. Cras mattis consectetur purus sit amet fermentum. Fusce dapibus, tellus ac cursus commodo, tortor mauris condimentum nibh, ut fermentum massa justo sit amet risus. Lorem ipsum dolor sit amet, consectetur adipiscing elit.

Maecenas faucibus mollis interdum. Cum sociis natoque penatibus et magnis dis parturient montes, nascetur ridiculus mus. Donec ullamcorper nulla non metus auctor fringilla. Curabitur blandit tempus porttitor. Cras justo odio, dapibus ac facilisis in, egestas eget quam. Maecenas sed diam eget risus varius blandit sit amet non magna. Maecenas sed diam eget risus varius blandit sit amet non magna.

Aenean eu leo quam. Pellentesque ornare sem lacinia quam venenatis vestibulum. Curabitur blandit tempus porttitor. Donec id elit non mi porta gravida at eget metus. Cras mattis consectetur purus sit amet fermentum. Fusce dapibus, tellus ac cursus commodo, tortor mauris condimentum nibh, ut fermentum massa justo sit amet risus. Curabitur blandit tempus porttitor. Cras justo odio, dapibus ac facilisis in, egestas eget quam.

Amet Tellus Vulputate Ligula Fusce

A continuación se muestra su visualización en una tableta, con una rejilla con dos columnas:

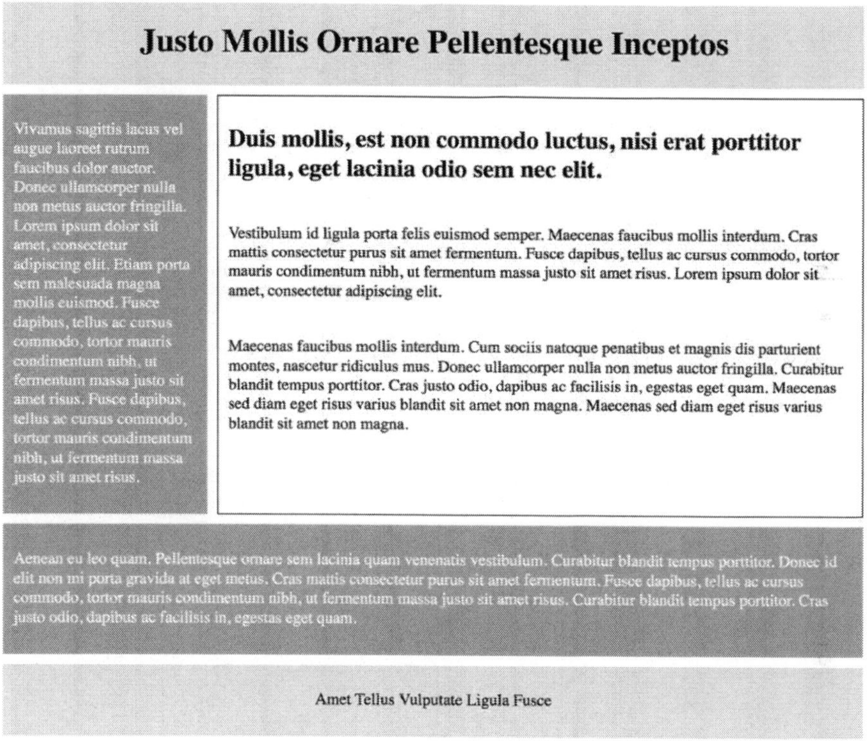

Justo Mollis Ornare Pellentesque Inceptos

Vivamus sagittis lacus vel augue laoreet rutrum faucibus dolor auctor. Donec ullamcorper nulla non metus auctor fringilla. Lorem ipsum dolor sit amet, consectetur adipiscing elit. Etiam porta sem malesuada magna mollis euismod. Fusce dapibus, tellus ac cursus commodo, tortor mauris condimentum nibh, ut fermentum massa justo sit amet risus. Fusce dapibus, tellus ac cursus commodo, tortor mauris condimentum nibh, ut fermentum massa justo sit amet risus.

Duis mollis, est non commodo luctus, nisi erat porttitor ligula, eget lacinia odio sem nec elit.

Vestibulum id ligula porta felis euismod semper. Maecenas faucibus mollis interdum. Cras mattis consectetur purus sit amet fermentum. Fusce dapibus, tellus ac cursus commodo, tortor mauris condimentum nibh, ut fermentum massa justo sit amet risus. Lorem ipsum dolor sit amet, consectetur adipiscing elit.

Maecenas faucibus mollis interdum. Cum sociis natoque penatibus et magnis dis parturient montes, nascetur ridiculus mus. Donec ullamcorper nulla non metus auctor fringilla. Curabitur blandit tempus porttitor. Cras justo odio, dapibus ac facilisis in, egestas eget quam. Maecenas sed diam eget risus varius blandit sit amet non magna. Maecenas sed diam eget risus varius blandit sit amet non magna.

Aenean eu leo quam. Pellentesque ornare sem lacinia quam venenatis vestibulum. Curabitur blandit tempus porttitor. Donec id elit non mi porta gravida at eget metus. Cras mattis consectetur purus sit amet fermentum. Fusce dapibus, tellus ac cursus commodo, tortor mauris condimentum nibh, ut fermentum massa justo sit amet risus. Curabitur blandit tempus porttitor. Cras justo odio, dapibus ac facilisis in, egestas eget quam.

Amet Tellus Vulputate Ligula Fusce

Y a continuación se muestra su visualización en una pantalla de ordenador, con una rejilla con tres columnas:

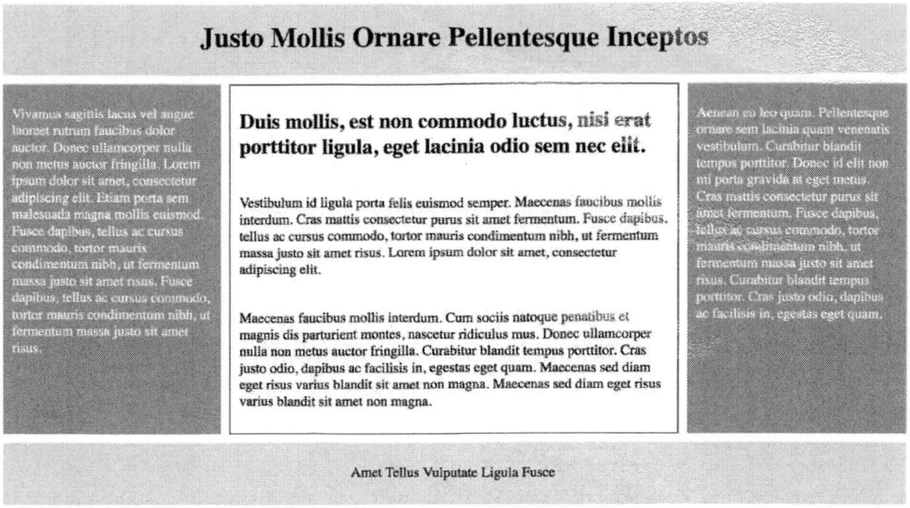

3.5.2 La estructura HTML de la rejilla

A continuación se muestra la estructura HTML de este ejemplo:

```
<div id="contenedor">
    <header>
        <h1>Justo Mollis Ornare Pellentesque Inceptos</h1>
    </header>
    <section>
        <p>Vivamus sagittis lacus vel augue laoreet rutrum
faucibus...</p>
    </section>
    <article>
        <h2>Duis mollis, est non commodo luctus...</h2>
        <p>Vestibulum id ligula porta felis euismod semper...</p>
        <p>Maecenas faucibus mollis interdum. Cum sociis natoque...</p>
    </article>
    <aside>
        <p>Aenean eu leo quam. Pellentesque ornare sem lacinia...</p>
    </aside>
    <footer>
        <p>Amet Tellus Vulputate Ligula Fusce</p>
    </footer>
</div>
```

El contenedor de rejilla es la caja <div id="contenedor">. Esta última contiene, en primer lugar, un encabezado con el elemento <header>.

A continuación, el elemento <section> se muestra debajo del encabezado en los smartphones y a la izquierda en las tabletas y las pantallas grandes.

En cuanto al elemento <article>, este aparece en medio verticalmente en los smartphones y en el centro horizontalmente en las tabletas y las pantallas grandes.

El elemento <aside> se ubicará bajo el artículo y antes del pie de página en los smartphones y las tabletas, y a la derecha del artículo en las pantallas grandes.

Por último, el elemento <footer> siempre se visualizará en la parte inferior en todas las pantallas.

3.5.3 Los estilos CSS en Mobile First

Vamos a trabajar en *Mobile First*, es decir, que vamos a diseñar en primer lugar los estilos que se utilizarán para la visualización en smartphone. También vamos a integrar todos los estilos comunes a todas las visualizaciones, tanto en smartphone, como en tableta y pantalla de ordenador.

A continuación se muestra la regla CSS para el contenedor de la rejilla:

```
#contenedor {
    /* Rejilla de paginación */
    display: grid;
    grid-template-areas:
         "encabezado"
         "section"
         "article"
         "sidebar"
         "pie-pagina";
    gap: 10px;
    /* Formateo */
    width: 95%;
    margin: auto;
}
```

Analicemos las propiedades que se han utilizado:

- `display: grid`: indicamos una visualización en rejilla para el contenedor.

Observe que no utilizamos la propiedad `grid-template-columns`. En efecto, en un smartphone, deseamos que todos los elementos hijos estén unos debajo de otros. No hay que definir ninguna columna, porque todos los elementos aparecen unos debajo de otros, en toda la anchura de visualización disponible.

- `grid-template-areas: "encabezado" "section" "article" "sidebar" "pie-pagina"`: declaramos las áreas en la rejilla. En estas áreas ubicaremos nuestros elementos hijos. Estas áreas se declaran para visualizarse en una sola columna. Tendremos tantas filas como áreas hayamos definido.
- `gap: 10px`: creamos un hueco de 10 píxeles entre cada celda de la rejilla.
- `width: 95%`: la anchura de visualización de la rejilla será de un 95 % de la anchura de la pantalla del smartphone.
- `margin:auto`: permite centrar el contenedor horizontalmente.

Veamos ahora la ubicación de los elementos hijos en las áreas de la rejilla que hemos nombrado:

```
header {
    grid-area: encabezado;
}
section {
    grid-area: section;
}
article {
    grid-area: article;
}
aside {
    grid-area: sidebar;
}
footer {
    grid-area: pie-pagina;
}
```

Cada elemento hijo se ubica en su área de destino:

- El elemento `<header>` se ubica en el área de la rejilla llamada `encabezado`.
- El elemento `<section>` se ubica en el área de la rejilla llamada `section`.
- El elemento `<article>`se ubica en el área de la rejilla llamada `article`.
- El elemento `<aside>` se ubica en el área de la rejilla llamada `sidebar`.
- El elemento `<footer>` se ubica en el área de la rejilla llamada `pie-pagina`.

Terminamos con las reglas CSS comunes de formateo de los elementos de la página:

```
/* Reglas comunes de formateo */
body {
    margin: 0;
    padding: 5px;
}
header, footer {
    background-color: #eee;
    text-align: center;
}
section, aside {
    background-color: #bbb;
    color: #fff;
}
article {
    border: 1px solid #000;
}
h2, h3, p {
    padding: 10px;
}
```

No hay ninguna dificultad en las propiedades que se han utilizado para el formateo común de los elementos de la rejilla.

A continuación se muestra la visualización en un smartphone, con una rejilla compuesta por una sola columna:

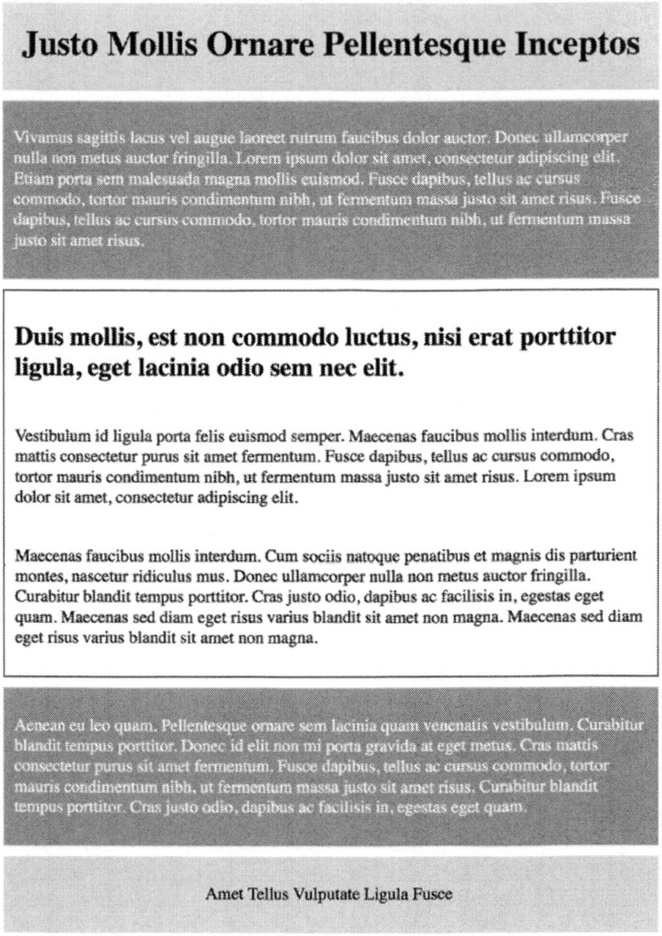

Justo Mollis Ornare Pellentesque Inceptos

Vivamus sagittis lacus vel augue laoreet rutrum faucibus dolor auctor. Donec ullamcorper nulla non metus auctor fringilla. Lorem ipsum dolor sit amet, consectetur adipiscing elit. Etiam porta sem malesuada magna mollis euismod. Fusce dapibus, tellus ac cursus commodo, tortor mauris condimentum nibh, ut fermentum massa justo sit amet risus. Fusce dapibus, tellus ac cursus commodo, tortor mauris condimentum nibh, ut fermentum massa justo sit amet risus.

Duis mollis, est non commodo luctus, nisi erat porttitor ligula, eget lacinia odio sem nec elit.

Vestibulum id ligula porta felis euismod semper. Maecenas faucibus mollis interdum. Cras mattis consectetur purus sit amet fermentum. Fusce dapibus, tellus ac cursus commodo, tortor mauris condimentum nibh, ut fermentum massa justo sit amet risus. Lorem ipsum dolor sit amet, consectetur adipiscing elit.

Maecenas faucibus mollis interdum. Cum sociis natoque penatibus et magnis dis parturient montes, nascetur ridiculus mus. Donec ullamcorper nulla non metus auctor fringilla. Curabitur blandit tempus porttitor. Cras justo odio, dapibus ac facilisis in, egestas eget quam. Maecenas sed diam eget risus varius blandit sit amet non magna. Maecenas sed diam eget risus varius blandit sit amet non magna.

Aenean eu leo quam. Pellentesque ornare sem lacinia quam venenatis vestibulum. Curabitur blandit tempus porttitor. Donec id elit non mi porta gravida at eget metus. Cras mattis consectetur purus sit amet fermentum. Fusce dapibus, tellus ac cursus commodo, tortor mauris condimentum nibh, ut fermentum massa justo sit amet risus. Curabitur blandit tempus porttitor. Cras justo odio, dapibus ac facilisis in, egestas eget quam.

Amet Tellus Vulputate Ligula Fusce

3.5.4 La consulta de recursos multimedia para las pantallas de las tabletas

Ahora vamos a definir la consulta de recursos multimedia que va a utilizarse para adaptar la visualización en las pantallas de las tabletas. Habitualmente, la anchura de visualización es de 768 píxeles.

Veamos la regla CSS:

```
@media only screen and (min-width: 768px) {
    #contenedor {
         grid-template-columns: 200px 1fr;
         grid-template-areas:
              "encabezado encabezado"
              "section article"
              "sidebar sidebar"
              "pie-pagina pie-pagina";
         width: 90%;
    }
}
```

Analicemos las propiedades que hemos utilizado:

- `grid-template-columns: 200px 1fr`: definimos una rejilla con dos columnas. La primera tiene una anchura de 200 `(200px)` y la segunda ocupa el resto del espacio disponible `(1fr)`.
- `grid-template-areas: "encabezado encabezado" "section article" "sidebar sidebar" "pie-pagina pie-pagina"`: permite declarar las áreas que hemos nombrado en la rejilla. Aquí tenemos cuatro filas compuestas por dos columnas.

A continuación se muestra el esquema de esta rejilla con los elementos hijos ubicados en las áreas que hemos nombrado:

<header> encabezado	encabezado
<section> section	<article> article
<aside> sidebar	sidebar
<footer> pie-pagina	pie-pagina

La ubicación de los elementos hijos es exactamente idéntica a la que hemos especificado anteriormente en las reglas CSS para los smartphones.

- `width: 90%`: indicamos una anchura ligeramente más pequeña para la visualización de la rejilla en las pantallas de las tabletas.

A continuación se muestra la visualización en una tableta, con una rejilla compuesta por dos columnas:

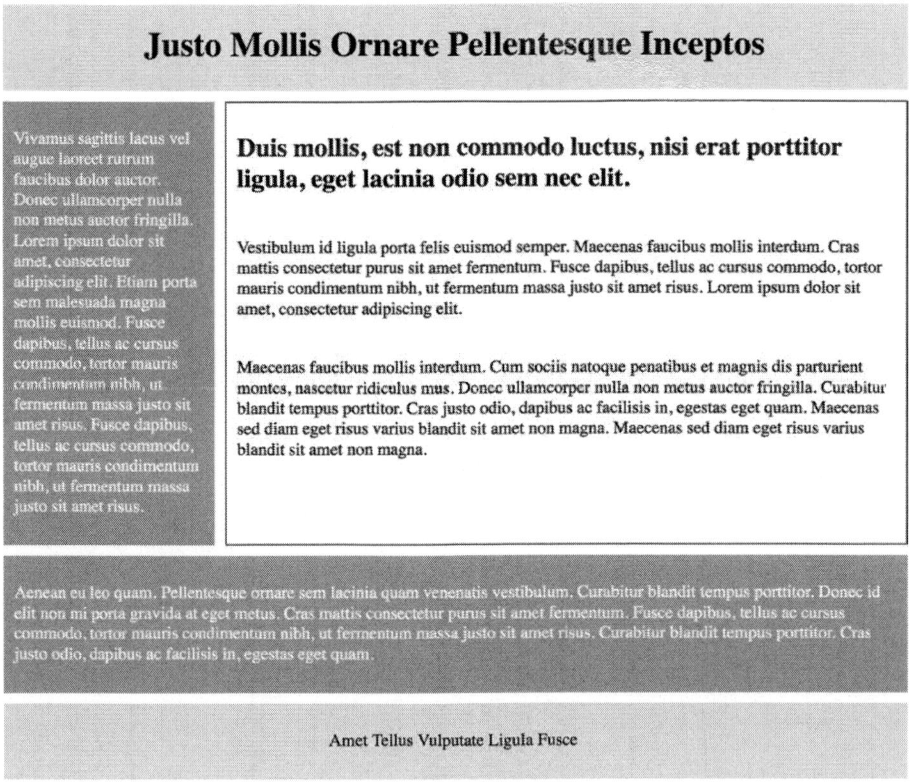

3.5.5 La consulta de recursos multimedia para las pantallas grandes

Ahora, definamos la consulta de recursos multimedia para las pantallas grandes, con un tamaño mínimo de 1024 píxeles.

Veamos la regla CSS:

```
@media only screen and (min-width: 1024px)  {
    #contenedor {
         grid-template-columns: 250px 1fr 250px;
         grid-template-areas:
              "encabezado encabezado encabezado"
              "section article sidebar"
              "pie-pagina pie-pagina pie-pagina";
         width: 80%;
    }
}
```

Analicemos las propiedades que hemos utilizado:

- `grid-template-columns: 250px 1fr 250px`: declaramos una rejilla con tres columnas. La primera y la tercera tienen una anchura de 250 píxeles (`250px`) y la segunda ocupa el resto del espacio disponible (`1fr`).
- `grid-template-areas: "encabezado encabezado encabezado" "section article sidebar" "pie-pagina pie-pagina pie-pagina"`: permite declarar las áreas nombradas de la rejilla. En este caso tenemos tres filas compuestas por tres columnas.

A continuación se muestra el esquema de esta rejilla con los elementos hijos ubicados en las áreas que hemos nombrado:

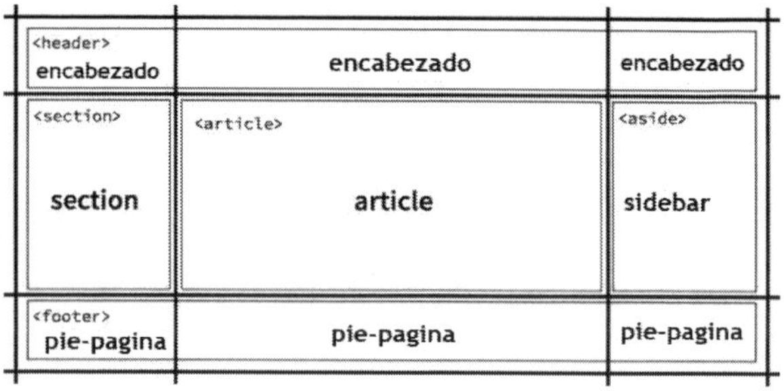

<header> encabezado	encabezado	encabezado
<section> section	<article> article	<aside> sidebar
<footer> pie-pagina	pie-pagina	pie-pagina

- `width: 80%`: indicamos una anchura más pequeña para la visualización de la rejilla en las pantallas grandes.

A continuación se muestra la visualización en una pantalla grande, con una rejilla compuesta por tres columnas:

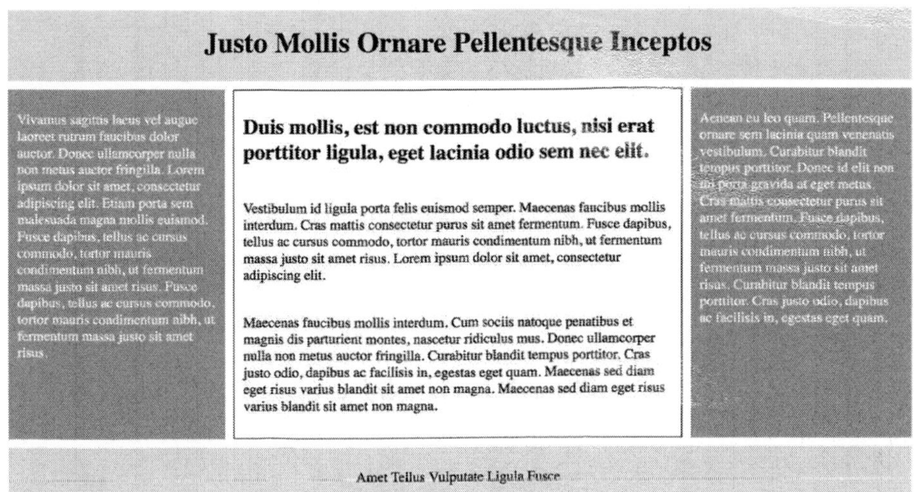

3.5.6 El código completo de la rejilla responsiva

A continuación se muestra el código completo de este ejemplo:

```
<!doctype html>
<html lang="es">
    <head>
        <meta charset="UTF-8">
        <meta name="viewport" content="width=device-width,
initial- scale=1"/>
        <title>Mi página web</title>
        <style>
                    /* Paginación Mobile First */
                    #contenedor {
                         /* Rejilla de paginación */
                         display: grid;
                         grid-template-areas:
                              "encabezado"
                              "section"
                              "article"
                              "sidebar"
```

```
            "pie-pagina";
        gap: 10px;
        /* Formateo */
        width: 95%;
        margin: auto;
}
header {
        grid-area: encabezado;
}
section {
        grid-area: section;
}
article {
        grid-area: article;
}
aside {
        grid-area: sidebar;
}
footer {
        grid-area: pie-pagina;
}

/* Formateo común */
body {
        margin: 0;
        padding: 5px;
}
header, footer {
        background-color: #eee;
        text-align: center;
}
section, aside {
        background-color: #bbb;
        color: #fff;
}
article {
        border: 1px solid #000;
}
h2, h3, p {
        padding: 10px;
}

/* Media Query pantalla tableta */
@media only screen and (min-width: 768px)  {
        #contenedor {
        grid-template-columns: 200px 1fr;
        grid-template-areas:
            "encabezado encabezado"
```

```
                              "section article"
                              "sidebar sidebar"
                              "pie-pagina pie-pagina";
                              width: 90%;
                    }
               }
                    /* Media Query pantalla grande */
                    @media only screen and (min-width: 1024px)  {
                         #contenedor {
                         grid-template-columns: 250px 1fr 250px;
                         grid-template-areas:
                              "encabezado encabezado encabezado"
                              "section article sidebar"
                              "pie-pagina pie-pagina pie-pagina";
                              width: 80%;
                    }
               }
          </style>
     </head>
     <body>
          <div id="contenedor">
               <header>
                    <h1>Justo Mollis Ornare Pellentesque Inceptos</h1>
               </header>
               <section>
                    <p>Vivamus sagittis lacus vel augue laoreet...</p>
               </section>
               <article>
                    <h2>Duis mollis, est non commodo luctus...</h2>
                    <p>Vestibulum id ligula porta felis euismod
semper...</p>
                    <p>Maecenas faucibus mollis interdum...</p>
               </article>
               <aside>
                         <p>Aenean eu leo quam. Pellentesque ornare
sem lacinia...</p>
               </aside>
               <footer>
                    <p>Amet Tellus Vulputate Ligula Fusce</p>
               </footer>
          </div>
     </body>
</html>
```

Capítulo 3-10
Los módulos de animación

1. Los módulos CSS

Con la llegada de CSS3, W3C ha introducido módulos dedicados a la animación de elementos en las páginas web. Antes de esto, las páginas web contenían habitualmente animaciones creadas con tecnologías casi siempre propietarias, como **Adobe Animate** y que hacían necesario el uso de plugins.

Con estos módulos, podrá crear animaciones sencillas y eficaces, que serán reconocidas por todos los navegadores modernos. El W3C nos propone tres módulos:

- **Transforms Module Level 1**, en estado de **Candidate Recommendation** desde el febrero de 2019: https://www.w3.org/TR/css-transforms-1/
- **CSS Transition**, en estado de **Working Draft** desde el 11 de octubre de 2018: https://www.w3.org/TR/css-transitions-1/
- **Web Animation**, en estado de **Working Draft** desde el 5 de junio de 2023: https://www.w3.org/TR/web-animations-1/

En este capítulo no vamos a estudiar todas las funcionalidades de estos módulos, pero sí vamos a abordar los aspectos funcionales básicos para que pueda entender el código que puede encontrar.

2. Las transformaciones

2.1 La función y el punto de referencia

Para crear una transformación, use la propiedad `transform`. Esta propiedad utiliza funciones para aplicar una u otra transformación.

Por defecto, todas las transformaciones tienen como punto de referencia el centro del elemento. Este punto de referencia se utiliza para los cálculos de las transformaciones.

Utilice la propiedad `transform-origin` si desea cambiar de referencia. El valor especificado indica el nuevo punto de referencia.

Los valores aceptados son:

- porcentajes. El valor por defecto es `50% 50%`, es decir, en la mitad del elemento;
- palabras clave: `left`, `center`, `right`, `top`, `center` y `bottom`;
- valores expresados en píxeles.

A continuación se muestra un primer ejemplo muy sencillo de una rotación, con el punto de referencia por defecto, que está en el centro del elemento.

```
<!DOCTYPE HTML>
<html lang="es">
<head>
<title>La rotación</title>
<meta charset="UTF-8" />
<style>
   #init {
       position: absolute;
       left: 50px;
       top: 40px;
       width: 100px;
       height: 100px;
       background-color: lightyellow;
       border: 1px solid #000;
   }
   #transformacion {
       position: absolute;
```

```
        left: 50px;
        top: 40px;
        width: 100px;
        height: 100px;
        background-color: yellow;
        border: 1px solid #000;
    }
    .rotacion-c {
        transform: rotate(25deg);
    }
    .rotacion-hg {
        transform-origin: left top;
        transform: rotate(25deg);
    }
</style>
</head>
<body>
   <div id="init"> </div>
   <div id="transformacion" class="rotacion-c"> </div>
</body>
</html>
```

Tenemos dos paneles `<div>`. El primero, `<div id="init">`, sirve para visualizar el estado inicial del elemento. El segundo, `<div id="transformacion">`, es el que se transforma.

La regla CSS `.rotacion-c` utiliza el punto de referencia por defecto, que está en el centro del elemento transformado. Esta regla aplica una rotación de 25 grados.

A continuación se muestra la visualización obtenida:

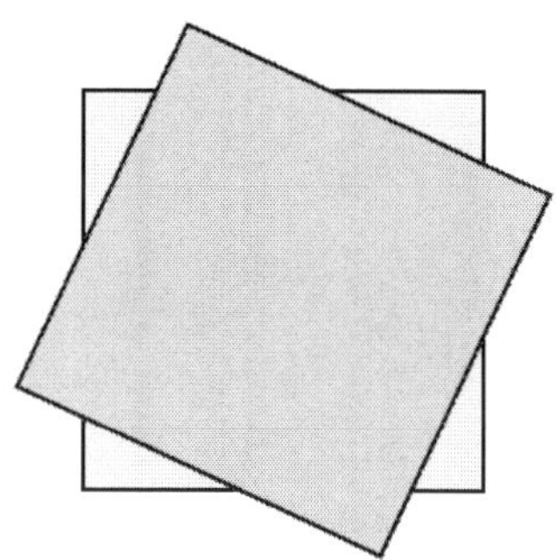

La regla CSS `.rotacion-hg` utiliza como punto de referencia la esquina en la parte superior izquierda del elemento. Esta regla también aplica una rotación de 25 grados.

A continuación se muestra la visualización obtenida:

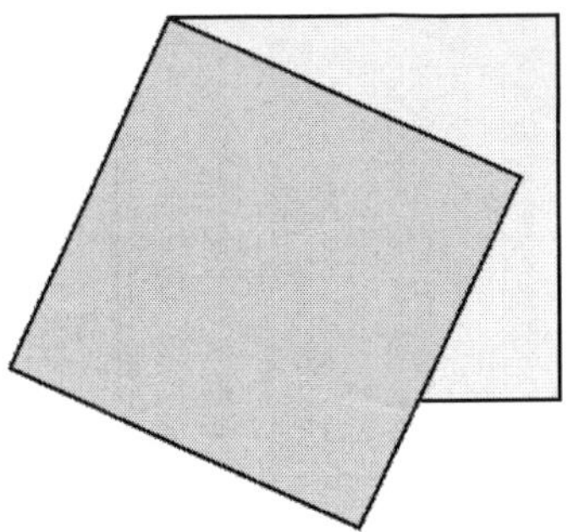

Observe el cambio de punto de referencia añadido a la transformación.

2.2 El desplazamiento

La función `translate()` permite realizar un desplazamiento del elemento, con una distancia especificada respecto a la posición de origen y siguiendo el punto de referencia. Los argumentos de la función son las distancias horizontales y verticales deseadas. Se separan por una coma. Estos dos valores se expresan con un valor numérico, que puede ser positivo para un desplazamiento a la derecha y abajo o negativo para un desplazamiento hacia la izquierda y arriba.

A continuación se muestra la regla CSS utilizada:

```
.desplazamiento-derecha-abajo {
  transform: translate(300px, 60px);
}
```

Observe que retomamos el código HTML y CSS anterior.

A continuación se muestra la visualización obtenida; a la izquierda el estado inicial, y a la derecha el estado final después de la aplicación de la transformación:

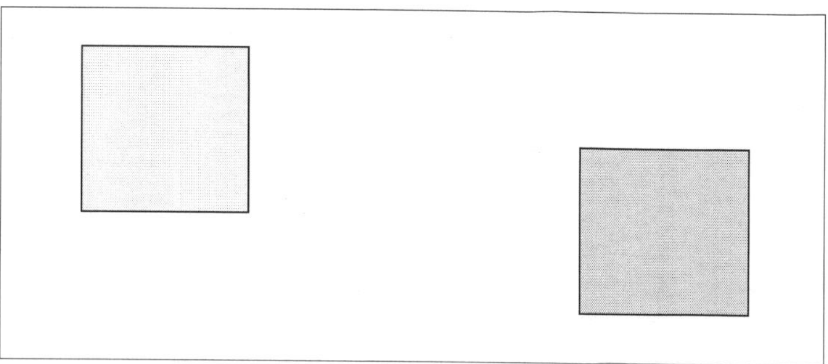

Si desea tener solo un desplazamiento horizontal, utilice la función `translateX()`, y `translateY()` para un desplazamiento vertical.

2.3 El escalado

La función `scale()` permite aplicar un escalado proporcional al elemento. La función `scaleX()` aplica un escalado horizontal, y `scaleY()`, vertical. El tamaño inicial del elemento es `1`. Por lo tanto, el argumento de estas funciones es un valor numérico que va desde `0` a un valor ilimitado. No olvide que los decimales se determinan usando el punto **.** como separador.

Para este ejemplo, utilizamos una imagen y aplicamos sobre ella un escalado proporcional:

```
<!DOCTYPE HTML>
<html lang="es">
<head>
<title>La rotación</title>
<meta charset="UTF-8" />
<style>
   #init {
       position: absolute;
       left: 50px;
       top: 40px;
   }
```

```
    #transformacion {
        position: absolute;
        left: 50px;
        top: 40px;
    }
    .escalado-p {
        transform: scale(0.5);
    }
</style>
</head>
<body>
    <div id="init"><img src="nutria.jpg"></div>
    <div id="transformacion" class="escalado-p">
<img src="nutria.jpg"></div>
</body>
</html>
```

A continuación se muestra la visualización obtenida:

En este segundo ejemplo, aplicamos un escalado no proporcional, con la sintaxis abreviada que utiliza el primer valor para el escalado horizontal y el segundo para el escalado vertical:

```
.escalado-np {
   transform: scale(0.5, 0.25);
}
```

A continuación se muestra la visualización obtenida:

2.4 La rotación

La función `rotate()` aplica una rotación al elemento de destino. El valor numérico utiliza unidades en grados, `deg`, o radianes, `rad`. Vaya al ejemplo de los puntos de referencia para visualizar un ejemplo.

2.5 La deformación

La función `skew()` permite realizar una deformación sobre el elemento usando los dos ejes. Para realizar una deformación sobre el eje horizontal, utilice la función `skewX()`, y la función `skewY()` para obtener una deformación sobre el eje vertical. Con la función `skew()`, puede indicar dos valores, para el eje horizontal y vertical. Los dos valores se separan con una coma. Las unidades se pueden expresar en grados: `deg`, o en radianes: `rad`.

A continuación se muestra un sencillo ejemplo:

```
<!DOCTYPE HTML>
<html lang="es">
<head>
<title>La deformación</title>
```

```
<meta charset="UTF-8" />
<style>
   #init {
       position: absolute;
       left: 50px;
       top: 40px;
   }
   #transformacion {
       position: absolute;
       left: 300px;
       top: 40px;
   }
   .deformacion {
       transform: skew(-30deg,10deg);
   }
</style>
</head>
<body>
   <div id="init"><img src="hipopotamo.jpg"></div>
   <div id="transformacion" class="deformacion">
<img src="hipopotamo.jpg"></div>
</body>
</html>
```

A continuación se muestra la visualización obtenida después de aplicar la transformación; a la izquierda, el estado inicial, y a la derecha, el estado final:

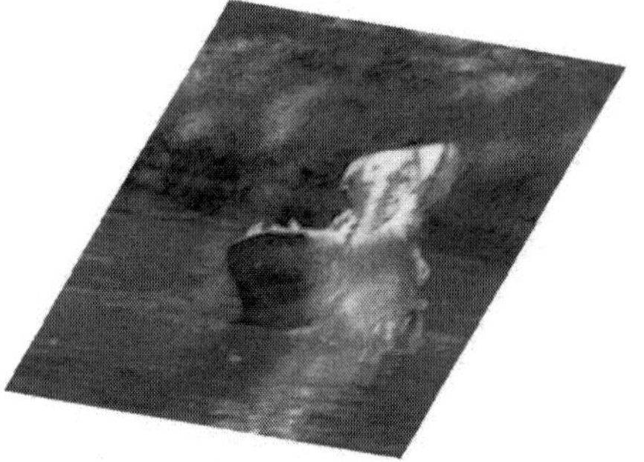

2.6 Aplicar todas las transformaciones

Puede aplicar varias transformaciones a un elemento. Para esto, es suficiente con indicar las funciones que desea utilizar separadas por un espacio.

A continuación se muestra un ejemplo con un escalado y una rotación.

```
<!DOCTYPE HTML>
<html lang="es">
<head>
<title>La deformación</title>
<meta charset="UTF-8" />
<style>
   #init {
       position: absolute;
       left: 50px;
       top: 40px;
   }
   #transformacion {
       position: absolute;
       left: 300px;
       top: 40px;
   }
   .transfo-multi {
       transform: scale(.7) rotate(30deg);
   }
</style>
</head>
<body>
   <div id="init"><img src="hipopotamo.jpg"></div>
   <div id="transformacion" class="transfo-multi">
<img src="hipopotamo.jpg"></div>
</body>
</html>
```

A continuación se muestra la visualización obtenida después de aplicar la transformación; a la izquierda, el estado inicial, y a la derecha, el estado final:

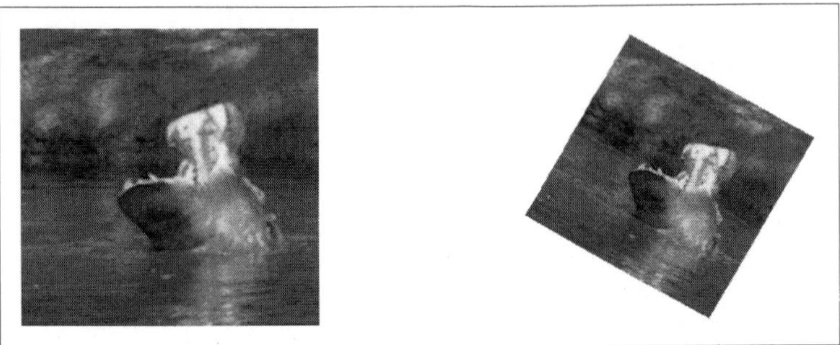

3. Las transiciones

3.1 Crear transiciones

Para una propiedad CSS especificada, las transiciones le van a permitir pasar de un valor a otro, con una transición dada. Esta transición se desencadena si se detecta un evento a nivel del elemento implicado. Cuando la transición termina, el elemento retoma sus argumentos CSS iniciales. Las transiciones van a permitir crear auténticas animaciones en CSS.

Para crear una transición, en primer lugar es necesario utilizar un evento sobre un elemento HTML especificado. Por ejemplo, puede utilizar una pseudo-clase como `:hover`, `:active` o `:focus`.

A continuación debe indicar cuáles son las propiedades que desea utilizar con la propiedad `transition-property`. Después, indique la duración de esta transición con la propiedad `transition-duration`.
La propiedad `transition-timing-function` va a permitir especificar la curva cinética para la transición: una aceleración o una desaceleración. Para terminar, la propiedad `transition-delay` especifica si hay un retraso en la aplicación de la transición. Para utilizar todas estas propiedades, la sintaxis abreviada es `transition`.

La mayor parte de las propiedades CSS de los paneles se pueden utilizar en las transiciones.

3.2 Crear un desplazamiento horizontal

Para este primer ejemplo, vamos a desencadenar un desplazamiento a la derecha de una imagen. Este desplazamiento se desencadenará pasando el ratón sobre ella.

En primer lugar, veamos el código HTML utilizado:

```
<div id="desplazamiento"><img src="hipopotamo.jpg"></div>
```

Tenemos un panel `<div>` con el identificador `desplazamiento`. Este es el identificador que se utilizará en las reglas CSS.

Después, determinamos una posición absoluta de inicio para este panel:

```
#desplazamiento {
   position: absolute;
   left: 20px;
   top: 20px;
}
```

A continuación, y siempre en esta regla CSS, indicamos cuál es la propiedad CSS utilizada en la transición y su duración:

```
#desplazamiento {
   position: absolute;
   left: 20px;
   top: 20px;
   transition-property: left;
   transition-duration: 2s;
}
```

- `transition-property: left` indica que se utiliza la propiedad de posicionamiento a la izquierda.
- `transition-duration: 2s` especifica que la duración de la animación es de 2 segundos.

Podemos determinar el tipo de cinética deseada con la propiedad `transition-timing-function: ease-in`. En esta URL, encontrará las diferentes cinéticas que se puede utilizar: https://developer.mozilla.org/en-US/docs/Web/CSS/transition-timing-function

Para terminar, si deseamos desencadenar esta transición con un retraso de 2 segundos, utilizamos la propiedad `transition-delay: 2s`.

A continuación se muestra la regla CSS completa:

```
#desplazamiento {
   position: absolute;
   left: 20px;
   top: 20px;
   transition-property: left;
   transition-duration: 2s;
   transition-timing-function: ease-in;
   transition-delay: 2s;
}
```

Si desea tener un código más corto, utilice la propiedad abreviada `transition`:

```
#desplazamiento {
   position: absolute;
   left: 20px;
   top: 20px;
   transition: left 2s ease-in 2s;
}
```

La última etapa consiste en definir el evento que va a desencadenar esta transición y a especificar la posición de llegada. A continuación se muestra la nueva regla CSS:

```
#desplazamiento:hover {
   left: 220px;
   top:  20px;
}
```

En este ejemplo, es el hecho de pasar el puntero del ratón por encima de la imagen, `#desplazamiento:hover`, lo que va a desencadenar la transición. A continuación, la posición izquierda del panel se define en 220 píxeles, `left: 220px`; la posición superior permanece igual respecto a la posición inicial, `top: 20px`.

He aquí la visualización inicial cuando el puntero no está encima del panel:

A continuación se muestra la visualización final obtenida cuando el puntero permanece encima del panel, después de un espacio de tiempo de dos segundos:

Cuando el puntero ya no está encima del panel, después de dos segundos, el panel vuelve a su posición inicial:

A continuación se muestra el código completo de este ejemplo:

```
<!DOCTYPE HTML>
<html lang="es">
<head>
<title>Transición</title>
<meta charset="UTF-8" />
<style>
   #desplazamiento {
       position: absolute;
       left: 20px;
       top: 20px;
       transition: left 2s ease-in 2s;
   }
   #desplazamiento:hover {
       left: 220px;
       top:  20px;
   }
</style>
</head>
<body>
<div id="desplazamiento"><img src="hipopotamo.jpg"></div>
</body>
</html>
```

3.3 Crear un desplazamiento horizontal y vertical

Para este segundo ejemplo, vamos a crear un desplazamiento en las dos direcciones, horizontal y vertical.

A continuación se muestra el código HTML/CSS utilizado:

```
<!DOCTYPE HTML>
<html lang="es">
<head>
<title>Transición</title>
<meta charset="UTF-8" />
<style>
   #desplazamiento {
       position: absolute;
       left: 20px;
       top: 20px;
       transition: left 2s ease-in, top 2s linear;
```

```
    }
    #desplazamiento:hover {
        left: 220px;
        top:  220px;
    }
</style>
</head>
<body>
<div id="desplazamiento"><img src="hipopotamo.jpg"></div>
</body>
</html>
```

Retomamos la misma estructura que anteriormente. Solo cambia la sintaxis de la propiedad `transition`. Para especificar un desplazamiento horizontal y vertical, es suficiente con separar los valores aplicados con una coma. Por lo tanto, en este ejemplo, tenemos:

- Un desplazamiento horizontal especificado con el valor `left`, que dura dos segundos, `2s`, y que utiliza la cinética `easy-in`.
- Un desplazamiento vertical especificado con el valor `top`, que dura dos segundos `2s`, y, que utiliza la cinética `linear`.

4. Las animaciones

4.1 Crear animaciones

Como toda animación, las animaciones CSS se desarrollan a lo largo del tiempo. El tiempo se gestiona con « imágenes clave », *keyframes* en inglés. Una imagen clave es una etapa en una animación donde el elemento animado sufre un cambio. Este cambio se aplica a una propiedad CSS. Es la regla `@keyframes` la que gestiona las etapas de su animación. Cada animación debe tener una regla `@keyframes` identificada con un nombre. Una de las diferencias que hay con las transiciones es que las animaciones no necesitan un evento para que se desencadenen.

Debe determinar las diferentes etapas de su animación a lo largo del tiempo e indicar los cambios que hay que añadir a las diferentes propiedades CSS. Cada etapa en el tiempo se podrá identificar con un valor en forma de porcentaje.

El valor `0%` representa el inicio y `100%` indica la duración total de la animación.

Para crear animaciones, vamos a utilizar varias propiedades.

Podrá indicar la cantidad de tiempo que debe durar la animación con la propiedad `animation-duration`.

La cinética de la animación se gestiona con la siguiente propiedad: `animation-timing-function`. Puede aplicar aceleraciones y desaceleraciones, de manera similar a lo que hemos visto anteriormente con las transiciones.

A continuación, puede indicar si la animación se debe repetir. Es la noción de iteración. La propiedad `animation-iteration-count` es la que permite especificar esto.

La propiedad `animation-delay` indica si la animación debe empezar inmediatamente o con un determinado retraso.

La propiedad `animation-direction` permite indicar si la animación se debe aplicar en el sentido en el que está definida o en sentido inverso.

La propiedad `animation-play-state` especifica el estado de la animación. ¿Se reproduce o se interrumpe?

Puede utilizar la sintaxis corta `animation` indicando en orden:
`animation-name`, `animation-duration`,
`animation-timing-function`, `animation-delay`,
`animation-iteration-count` y `animation-direction`.

4.2 Crear un desplazamiento infinito

Para este primer ejemplo, vamos a crear un desplazamiento infinito de un panel <div>. Por infinito nos referimos a que el panel se desplaza a la derecha y después vuelve a su posición inicial, y así sin detenerse.

Para la parte HTML, tenemos un sencillo panel <div> que tiene un identificador:

```
<div id="panel"> </div>
```

Para los CSS, tenemos una regla que determina las propiedades de este panel:

```
#panel {
   background-color: red;
   position: relative;
   width: 100px;
   height: 100px;
}
```

Por lo tanto, tenemos un panel cuadrado de 100 píxeles de lado, con un fondo de color rojo y en posición relativa.

Ahora, veamos la función de animación `@keyframes`:

```
@keyframes panel-rojo {
   0% {
       left: 10px;
   }
   50% {
       left: 400px;
   }
   100% {
       left: 10px;
   }
}
```

Esta animación se llama `panel-rojo` y tiene tres etapas. La primera etapa se define al inicio de la animación, en el momento `0%`. Esta etapa especifica la posición horizontal del panel para su lado izquierdo, de 10 píxeles: `left:10px`. La segunda etapa se define a la mitad de la duración, `50%`. La posición izquierda se fija a 400 píxeles. Para terminar, al final de la animación, al `100%` de la duración, la posición izquierda del panel retoma su valor inicial para tener la misma posición que en el momento `0%`.

Ahora que ya está creada la animación, es necesario aplicarla al panel, en su regla CSS:

```
#panel {
   background-color: red;
   position: relative;
   width: 100px;
   height: 100px;
   animation-name: panel-rojo;
   animation-duration: 5s;
   animation-iteration-count: infinite;
}
```

Usamos tres propiedades:

- `animation-name: panel-rojo` indica el nombre de la función de animación `@keyframes` que se debe aplicar.
- `animation-duration: 5s` especifica la duración de la animación, cinco segundos en este ejemplo.
- `animation-iteration-count: infinite` especifica que la animación se debe aplicar de manera indefinida.

Si deseamos utilizar la sintaxis abreviada, se muestra a continuación el código de esta regla:

```
#panel {
   background-color: red;
   position: relative;
   width: 100px;
   height: 100px;
   animation: panel-rojo 5s infinite;
}
```

A continuación se muestra el código completo de esta sencilla animación:

```
<!DOCTYPE HTML>
<html lang="es">
<head>
<title>Animación</title>
<meta charset="UTF-8" />
<style>
   #panel {
       background-color: red;
```

```
        position: relative;
        width: 100px;
        height: 100px;
        animation: panel-rojo 5s infinite;
    }
    @keyframes panel-rojo {
        0% {
            left: 10px;
        }
        50% {
            left: 400px;
        }
        100% {
            left: 10px;
        }
    }
</style>
</head>
<body>
<div id="panel"> </div>
</body>
</html>
```

A continuación se muestra la visualización durante la carga de la página:

A continuación se muestra la visualización obtenida a la mitad de la duración total, cuando el panel está a la derecha:

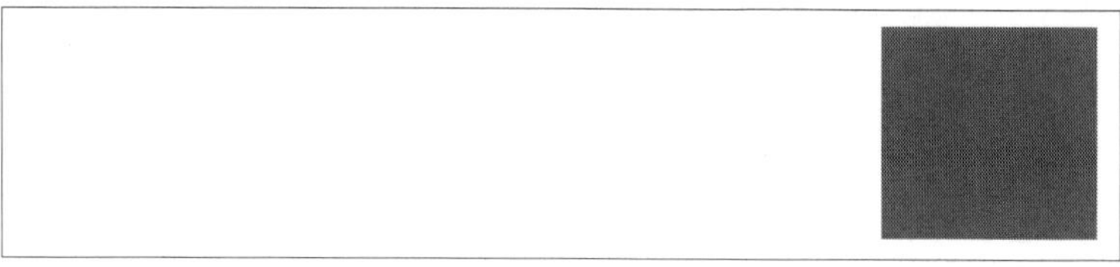

La animación continúa indefinidamente, el panel va de izquierda a derecha y de derecha a izquierda.

4.3 Crear un formulario animado

En este segundo ejemplo, vamos a crear una animación en el borde de un formulario. Esta animación va a crear un borde difuminado y coloreado, que va a «destellear» cuando pasa de un color a otro.

A continuación se muestra el código para el formulario:

```
<form id="inscripcion" method="#" action="#">
   <p>
       <label for="nombre">Su nombre: </label>
       <input type="text" id="nombre" />
   </p>
   <p>
       <label for="email">Su eMail: </label>
       <input type="email" id="email" />
   </p>
   <p>
       <input type="submit" id="envio" value="Enviar" />
   </p>
</form>
```

Esta es la regla CSS para el formato del formulario:

```
#inscripcion {
   width: 300px;
   padding: 10px;
   border: 1px solid #333;
   border-radius: 10px;
}
```

Tenemos:

- Una longitud de 300 píxeles: `width: 300px`.
- Un relleno interno de 10 píxeles: `padding: 10px`.
- Un borde gris: `border: 1px solid #333`.
- Esquinas redondeadas de 10 píxeles de radio: `border-radius: 10px`.

A continuación se muestra la función de animación `@keyframes`:

```
@keyframes sombreado {
   0% {
       box-shadow: 0 0 15px red;
   }
   100% {
       box-shadow: 0 0 15px yellow;
   }
}
```

Esta animación se llama `sombreado`. Al inicio de la animación: `0%`, aplicamos un sombreado, sin desplazamiento: `0 0`, de 15 píxeles: `15px` y de color rojo: `red`. Al final de la animación: `100%`, el sombreado es idéntico, pero de color amarillo: `yellow`.

Ahora, es suficiente con aplicar esta animación a la regla CSS del formulario:

```
#inscripcion {
   width: 300px;
   padding: 10px;
   border: 1px solid #333;
   border-radius: 10px;
   animation: sombreado ease-in infinite alternate 500ms;
}
```

Detallemos esta animación:

- Se llama `sombreado`, como hemos visto anteriormente.
- La animación utiliza una aceleración al final de la animación: `ease-in`.
- Se desarrolla de manera indefinida: `infinite`.
- La animación alterna el sentido de su aplicación: `alternate`, para no tener un destello desagradable, sino una transición más suave entre los colores rojo y amarillo.
- Para terminar, la duración es de 500 milisegundos: `500ms`.

A continuación se muestra la visualización obtenida, sin la animación coloreada, por supuesto:

Capítulo 3-11
Los módulos CSS para los diseñadores gráficos

1. Los módulos del futuro

Las novedades de CSS3 están principalmente destinadas a los diseñadores gráficos, para que puedan mejorar el diseño de sus páginas web. El CSS, antes que para cualquier otra cosa, se construye para definir la estructura y el formato de los sitios web.

El W3C ofrece algunos módulos que, por el momento, no forman parte de la recomendación oficial. Puede estar al corriente de sus avances en el sitio web del W3C **Current Work**: https://www.w3.org/Style/CSS/current-work. La implementación de estas propiedades todavía es parcial y es conveniente seguir su compatibilidad en el sitio web **Can I use**: http://caniuse.com. Vamos a ver los principios de tres de ellos.

2. Las máscaras

2.1 El módulo CSS

Las máscaras permiten ocultar una parte de una ilustración, imagen o foto usando un elemento gráfico. Las máscaras forman parte del módulo **Masking Module Level 1**.

Este módulo se encuentra en estado de **Candidate Recommendation Draft** desde el 5 de agosto de 2021, lo que indica que está en una fase avanzada de desarrollo:
https://www.w3.org/TR/css-masking-1/

A continuación se muestra la tabla de compatibilidad de los navegadores en el sitio web de **Can I Use**:

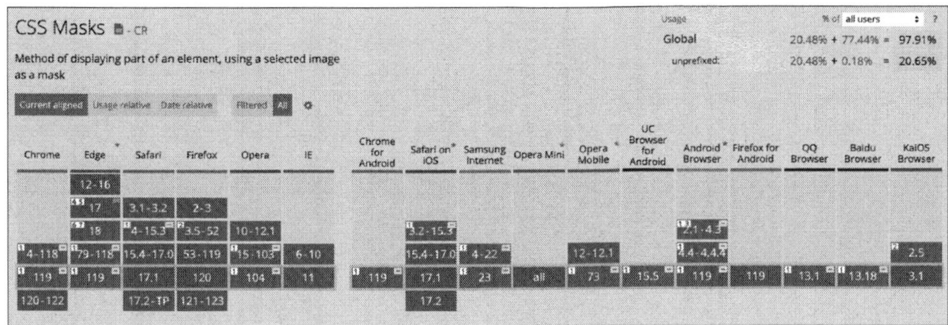

Vemos que el reconocimiento de los navegadores todavía es muy parcial en noviembre de 2023.

2.2 Crear una máscara

En primer lugar, debemos crear la máscara en sí misma. En este ejemplo, vamos a utilizar una imagen en formato PNG, lo que permite gestionar 256 niveles de transparencia. Para este ejemplo, se trata de un círculo con un borde difuminado y transparente.

Esta es la imagen inicial utilizada:

A continuación se muestra la inserción de la imagen que hay que ocultar en el código HTML:

```
<p><img src="nutria.jpg" class="mascara"></p>
```

Esta imagen utiliza la clase `.mascara`.

Para definir la regla CSS del selector `.mascara`, vamos a utilizar únicamente algunas propiedades de las máscaras:

- `mask-image` indica la URL del archivo de la máscara que se va a utilizar.
- `mask-mode` especifica el tipo de transparencia utilizada, con los valores `alpha` y `luminance`.
- `mask-repeat` indica el tipo de repetición de la máscara. Los valores son los mismos que los utilizados para las imágenes como fondo de los paneles.
- `mask-position` determina la posición de la máscara. De nuevo, son los mismos valores que para los fondos.

A continuación se muestra la regla CSS:

```
.mascara {
   mask-Imagen: url(mascara.png);
   mask-mode: alpha;
   mask-repeat: no-repeat;
   mask-position: center center;
}
```

Podemos utilizar la sintaxis abreviada `mask`:

```
.mascara {
   mask: url(mascara.png) alpha no-repeat center center;
}
```

A continuación se muestra la visualización obtenida en Mozilla Firefox:

Este es el código completo de este sencillo ejemplo:

```
<!DOCTYPE HTML>
<html lang="es">
<head>
<title>Máscara</title>
<meta charset="UTF-8" />
<style>
   .mascara {
       mask: url(mascara.png) alpha no-repeat center;
   }
</style>
</head>
<body>
<p><img src="nutria.jpg" class="mascara"></p>
</body>
</html>
```

3. Rodear una imagen con texto

3.1 El módulo CSS

La disposición del texto usando una imagen es una técnica de autoedición muy clásica, que se usa desde hace muchos años. Esto permite hacer que el texto rodee una forma gráfica. Es el módulo **CSS Shapes Module Level 1** el que permite crear este tipo de composición. Este módulo se encuentra en estado de **Candidate Recommendation** desde el 15 de noviembre de 2022 y está casi teminado: https://www.w3.org/TR/css-shapes-1/

A continuación se muestra la tabla de compatibilidad de los navegadores en el sitio web de **Can I Use**:

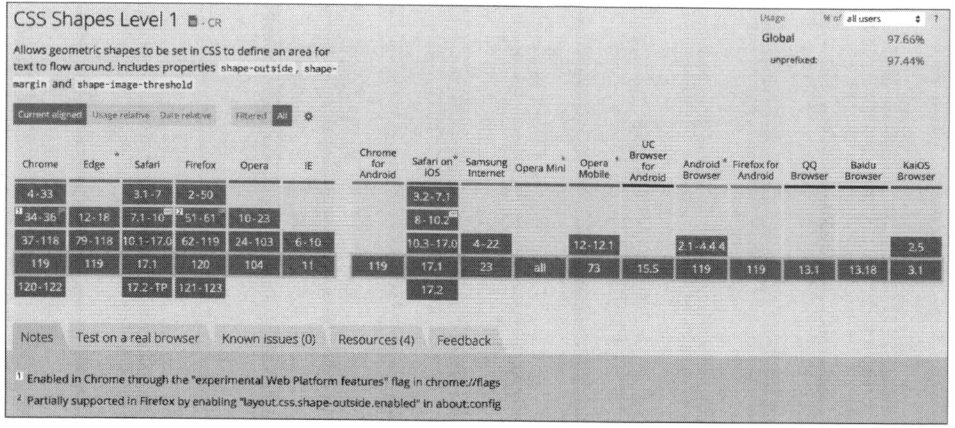

CSS Shapes Level 1 - CR

Allows geometric shapes to be set in CSS to define an area for text to flow around. Includes properties `shape-outside`, `shape-margin` and `shape-image-threshold`

Usage % of all users
Global 97.66%
unprefixed: 97.44%

Current aligned | Usage relative | Date relative | Filtered | All

Chrome	Edge	Safari	Firefox	Opera	IE	Chrome for Android	Safari on iOS	Samsung Internet	Opera Mini	Opera Mobile	UC Browser for Android	Android Browser	Firefox for Android	QQ Browser	Baidu Browser	KaiOS Browser
4-33		3.1-7	2-50				3.2-7.1									
34-36 [1]	12-18	7.1-10	51-61 [2]	10-23			8-10.2									
37-118	79-118	10.1-17.0	62-119	24-103	6-10		10.3-17.0	4-22		12-12.1		2.1-4.4.4				2.5
119	119	17.1	120	104	11	119	17.1	23	all	73	15.5	119	119	13.1	13.18	3.1
120-122		17.2-TP	121-123				17.2									

Notes | Test on a real browser | Known issues (0) | Resources (4) | Feedback

[1] Enabled in Chrome through the "experimental Web Platform features" flag in chrome://flags
[2] Partially supported in Firefox by enabling "layout.css.shape-outside.enabled" in about:config

Este módulo se reconoce bien por parte de los navegadores modernos.

3.2 Crear el contorneo de texto

Para crear el contorneo de texto, necesitamos una imagen, que será totalmente rodeada por el texto. En este ejemplo, utilizamos un sencillo triángulo:

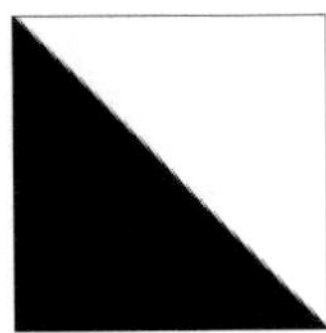

Este triángulo se utilizará dos veces: se ceñirá el texto tanto a su derecha como a su izquierda.

A continuación se muestra la estructura HTML:

```
<div id="cenido">
   <img src="triangulo.gif" class="triangulo-izquierda">
   <img src="triangulo.gif" class="triangulo-derecha">
   <p id="texto-cenido">Morbi leo risus, porta ac consectetur ac...</p>
</div>
```

El contenedor es un panel `<div>` que tienen el identificador `id="cenido"`. A continuación tenemos dos elementos `<img>` para insertar los dos triángulos. Cada imagen tiene su propia clase. Después tenemos un elemento `<p>` para insertar el texto, que también utiliza una clase.

Para el contenedor `<div id="cenido">`, aplicamos una sencilla longitud fija, con la propiedad CSS `width`:

```
#cenido {
   width: 600px;
}
```

Para el párrafo de texto, la regla CSS especifica una alineación centrada:

```
p.texto-cenido {
   text-align: center;
}
```

Para que se pueda contornear el texto, es necesario que las dos imágenes sean flotantes respecto al texto en el párrafo. Tenemos un flotamiento a la izquierda para el triángulo de la izquierda, y a la derecha para el de la derecha.

Además, para evitar tener dos imágenes para los dos triángulos, aplicamos una transformación de simetría a fin de obtener el triángulo de la derecha:

```
.triangulo-izquierda {
   float: left;
}
.triangulo-derecha {
   float: right;
   transform: scaleX(-1);
}
```

A continuación vamos a crear el contorneo, que utiliza la propiedad `shape-outside`. Esta propiedad puede utilizar varios tipos de formas para crear textos ceñidos diferentes. En este ejemplo, vamos a aplicar una forma poligonal, `polygon()`. Puede utilizar una forma circular, `circle()`, o elíptica, `ellipse()`.

Para la forma poligonal, debemos especificar los diferentes puntos que determinan esta forma. Para el triángulo de la izquierda, el primer punto es el de la parte superior izquierda; el segundo abajo a la derecha, y el tercer y último punto, abajo a la izquierda. Las coordenadas de estos puntos se expresan en porcentajes.

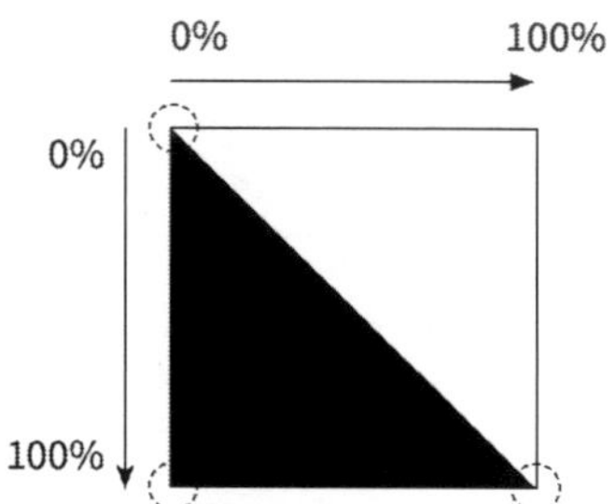

Por lo tanto, tenemos estas tres coordenadas: `0 0`, `100% 100%` y `0 100%`. El principio es el mismo para el triángulo de la derecha.

A continuación se muestran las reglas CSS utilizadas para los dos triángulos:

```
.triangulo-izquierda {
   float: left;
   shape-outside: polygon(0 0, 100% 100%, 0 100%);
}
.triangulo-derecha {
   float: right;
   transform: scaleX(-1);
   shape-outside: polygon(100% 0, 100% 100%, 0 100%);
}
```

He aquí la visualización obtenida:

Morbi leo risus, porta ac consectetur ac, vestibulum at eros. Vivamus sagittis lacus vel augue laoreet rutrum faucibus dolor auctor. Maecenas sed diam eget risus varius blandit sit amet non magna. Fusce dapibus, tellus ac cursus commodo, tortor mauris condimentum nibh, ut fermentum massa justo sit amet risus. Sed posuere consectetur est at lobortis. Praesent commodo.

A continuación se muestra el código completo de este sencillo ejemplo:

```
<!DOCTYPE HTML>
<html lang="es">
<head>
<title>cenido</title>
<meta charset="UTF-8" />
<style>
   #cenido {
       width: 600px;
   }
   p.texto-cenido {
       text-align: center;
   }
   .triangulo-izquierda {
       float: left;
       shape-outside: polygon(0 0, 100% 100%, 0 100%);
   }
   .triangulo-derecha {
       float: right;
       transform: scaleX(-1);
       shape-outside: polygon(100% 0, 100% 100%, 0 100%);
   }
</style>
```

```
</head>
<body>
<div id="cenido">
   <img src="triangulo.gif" class="triangulo-izquierda">
   <img src="triangulo.gif" class="triangulo-derecha">
   <p id="texto-cenido">Morbi leo risus, porta ac consectetur...</p>
</div>
</body>
</html>
```

Capítulo 3-12
Las hojas de estilo para la impresión

1. La impresión de las páginas web

Puede resultar paradójico querer imprimir páginas web hoy en día, teniendo en cuenta la omnipresencia de Internet y de la cultura de las pantallas. Hay numerosas situaciones en las que esto es útil, como la impresión de reservas, documentos administrativos u oficiales, etc.

Muy a menudo la experiencia es muy decepcionante. En efecto, los diseñadores de estas páginas han dejado las barras de navegación, las franjas publicitarias, llenas de colores y han elegido fuentes de caracteres poco legibles en la impresión. Esto generalmente se debe al desconocimiento de los estilos CSS dedicados a la impresión de las páginas web.

Observe que algunas propiedades CSS dedicadas a la impresión ya forman parte de la especificación CSS 2. El W3C está trabajando actualmente en un módulo CSS3 dedicado a la paginación como recurso multimedia: el **Paged Media Module Level 3**, que se encuentra en estado de Working Draft desde el 14 de septiembre de 2023
https://www.w3.org/TR/css-page-3/

2. Las hojas de estilo específicas

2.1 Las relaciones con los archivos CSS

Para gestionar los estilos CSS dedicados a la impresión, es conveniente separarlos de los estilos CSS para la visualización en pantalla. Para esto, vamos a utilizar el atributo `media` en el elemento `<link>`. Es preferible diseñar una hoja de estilo para la visualización en la pantalla y una hoja de estilo para la impresión en papel.

A continuación se muestra la sintaxis:

```
<link rel="stylesheet" type="text/css" href="estilos.css"
media="screen">
<link rel="stylesheet" type="text/css" href="impresion.css"
media="print">
```

En estos ejemplos, con el atributo media, concretamos el uso de las hojas de estilo:

- El archivo **estilos.css** se crea para la visualización en pantalla: `media="screen"`.
- El archivo **impresion.css** se crea para la impresión en papel: `media="print"`.

Observación

Observe que, si no especifica un recurso multimedia, los estilos se aplican a todos ellos.

2.2 Las consultas de recursos multimedia

También puede perfectamente utilizar consultas de recursos multimedia para definir los estilos CSS dedicados a la impresión. De esta manera, podemos tener varias consultas, una por cada tipo de recurso multimedia:

```
@media print {
 body { font-size: 12pt }
}
@media screen {
 body { font-size: .8em }
}
@media screen, print {
 body { line-height: 1.2 }
}
```

3. Las propiedades globales de las páginas

Las páginas que se podrán imprimir deberán tener propiedades específicas que no interfieran con su lectura. Piense en estas propiedades:

- Márgenes y rellenos internos diferentes.
- Un color de fondo blanco.
- Sin imagen de fondo.
- Un color de texto negro.
- Una fuente de caracteres clásica.
- Un tamaño de los caracteres en puntos.

A continuación se muestra lo que podríamos tener, con una consulta de recursos multimedia, usando el elemento <body>:

```
@media print {
   body {
       margin: auto;
       padding: 20pt;
       background-color: #FFF;
       background-image: none;
       color: #000;
       font-family: Arial, Helvetica, Times, "Times new Roman";
       font-size: 12pt;
   }
}
```

4. Las fuentes de caracteres

La utilización de las fuentes de caracteres es un punto que requiere toda su atención. Debe hacer un uso diferenciado de las fuentes de caracteres y de los tamaños de los caracteres en la pantalla y durante la impresión.

Como hemos visto anteriormente, el tamaño de los caracteres utilizado para la visualización en la pantalla debe ser relativo. Principalmente, debe utilizar la unidad `em` para definir los tamaños de los caracteres. Para la impresión en papel, debe utilizar tamaños fijos, con la unidad `pt`, por ejemplo, que es similar a la utilizada en los tratamientos de texto.

Con el mismo principio, puede utilizar fuentes de caracteres más o menos gráficas para los títulos y fuentes de caracteres específicas para los párrafos que se van a leer en pantalla. Por el contrario, para los documentos que se van a imprimir, debe volver a los grandes clásicos de los tratamientos de texto, como `Arial` o `Times new Roman`.

5. Los elementos no impresos

No hay nada más molesto que imprimir páginas que contienen barras de navegación, franjas publicitarias, imágenes sobredimensionadas, etc.

Para evitar a sus visitantes todas estas molestias, cree una sencilla clase que solo muestre este tipo de elementos en la pantalla y, en consecuencia, que no se impriman.

He aquí un ejemplo de una clase:

```
.no-impresa {
   display: none;
}
```

A continuación, debe aplicar esta clase a los elementos deseados en la hoja de estilo dedicada a la impresión o en la consulta de recursos multimedia deseada.

6. Las rupturas de lectura

6.1 Los saltos de página

Las páginas mostradas en una pantalla no tienen tamaño; potencialmente pueden ser infinitas con la utilización de la barra de desplazamiento en los navegadores. En las páginas impresas, es otra cosa. Usted debe determinar dónde podrían mostrarse los saltos de página y las líneas consecutivas en los textos.

La propiedad `page-break-before` de CSS 2.1 permite determinar el salto de página antes del elemento apuntado por el selector. Siguiendo el mismo principio, tiene la propiedad `page-break-after` para insertar un salto después del elemento. Puede utilizar estos valores principales:

- `auto`, valor por defecto, que permite no obligar a ningún salto de página.
- `always` aplica siempre un salto de página.
- `avoid` indica que los saltos de página están prohibidos.

Perfectamente podríamos querer que los saltos de página apareciesen siempre antes de los elementos <h1> y nunca después de los elementos <h1>, <h2> y <h3>. Esto respeta a los principios de lectura habituales.

A continuación se muestran las reglas CSS utilizadas:

```
h1 {
   page-break-before: always;
}
h1, h2, h3 {
   page-break-after: avoid;
}
```

6.2 Las líneas consecutivas

Es desagradable tener un salto de página en un elemento de texto importante, como en una cita o una lista, por ejemplo. La propiedad `page-break-inside` permite gestionar esto con los mismos valores que anteriormente.

A continuación se muestra la regla CSS que permite evitar un salto de página en los elementos anteriormente mencionados y tener todas las líneas seguidas:

```
blockquote, ul, ol {
   page-break-inside: avoid;
}
```

6.3 Las líneas viudas y huérfanas

En autoedición hay una regla establecida según la cual debe evitarse que la última línea de un párrafo quede sola a principio de página (línea huérfana) o que la primera línea de un párrafo quede sola al final de la página (línea viuda).

La propiedad `widows` permite gestionar las viudas, y `orphans`, las huérfanas. El valor utilizado es de tipo numérico, e indica el número de líneas que deben permanecer unidas al final y al inicio de las páginas. Sepa que el valor por defecto es 2.

A continuación se muestran estas propiedades utilizadas para los párrafos y las citas:

```
p, blockquote {
   orphans: 3;
   widows: 3;
}
```

7. Los enlaces de hipertexto

La gestión de los enlaces de hipertexto. No se realiza de la misma manera entre la visualización en una pantalla y la impresión en papel. Para la impresión en papel, puede conservar el formato habitual de los enlaces subrayados. De esta manera, se distinguirán del texto normal.

Además, puede agregar la URL de destino, lo que permite imprimir una ayuda adicional y muy apreciada.

A continuación se muestra cómo podrían ser estas reglas CSS:

```
@media print {
   ...
   a {
       text-decoration: underline;
   }
   a[href]:after {
       content: " (" attr(href) ")";
   }
}
```

B

C

F

H

I

J

L

M

N

P

R

S

T

U

V

La inteligencia artificial explicada
De los conceptos básicos
a las aplicaciones avanzadas de IA
David Brenet
eni